O que estão falando de Bruxa Psíquica

"Um texto harmonioso e útil para ajudá-lo a desenvolver suas próprias habilidades psíquicas e mágicas e a evoluir no caminho da Bruxaria."

— Christopher Penczak, autor de *Temple of Witchcraft series*

"Mat Auryn usa uma linguagem atraente que mostra seu carinho e dedicação ao leitor."

— Silver RavenWolf, autora de *Solitary Witch*

"Se você seguir este guia, terá acesso a sentidos que não deixam dúvidas sobre o poder da magia."

— Jason Miller, autor de *The Elements of Spellcrafting*

"Um trabalho ambicioso, que mescla Bruxaria, trabalho com energias e desenvolvimento psíquico."

— Michelle Belanger, autora de *The Psychic Energy Codex*

"Mat é magicamente e energeticamente conectado, culto e bem informado."

— Laurie Cabot, Bruxa oficial de Salem e autora de *Power of the Witch*

"Uma joia rara que irradia a clareza de espírito que genuinamente se manifesta nela."

— Maxine Sanders, cofundadora da Tradição Alexandrina de Bruxaria e autora de *Firechild*

"Os ensinamentos, os exercícios e os trabalhos rituais contidos neste livro integram o psiquismo e a magia com facilidade e graça."

— Ivo Dominguez Jr., cofundador da Assembleia da Roda Sagrada e autor de *The Keys to Perception*

"Meu único pesar é que este livro, com seu tesouro de exercícios mágicos, não estava disponível quando eu estava começando."

— Judika Illes, autora de *Encyclopedia of 5000 Spells*

"Um guia excelente e abrangente para despertar as habilidades latentes de qualquer Bruxa."
— Christopher Orapello, coapresentador do podcast *Down at the Crossroads* e coautor de *Besom, Stang & Sword*

"Este livro é um tesouro! Mat Auryn ilumina o reino sutil com uma clareza brilhante."
— Tess Whitehurst, autora de *You Are Magical*

"*Bruxa Psíquica* é a fonte mais completa que já encontrei sobre os aspectos psíquicos e energéticos da magia."
— Madame Pamita, autora de *Madame Pamita's Magical Tarot*

"Repleto de conhecimentos, estratégia e dicas práticas, *Bruxa Psíquica* é uma potência de fios emaranhados no mundo da magia mental."
— David Salisbury, autor de *The Deep Heart of Witchcraft*

"Mat Auryn é realmente uma das vozes mais valiosas na comunidade da feitiçaria hoje."
— Danielle Dulsky, autor de *The Holy Wild*

"Ao aplicar as técnicas deste livro, você com certeza verá uma mudança monumental em sua percepção do mundo e de si mesmo."
— Chas Bogan, autor de *The Secret Keys of Conjure*

"Intuitivas e Bruxas, vocês precisam deste livro."
— Amy Blackthorn, autora de *Blackthorn's Botanical Magic and Sacred Smoke*

"Certamente se tornará um clássico da Bruxaria moderna."
— Cyndi Brannen, autora de *True Magic*

"Este livro é um tesouro de sabedoria."
— Mickie Mueller, autor de *The Witch's Mirror*

"Se você está interessado em desenvolver suas habilidades psíquicas junto as suas práticas de magia, este é o livro certo."
— Gwion Raven, autor de *The Magick of Food*

"Cheio até a borda com exercícios práticos, este livro guiará os leitores pelos labirintos do desenvolvimento psíquico e da manipulação de energia."

— Nicholas Pearson, autor de *Stones of the Goddess*

"Mat Auryn oferece um curso rico e acessível em desenvolvimento psíquico e magia."

— Durgadas Allon Duriel, autor de *The Little Work*

"*Bruxa Psíquica* promete ser um daqueles volumes aos quais você retornará mais de uma vez."

— Andrew Theitic, editor *The Witches' Almanac*

"Um livro que, acredito eu, deve se tornar a referência sobre o assunto nas próximas décadas!"

— Sorita d'Este, autora de *Practical Elemental Magick*

"O trabalho de Mat é útil, prático, gentil e apoiador... É preciso ter um na estante de qualquer Bruxa."

— Courtney Weber, autora de *The Morrigan*

"Este livro está repleto de exercícios eficazes e perspectivas interessantes."

— Anaar Niino, Mestre da *Feri Tradition of Witchcraft* e autor de *The White Wand*

"Mat Auryn conduz o leitor por uma série de práticas bem pensadas... baseadas no crescimento pessoal, na saúde mental e na consciência espiritual."

— Diotima Mantineia, autora de *Touch the Earth, Kiss the Sky*

"Este é o livro fundamental sobre o desenvolvimento psíquico mágico que você não sabia que precisava."

— Storm Faerywolf, autor de *Forbidden Mysteries of Faery Witchcraft*

"Não há ninguém mais qualificado ou melhor preparado para escrever sobre Bruxaria e desenvolvimento psíquico do que Mat Auryn."

Jason Mankey, autor de *Transformative Witchcraft*

"*Bruxa Psíquica* é um banquete de informações apresentadas de forma clara e com detalhes incríveis – uma aula magistral sobre como tirar o máximo proveito de sua habilidade psíquica inata."

— Deborah Blake, autora de *Everyday Witchcraft*

"*Bruxa Psíquica* nos conduz através de um processo de desenvolvimento de todas as muitas ricas maneiras em que os humanos sentem o Outromundo."

— Lee Morgan, autor de *Sounds of Infinity*

"Um trabalho excelente e acessível, recomendo altamente para todos que procuram aprofundar suas habilidades psíquicas."

— Aidan Wachter, autor de *Six Ways: Approaches* e *Entries for Practical Magic*

"Mat Auryn coloca muita teoria da magia em um só lugar e ainda a explica com clareza e simplicidade."

— Robin Artisson, autor de *An Carow Gwyn: Sorcery and the Ancient Fayerie Faith*

"*Bruxa Psíquica* responde a muitas perguntas, inclusive para aqueles praticantes de magia que abriram seus próprios centros psíquicos."

— Jacki Smith, autora de *Coventry Magic*

"Eu acredito que a perspectiva de Mat é extremamente importante para a próxima geração de Bruxas... Eu gostaria de ter lido este livro vinte anos atrás!"

— Thorn Mooney, autora de *Traditional Wicca*

"Bruxa Psíquica é uma exploração incrivelmente abrangente das artes psíquicas."

— Laura Tempest Zakroff, autora de *Sigil Witchery*

"Mat Auryn baseia-se em uma visão profunda e em anos de experiência para apresentar ao leitor um guia extremamente prático."

— Gemma Gary, autora de *Traditional Witchcraft*

BRUXA psíquica

Um Guia Metafísico para Meditação,
Magia & Manifestação

MAT AURYN

BRUXA PSÍQUICA

Traduzido de: *Psychic Witch – A Metaphysical Guide to Meditation, Magick & Manifestation*

Direitos autorais © 2020 Mat Auryn | Publicado por Llewellyn Publications

Woodbury, MN 55125 EUA | www.llewellyn.com

© 2021 Editora Nova Senda

Tradução: Renan Papale

Revisão: Luciana Papale

Diagramação: Décio Lopes

Ilustrações: Tim Foley e Samantha Penn

DADOS INTERNACIONAIS DE CATALOGAÇÃO NA PUBLICAÇÃO (CIP)

Angélica Ilacqua CRB-8/7057

Auryn, Mat, 1986 –

Bruxa Psíquica: um guia metafísico para meditação, magia e manifestação / Mat Auryn; Tradução de Renan Papale. São Paulo: Editora Nova Senda, 2025.
7ª impressão. 280 páginas: il.

ISBN 978-65-87720-03-6
Título original: Psychic Witch – A Metaphysical Guide to Meditation, Magick & Manifestation

1. Magia   2. Habilidade Psíquica   3. Feitiçaria   4. Meditação   I. Título

21-0494	CDD 133.43

Índices para catálogo sistemático:
1. Magia e feitiçaria 133.43

Proibida a reprodução total ou parcial desta obra, de qualquer forma ou por qualquer meio, seja eletrônico ou mecânico, inclusive por meio de processos xerográficos, incluindo ainda o uso da internet sem a permissão expressa da Editora Nova Senda, na pessoa de seu editor (Lei nº 9.610, de 19/02/1998).

Direitos de publicação no Brasil reservados para Editora Nova Senda.

EDITORA NOVA SENDA

Rua Jaboticabal, 698 – Vila Bertioga – São Paulo/SP

CEP 03188-001 | Tel. 11 2609-5787

contato@novasenda.com.br | www.novasenda.com.br

Em memória de Raven Grimassi
(1951–2019)

"Se a arte da feitiçaria pudesse ser reduzida a um aspecto, seria a obtenção de estados alterados de consciência... Em um nível mais profundo, podemos adicionar transe (induzido por qualquer meio) e desenvolvimento psíquico. Tais estados de consciência permitem à Bruxa não apenas perceber as coisas por trás de seu verniz, mas também remodelar a realidade em um sentido experiencial."

— Raven Grimassi
The Witches' Craft: The Roots of Witchcraft & Magical Transformation

DEDICATÓRIA

Este livro é dedicado aos quatro maiores influenciadores do meu caminho místico, em ordem cronológica: Silver RavenWolf, Christopher Penczak, Laurie Cabot e Devin Hunter.

Silver, seu trabalho abriu um mundo de possibilidades quando se tratava de Magia e Bruxaria para mim quando criança, algo que deu início ao meu caminho da espiritualidade. Acima de tudo, aprendi a não limitar meus sonhos com base no que parecia "realista". Quando criança, eu incansavelmente (e às vezes obsessivamente) copiava as informações de seus livros com aquela pequena lua crescente na lombada, para meus próprios cadernos, que eventualmente se tornaram meus primeiros Livros das Sombras. Sonhei que algum dia escreveria e publicaria meu próprio livro com aquele logotipo da *Llewellyn*, e aqui estou, tendo alcançado o que parecia irreal. Obrigado pelo impacto monumental que seu trabalho teve na minha geração de Bruxos e Bruxas iniciantes e nas outras, antes e depois de mim.

Christopher, você despertou minha paixão por Bruxaria e pela habilidade psíquica. Seu trabalho levou tudo isso para o próximo nível para mim. De muitas maneiras, este livro é minha carta de amor em resposta a *The Inner Temple of Witchcraft (O Templo Interior da Bruxaria)*, um livro que mudou completamente minha prática pessoal de maneiras profundas. Apesar de ser uma enciclopédia oculta viva, você é capaz de pegar tópicos muito complexos e dividi-los em uma maneira fácil de aprendizado, e assim, garantir que seus leitores e alunos entendam os conceitos. Sua capacidade de permanecer humilde e com os pés no chão são qualidades pelas quais estou continuamente lutando. Você tem sido um modelo espiritual, um mentor, um amigo e um irmão mais velho, e eu sou uma pessoa melhor e um Bruxo melhor por causa disso. A amizade e a orientação que você proporcionou ao escrever este livro não têm preço. Beijos e abraços para sempre!

Laurie, este livro não existiria sem o seu trabalho pioneiro de combinar habilidade psíquica e Bruxaria. Aos meus olhos, não há ninguém que exemplifique a Bruxa Psíquica mais do que você. Foi uma grande honra ter aulas e conversar com você entre as leituras no Enchanted[*]. Você previu que este livro existiria e, como sempre, estava certa! Obrigado por todo o trabalho que você fez para educar o mundo sobre o que a Bruxaria realmente é, e não apenas por dar o exemplo de que a habilidade psíquica e a magia são reais, mas por ter pessoas provando isso para si mesmas em suas aulas.

Devin, quando se trata de Magia e Bruxaria, não tenho certeza se alguma vez vi alguém cara a cara tanto quanto faço com você. Eu definitivamente acredito que fomos feitos do mesmo tecido. Você investiu uma quantidade absurda de tempo e energia em meu treinamento e nunca desistiu de mim. E ainda teve tempo para me questionar, motivar, encorajar e me testar. Você me apoiou, me incentivou a crescer, me desafiou, me inspirou e também soube quando me dar espaço, quando confiar na minha própria capacidade e, acima de tudo, você nunca deixou de acreditar em mim ou no meu potencial. Muitos amigos e conhecidos comentaram que sou uma pessoa totalmente diferente, por dentro e por fora, e que cresci e mudei imensamente como pessoa, de maneira positiva, desde que comecei a treinar com você. Se isso for verdade, a maior parte se deve exclusivamente a sua orientação. Estou extremamente honrado em ter você como amigo, mentor e coconspirador.

---

[*]. Loja de produtos mágicos de Laurie Cabot, localizada em Salem. (N. T.)

SUMÁRIO

Consagração 23
Outros agradecimentos 25
Prefácio 27

Introdução 31
    Poder psíquico e mágico é nosso direito de nascença 31
    Combinando poder psíquico e Bruxaria 32
    Estou aqui para ajudar 35

Capítulo 1: O Poder e a Visão 41
    Realidade é Energia 44
    Estados das Ondas Cerebrais 47
    Uma maravilha infantil 51
    Afirmações e neuroplasticidade 54

Capítulo 2: Meditação e Relaxamento 57
    Uma atitude de mente aberta 59
    Fluxo Focado, Não Força 63
    O sopro da vida 67

Capítulo 3: Sintonizando 71
    Evitando o Impacto Mágico e a Exaustão 72
    Profundamente enraizado e ramificado 76
    Estabilidade Energética 80
    Captura de Ondas Cerebrais 85
    Fechando 86

Capítulo 4: Percepção Extrasensorial 91
    Clarividência 94
    A tela de sua mente 94
    Claritangência 102
    Clariaudiência 105
    Clariodor e Clarigustação 110

Capítulo 5: Purificação e Proteção..............................115
   Limpeza de energia..116
   Proteção..119
   O poder da linguagem...121

Capítulo 6: As Triplas Almas da Bruxa.........................129
   As três almas antes do nascimento e depois da morte..............132
   O Eu Médio – A consciência padrão.............................135
   O poder da investigação...143

Capítulo 7: O Eu Inferior e a Sombra............................147
   A Criança Interior..148
   O Eu Sombra..150
   Autopossessão..155

Capítulo 8: O Eu Superior e a Verdadeira Vontade..............165
   Verdadeira Vontade: Nosso Propósito Divino....................167
   Bruxaria como Sacerdócio.......................................169
   Sincronicidade...173

Capítulo 9: A Chama das Almas da Bruxa......................179
   A Trindade da Alma..180
   O Fogo da Bruxa...181

Capítulo 10: Entre os Mundos....................................187
   O Efeito Borboleta...188
   Realidade holográfica...189
   O Círculo Mágico...190

Capítulo 11: As Forças Elementares............................199
   Blocos Elementares de Construção.............................200
   Quintessência..201
   Elemento Terra...203
   Elemento Água...204
   Elemento Ar..205
   Elemento Fogo...206
   O pentagrama..207

Capítulo 12: Energia Terrestre............................... 215
   A Terra está viva... 216
   Sincronizando com a imaginação da Terra...................... 217
   O Espírito do Lugar 219

Capítulo 13: Energias Celestiais.............................. 223
   Correspondências planetárias e a doutrina das assinaturas.......... 224
   O Sol... 226
   A Lua 227
   Mercúrio 227
   Vênus 228
   Marte 229
   Júpiter... 229
   Saturno.. 230

Capítulo 14: Manifestação Multidimensional................... 233
   Os caldeirões e o campo áurico 234
   Mapas da realidade.. 236
   Magia Multidimensional...................................... 237
   O etérico 239
   O astral.. 241
   O emocional 244
   O mental 247
   O psíquico 249
   O divino... 250

Capítulo 15: Feitiços Psíquicos E Truques Mágicos 257

Conclusão 271
Bibliografia.. 273
Índice Remissivo 277

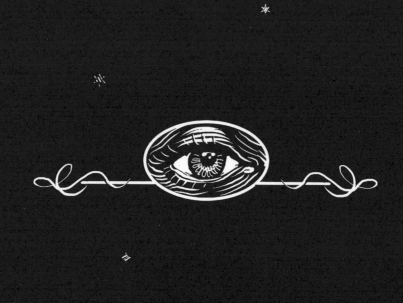

∞ EXERCÍCIOS ∞

Capítulo 1
Exercício 1: Foco Preliminar..................................... 51
Exercício 2: Imersão Psíquica..................................... 53
Exercício 3: Afirmações Psíquicas............................... 55

Capítulo 2
Exercício 4: Aprendendo a focar com a Meditação Básica............ 61
Exercício 5: Baú do Tesouro para o Estresse....................... 62
Exercício 6: Casulo de Relaxamento............................... 64
Exercício 7: Relaxamento da Estrela.............................. 65
Exercício 8: O Obscuro Físico.................................... 66
Exercício 9: Respiração do quadrado elementar 68
Exercício 10: Respiração Solar 69
Exercício 11: Respiração lunar 69

Capítulo 3
Exercício 12: Aterramento.. 74
Exercício 13: Elevando a Energia Terrestre....................... 77
Exercício 14: Extraindo Energia Celestial........................ 78
Exercício 15: Criando um Circuito 79
Exercício 16: Centrando 81
Exercício 17: Entrando em Alfa................................... 82
Exercício 18: Configurando um Comando Psíquico................... 84
Exercício 19: Saindo do Alfa..................................... 87
Exercício 20: Limpeza Psíquica 87
Exercício 21: Recuperando sua energia............................ 88
Exercício 22: Balanceamento e repolarização...................... 89

Capítulo 4

Exercício 23: Feitiço para despertar habilidades psíquicas............ 92
Exercício 24: As rosas negras 93
Exercício 25: Visualização.. 96
Exercício 26: Ativação Psíquica por Chama de Vela 97
Exercício 27: Limpeza e carregamento do Olho de Bruxa 98
Exercício 28: Vendo as energias áuricas básicas..................... 99
Exercício 29: Vendo as Cores e Espíritos da Aura 100
Exercício 30: Despertando as mãos 103
Exercício 31: Sentimento profundo 103
Exercício 32: Criando um Orbe de Energia 104
Exercício 33: Psicometria 104
Exercício 34: Escuta Profunda 106
Exercício 35: Aproximando-se dos sons e criando links............. 107
Exercício 36: Criação de associações de ruído 108
Exercício 37: Espíritos da Audição................................. 109
Exercício 38: Despertando a boca e o nariz 112
Exercício 39: Conjurando cheiro e sabor 112
Exercício 40: Criação de associações de cheiro e sabor.............. 113

Capítulo 5

Exercício 41: Purificação Psíquica 117
Exercício 42: Levantando energias pesadas de um lugar 118
Exercício 43: Blindagem e proteção fundamentais 122
Exercício 44: A blindagem do filtro 123
Exercício 45: Escudos completos: a técnica da fortaleza elementar ... 124
Exercício 46: Sistema de Segurança Psíquica 125
Exercício 47: Senha psíquica...................................... 126

Capítulo 6

Exercício 48: A Teia de Interconexão.............................. 138
Exercício 49: Executando uma Análise de Saúde................... 139
Exercício 50: Memória Mágica.................................... 142
Exercício 51: Inquérito contemplativo............................. 144

Capítulo 7
Exercício 52: Autopossessão: Invocando o Eu Inferior 157
Exercício 53: Dialogando com o Eu Sombra 158
Exercício 54: Feitiço de Glamour do Eu Inferior 161
Exercício 55: Telepatia com Animais e Crianças Pequenas 162

Capítulo 8
Exercício 56: Autopossessão: Invocando o Eu Superior 172
Exercício 57: Meditação de Sincronicidade da Verdadeira Vontade . . . 174
Exercício 58: Feitiço para transmutar bloqueios à Verdadeira Vontade 176
Exercício 59: Unidade Universal 177

Capítulo 9
Exercício 60: Alinhamento da Alma e o Fogo da Bruxa 182
Exercício 61: Cura prática básica 184

Capítulo 10
Exercício 62: Pintando com Luz 193
Exercício 63: Lançando e liberando o círculo 195

Capítulo 11
Exercício 64: Sintonizando os Elementos 210
Exercício 65: Conjurando Energia Elemental para Carregar e Enviar . 211
Exercício 66: Chamando os Quadrantes 211
Exercício 67: Dispensando os Quadrantes 212

Capítulo 12
Exercício 68: Conectando-se a Gaia 218
Exercício 69: Conectando-se ao Espírito do Lugar 220
Exercício 70: Vidência com a natureza 221

Capítulo 13
Exercício 71: Sintonizando as energias planetárias 230
Exercício 72: Conjurando energia planetária para carregar e enviar . . 231

Capítulo 14
Exercício 73: Magia da mente multidimensional................... 253
Exercício 74: Realizando um Ritual Completo de Feitiço Mágico 254

Capítulo 15
Exercício 75: Absorvendo e imprimindo energia em um objeto...... 258
Exercício 76: Aumentando as ofertas............................. 258
Exercício 77: Limpando a Multidão............................... 259
Exercício 78: Comunicando claramente 260
Exercício 79: Pensamento Criativo 260
Exercício 80: Desenhando algo para você......................... 261
Exercício 81: Atraindo outras pessoas........................... 262
Exercício 82: Aprimorando Feitiços de Vela...................... 262
Exercício 83: Encontrando Objetos Perdidos...................... 263
Exercício 84: Bênção de Boa Sorte............................... 263
Exercício 85: Receptividade Psíquica Elevada 264
Exercício 86: Capa de invisibilidade 264
Exercício 87: Detector de mentiras 265
Exercício 88: Multiplicador de ímã de dinheiro.................. 266
Exercício 89: Substituições psíquicas para a matéria............ 267
Exercício 90: Recarregando suas baterias mágicas e psíquicas 268
Exercício 91: Removendo uma maldição em um item 269
Exercício 92: Proteção para ficar sozinho....................... 269
Exercício 93: Protegendo um Item................................ 270

ILUSTRAÇÕES

Figura 1: Aterramento e Extração de Energia 75
Figura 2: Criação de um Circuito de Energia...................... 79
Figura 3: Centrando sua Energia 82
Figura 4: A Tela de Sua Mente 95
Figura 5: Os Três Caldeirões das Três Almas 130
Figura 6: A Árvore do Mundo 133
Figura 7: Baphomet 156
Figura 8: Ouroboros... 192
Figura 9: Espiral de Energia ao seu Redor 195
Figura 10: Lançando o Círculo Mágico........................... 197
Figura 11: O Elemento Terra..................................... 203
Figura 12: O Elemento Água...................................... 204
Figura 13: O Elemento Ar.. 205
Figura 14: O Elemento Fogo...................................... 206
Figura 15: O Pentagrama e os Elementos 207
Figura 16: Os Pentagramas de Invocação e Banimento 209
Figura 17: Invocando a Torre de Vigia dos Quadrantes Elementares.. 213
Figura 18: A Aura em Relação aos Três Caldeirões................ 235
Figura 19: Os níveis multidimensionais de realidade 252

CONSAGRAÇÃO

Este livro é consagrado em nome daquele que vê o passado, o presente e o futuro com perfeita clareza e que possui a chave do tempo e usa a coroa do infinito.

Este livro é consagrado em nome daquela que é das encruzilhadas, dona de todas as artes arcanas, que possui as chaves de todos os mundos e usa a coroa ourobórica.

Saudações ao grande vidente e à grande Bruxa.

OUTROS AGRADECIMENTOS

Em primeiro lugar, gostaria de agradecer a Rory McCracken, sem a qual este livro não teria sido possível. Além daqueles que se dedicaram a este trabalho, também quero agradecer a todos que me ajudaram, incentivaram ou inspiraram a chegar a este resultado:

Adam Sartwell, Aidan Wachter, Ali Dossary, Alura Rose, Amy Blackthorn, Anaar Niino, Andrew Theitic, Anne Niven, Beth Beauregard, Brandon Blair, Brandon Smith and the Anix, Chas Bogan, Chester Sesco, Chris LeVasseur, Chris Morris, Chris Orapello, Courtney Weber, Cyndi Brannen, Danielle Dulsky, Danielle Dionne, Daniel Schulke, David Erwin, David Salisbury, Deborah Blake, Diotima Mantineia, Durgadas Allon Duriel, Elizabeth Autumnalis, Elysia Gallo, F. Steven Isom, Gemma Gary, Gwion Raven, Holly Vanderhaar, Irma Kaye Sawyer, Ivo Dominguez Jr., Jackie Smith, Jason Mankey, Jason Miller, Jess Carlson, Jim Shackleford, Judika Illes, Kat Sanborn, Kit Yarber, Laura Tempest Zakroff, Lauryn Heineman, Lee Morgan, Lonnie Scott, Madame Pamita, Matthew Venus, Michelle Belanger, Maxine Sanders, Mickie Mueller, Mike Blair, Nicholas Pearson, Oceana Leblanc, Penny Cabot, Phoenix LeFae, Raven Grimassi, Robbi Packard, Robin Artisson, Sarah Lynne Bowman, Sharon Day, Sorita d'Este, Stephanie Taylor, Steve Kenson, Storm Faerywolf, Sylvie Dugas, Tara Love-Maguire, Tess Whitehurst, Thorn Mooney, Tiffany Nicole Ware e o Estúdio Moth and Moon, Enchanted of Salem, the Robin's Nest, the Mystic Dream, Modern Witch, the Temple of Witchcraft, the Sacred Fires Tradition of Witchcraft, Black Rose Witchcraft, the Cabot Tradition of Witchcraft, Coven of the Crown, the Black Flame Council, Patheos Pagan, e claro Llewellyn Worldwide.

PREFÁCIO

Nosso terceiro olho nos permite ver a energia se estivermos abertos para ela. Para a maioria das pessoas, este é um conceito estranho, mas assim que deixar de lado seus preconceitos e limitações autoimpostas, você se abrirá para esse talento.

— Christopher Penczak, Spirit Allies

Abraçar seu poder e seu caminho como um ser psíquico pode ser a experiência mais gratificante que uma Bruxa (ou Bruxo) pode ter em sua vida. Quando finalmente suspendemos nossa descrença por tempo suficiente para segurar a simples verdade de que ser Bruxa é ser psíquica, coisas incríveis começam a acontecer. Ao longo dos pontos mais sombrios da história, o uso de dons como mediunidade, profecia, leitura de aura e até sonhos vívidos, provavelmente levaria muitos a acreditar que aquilo era Bruxaria.

Ser vidente não é tão glamoroso quanto somos levados a acreditar assistindo a televisão ou lendo blogs. Simplesmente ter o dom não significa que você possa fazer tudo de útil com ele. Saber onde começar o processo de desenvolver esse dom em algo significativo pode ser uma tarefa assustadora – tão assustadora que muitos nunca arranham a superfície do que são capazes de se tornar. Como muitos outros, descobri-me explorando a Bruxaria e o ocultismo como um meio de compreender meus dons naturais, mas não havia muita informação para encontrar. As Bruxas sempre foram descritas como, e se espera que sejam, essas figuras místicas com habilidade psíquica misteriosa, mas eu não estava necessariamente descobrindo, naquela época, que isso era verdade, uma vez que estava dentro do processo.

Eu descobri que só porque se esperava que as Bruxas fossem psíquicas, isso não significa que elas eram naturalmente dotadas com este dom. Além do mais, ensinar alguém de como usar suas habilidades naturais, quando presentes, era uma tarefa difícil, na melhor das hipóteses. A maioria das pessoas que escrevem sobre o assunto desenvolveu a habilidade de ser psiquicamente sensível por meio de seus estudos de ocultismo. Aqueles que tinham um nível de compreensão mais profundo, muitas vezes não se identificavam como Bruxas e faziam tudo o que podiam para se separar do rótulo. Assim que o paganismo e o ocultismo começaram a ressurgir na cena espiritual, houve uma grande importação de ideias, filosofias e práticas de grupos e culturas que já haviam abraçado o psíquico, trilhando um longo caminho para nos ajudar a reunir práticas que poderiam ser aplicadas ao nosso trabalho na Arte, mas que ainda permanecia algo separado dela. E se você quisesse se aprofundar nas práticas de desenvolvimento psíquico, precisava olhar para fora da Arte para obter ajuda.

Foi apenas na história recente que isso começou a mudar, à medida que autores como Laurie Cabot, Silver RavenWolf e Christopher Penczak (para citar alguns) se inclinaram na conversa e ajudaram a preencher a lacuna entre o desenvolvimento psíquico e a feitiçaria moderna. O que aprendemos com o trabalho deles e de seus contemporâneos é que esses dois mundos nem sempre foram separados e, na realidade, eles se encaixaram naturalmente. Habilidade psíquica é algo inerente a toda Bruxa; apenas precisa ser estimulada. Como a maioria das habilidades, isso é algo que as Bruxas e Bruxos têm a capacidade de fazer, alguns tendo um talento especial para isso, enquanto outros lutam para encontrar sua bússola.

Neste livro, Mat Auryn continua esta conversa com o objetivo de nos ajudar a encontrar essa bússola, não importando nosso nível de habilidade ou predileções naturais. Mat coloca seus anos como médium profissional e feiticeiro em prática e assume o desafio de apresentar uma exploração digerível, porém detalhada, do psiquismo no que se refere à feitiçaria, e ele consegue isso muito bem. O que encontramos neste livro é um olhar íntimo e bem pesquisado sobre como amarrar as peças não apenas para aguçar nossos sentidos, mas também para enriquecer nossa magia.

Aqueles que abordam o assunto pela primeira vez encontrarão um rico repositório de práticas e conhecimentos que ajudarão a despertar habilidades psíquicas adormecidas e colocá-las em bom uso em seu ofício. Isso não é aparente apenas em sua atenção aos detalhes, mas nas lascas de gnose que Mat envolve em cada tópico. Nós, leitores, vemos com intimidade uma prática fundamental que só poderia advir de anos de desenvolvimento pessoal e experimentação.

Aqueles que são naturalmente dotados ou que estão levando sua prática para o próximo nível vão descobrir que as próprias habilidades naturais de Mat como vidente deram a ele uma visão única: uma visão que prova ser informativa e inspiradora repetidamente.

O que mais se destaca neste livro é a ênfase na fusão do cenário do desenvolvimento psíquico e da Bruxaria em uma única prática. Como mencionei antes, quando comecei meus estudos, livros como este não existiam. Tivemos que sair da Bruxaria para encontrar nossas respostas. Aqui, finalmente recebemos um manual sobre como ter uma prática autêntica de feitiçaria, que inclui a habilidade psíquica como um componente básico.

Mat faz parte de uma nova geração de Bruxas e Bruxos que continuam a carregar a tocha do desenvolvimento espiritual no século 21, unindo a velha e a nova escola. Termos como "estado alterado de consciência", "o lado sombra", "sincronicidade" e "mapeamento da realidade" são tachados hoje como sendo linguagem da Nova Era. Algumas pessoas acham que temas que se referem às Três Almas, à Quintessência, à Verdadeira Vontade e ao Fogo das Bruxas são muito sombrios e fazem parte somente do mundo bruxo. No passado, isso tudo permanecia separado, mas aqui tudo é tecido junto, para criar um emaranhado de práticas que têm o potencial de realmente mudar sua Arte, independentemente de onde você esteja começando. Essas coisas não são apresentadas para adicionar futilidades ou fazer nosso autor parecer inteligente; elas existem para manter juntos os aspectos fundamentais de abranger nosso potencial e levar nossa feitiçaria a um nível totalmente novo.

Em sua vida profissional, Mat passou anos trabalhando com o público e ajudando pesquisadores como eu e você a encontrar as respostas que procurávamos. Às vezes isso vem na forma de uma leitura, outras vezes vem de uma aula ou de um blog, mas o amor de Mat pelo serviço e o compromisso de ajudar os outros estão sempre presentes. Como um aluno do Sacred Fires, ele superou minhas expectativas mais extravagantes como seu mentor, surpreendendo-me com seu trabalho e seu progresso contínuo. Ele está sempre avançando, sempre pronto para sujar as mãos e lidar com assuntos difíceis – ao mesmo tempo em que está disponível para seus colegas estudantes e companheiros de tradição. Ele é genuinamente dedicado; um verdadeiro Bruxo psíquico que construiu uma vida sendo útil para os necessitados.

Neste livro, você não vai encontrar um monte de feitiços para resolver seus problemas; acho que o título provavelmente já revelou isso. No entanto, ferramentas que o ajudarão a desbloquear seu potencial como Bruxo ou Bruxa poderá ser visto aqui. Nossos problemas na vida geralmente estão ligados a isso: não viver de acordo com nosso potencial. Não é fácil; é, na verdade, um dos trabalhos mais difíceis que podemos fazer, mas Mat sabe disso e nos leva aonde precisamos ir com perfeito amor e perfeita confiança em nossa capacidade de ter sucesso onde talvez não teríamos antes.

Com a mente de um estudioso e o coração de um professor, Mat nos fornece uma nova abordagem sobre assuntos frequentemente complexos e complicados e nos dá as chaves para liberar seu poder interior. Enraizado nos velhos mistérios, temperado com o modernismo, *Bruxa Psíquica* é o livro que eu gostaria de ter tido em todos aqueles anos passados e que habilmente continua a discussão do psiquismo na Arte como nenhum outro livro antes.

— Devin Hunter, autor de *The Witch Power series Founder of the Sacred Fires Tradition of Witchcraft*

INTRODUÇÃO

P ara muitas pessoas, as expressões "psíquico" e "Bruxa" são vistas como palavras reservadas à ficção, podendo transmitir uma ideia tirada de filmes e séries, como *American Horror Story*, *Salem*, *Jovens Bruxas*, *O Mundo Sombrio de Sabrina* ou talvez as Bruxas do filme *Abracadabra*, ou até mesmo uma imagem de golpistas fraudulentos fingindo ser videntes. Embora não seja minha intenção provar que tanto a habilidade psíquica quanto a habilidade mágica são reais apenas pela fé cega, asseguro-lhe aqui que são sim. Meu objetivo não é que você acredite apenas na minha palavra, mas que prove isso a si mesmo, por meio de experiências diretas que poderá realizar até o final deste livro.

Poder psíquico e mágico é nosso direito de nascença

Em ambas as esferas, psíquicas e mágicas, há um pouco de controle. Isto é um infortúnio. Esta restrição é melhor definida como uma tentativa de conter e limitar quem pode fazer parte de um determinado grupo ou atividade. Há uma forte ilusão de que uma pessoa possa nascer com aptidão mágica ou psíquica. Embora definitivamente qualquer pessoa possa nascer com predisposição para essas áreas, assim como alguém pode nascer com uma inclinação para a arte ou o atletismo, certamente essa não é a única maneira de alcançá-los. Na verdade, muitas vezes torna-se uma forma de elitismo preguiçoso fazer tais declarações. Assim como na arte ou nos esportes, treinamento contínuo, dedicação e prática são necessários para o desenvolvimento e a manutenção.

Certa vez, uma cliente em uma leitura psíquica ficava se referindo ao meu "dom", dizendo que eu tinha esse talento nato, que ela afirmava não ter. Assegurei a ela que o que eu tinha não era necessariamente um dom, mas uma habilidade que pode e deve ser desenvolvida e trabalhada continuamente para ajudar a mantê-la e ainda fortalecê-la. Esta cliente não pareceu acreditar em mim no início, mas eu assegurei a ela que era absolutamente verdade. Convidei-a para um de meus workshops de desenvolvimento psíquico, no qual ensinei técnicas psíquicas, muitas das quais estou compartilhando neste livro. Eu a fiz provar a si mesma que qualquer um, até ela, pode ser psíquica. Isso a entusiasmou muito e a colocou em uma missão para aprender mais e mais e continuar trabalhando nisso. Hoje em dia, alguns anos depois, ela é uma leitora psíquica profissional.

Algumas pessoas dirão que esse dom deve ser transmitido geneticamente ou que apenas certos grupos, culturas, etnias ou gêneros podem possuir tais habilidades. Isso é absolutamente incorreto. Não apenas vemos a magia e habilidades psíquicas universalmente ao longo da história em ambos os gêneros, como, por sermos humanos, compartilhamos uma ancestralidade comum – aquela que, se voltarmos no tempo, é Pagã e mística. Então, deixe-me esclarecer muito bem isso: qualquer um pode realizar magia e todos nós somos médiuns. A magia e a habilidade psíquica não são sobrenaturais, mas completamente naturais e absolutamente possíveis para cada ser humano se engajar. Nascemos para abraçar todo o nosso potencial, usar todas as nossas habilidades e experimentar e interagir com o mundo ao nosso redor no grau mais completo possível.

Combinando poder psíquico e Bruxaria

Tanto a palavra *médium* quanto a palavra *Bruxa* são pesadas. Prova disso é o fato de muitas pessoas que são mesmo médiuns ou Bruxas tentarem se esquivar totalmente de usá-las e preferirem outras palavras mais confortáveis e aceitas por todos, tais como: intuitivo, empático, pagão ou aquele que trabalha com energia. No entanto, um dos problemas que frequentemente encontro é que, por meio do enfraquecimento desses rótulos e das tentativas de torná-los mais palatáveis para o público em geral, muitas vezes há uma diminuição do potencial total da capacidade psíquica e mágica também. A forma sucinta de pensamentos, emoções e palavras apenas realça o psíquico e o mágico, e essas palavras – médium e Bruxa – são muito concisas, o que remete a pensamentos e emoções muito fortes. Para mim, essas palavras evocam um nível de aptidão e de poder dentro de seus respectivos universos. Baixar o padrão dessas práticas não vai servir a ninguém.

A habilidade mágica e a percepção psíquica podem parecer duas coisas completamente diferentes à primeira vista. Assim como o Deus romano Janus é representado com duas faces em um ser singular, o psíquico e o mágico são os dois lados da mesma moeda. No fundo, eles são aspectos de como estamos nos envolvendo e interagindo com as energias sutis. A habilidade psíquica também é comumente referida como percepção extrassensorial, em que alguém é capaz de perceber a energia como informação por vários meios.

As etimologias populares têm seu lugar em nossa psique coletiva e são frequentemente usadas entre os professores de magia. A palavra *Bruxa* é frequentemente conectada à palavra *Wicca*, que é popularmente transmitida pelos anciãos da Arte com o significado de "dobrar", "moldar" ou "empunhar". Embora não haja realmente muitas evidências fortes de que esta seja uma definição etimológica histórica, é uma ideia eficaz que atinge a essência do significado da Bruxaria, tirando todas as possíveis armadilhas das diferentes tradições. Em outras palavras, a Arte da Bruxaria gira em torno da "habilidade de manipular energia e moldá-la para os resultados desejados".

Muitos Bruxos e Bruxas se apressam em seus princípios básicos e em sua prática diária. Talvez seja porque estão preocupados demais em completar logo suas tarefas dentro do processo de treinamento pelo qual estão passando, para, assim, avançar para o próximo estágio. Ou talvez seja pelo fato de não assumirem as responsabilidades pessoais que os levaria, pela prática, ao crescimento e, em vez disso, estão contando com a validação de seu professor para lhes dizer que estão aptos a avançar no aprendizado. Talvez eles tenham ficado entediados com o trabalho que estão fazendo, ou talvez presumam que algo mais complexo significa mais poder e, portanto, estão à procura de algo mais intenso.

Só porque algo é básico ou simples não significa que não seja imensamente poderoso. A magia muda a todos que a tocam e todos que a tocam mudam. É importante entender que todas as *iniciações*, obviamente, são começos e não fins. Em meus estudos, percebi um desdobramento contínuo de sintonização e profundidade nas práticas básicas que muitos outros podem deixar de lado, achando que aquilo faz parte de sua prática anterior, como iniciantes.

Há momentos em que os praticantes podem perder seu amor pela magia, apesar de se envolverem em rituais complexos e em práticas mágicas. Muitas Bruxas me disseram que sua magia não estava mais funcionando e que estavam ficando entediadas com a Arte. Isso pode levar os praticantes a outros caminhos de exploração no que diz respeito à espiritualidade, mas, em minha experiência, geralmente é uma chamada para revisitar o básico. É dentro da simplicidade que podemos encontrar uma nova profundidade. Tenho visto buscadores dedicados e fervorosos começarem a irradiar energia apenas a partir do aterramento e do centramento.

Tudo o que você tocar vai tocá-lo de volta. A maneira mais simples de explicar isso é que, quando você passa um tempo tocando o coração da Terra, mergulhando nas estrelas, comungando com a Lua, alinhando-se com os elementos e trabalhando com os Deuses e os espíritos, isso toca você também; isso muda uma pessoa. É como se houvesse uma sincronização com diferentes *comprimentos de onda* e a energia da pessoa cantasse como em uma sinfonia. Às vezes sentimos isso por meios psíquicos, mas muitas vezes sentimos apenas um conforto intensamente forte com o próximo, uma sensação de familiaridade, parentesco e um alto nível de respeito, mesmo se não reconhecermos exatamente o porquê. Existe apenas este conhecimento em relação à natureza, vindo do coração e do espírito. Eu acredito que esse reconhecimento vem do sentimento que temos em relação a essas energias, que vem de dentro e nos faz voltarmos a nós mesmos. Se passarmos um tempo com essas energias nos imbuímos dela, porque elas também passaram muito tempo conosco. Existe apenas esse "não sei bem o que" sobre elas, algo inexplicável.

A feitiçaria é frequentemente considerada um caminho tortuoso, que tece uma serpentina entre os caminhos da mão direita e o da mão esquerda. Não estou convencido de que este caminho tenha um destino, mas, sim, de que o caminho em si é sobre a jornada. Suspeito que este caminho serpentino é ourobórico, não tendo verdadeiro começo ou fim.

Estou aqui para ajudar

Como um Bruxo praticante e muito ativo tanto em minha comunidade local quanto na grande comunidade online – e por meio de minha experiência como médium profissional interagindo com outros médiuns – notei algo. Existem muitas Bruxas e Bruxos que não são tão bons quando se trata de habilidades psíquicas; também há muitos médiuns talentosos que estão absolutamente bloqueados quando se trata de magia e de manifestação. Conheci muitas Bruxas completamente inseguras em relação aos espíritos e Deuses com que estão trabalhando, geralmente elas não estão certas de que eles estão realmente presentes, ou não têm certeza se lançaram um Círculo ou elevaram poder pelo simples fato de terem seguido as instruções. É como se estivessem trabalhando completamente cegas. Também conheci médiuns que podem dar conselhos de vida fantásticos e clareza a outras pessoas, mas lutam para pagar o aluguel, remover obstáculos e manifestar oportunidades.

Isso não é de forma alguma um julgamento; na verdade, é algo que também entendo por experiência própria. Nos primeiros anos de aprendizado eu também tentava lançar feitiços e eles simplesmente não funcionavam. Eu seguia as instruções, tinha os ingredientes certos e recitava todas as palavras, mas ainda assim ficava aquém de manifestar qualquer tipo de resultado concreto. Misticismo/Magia não é sobre rituais, palavras ou objetos vazios. A chave para a magia é a manipulação dessa energia; e é melhor trabalhar com a energia quando ela pode ser percebida.

Ao longo dos anos de minha profunda imersão nos mundos psíquico e mágico, comecei a ver como essas duas habilidades não apenas funcionam juntas, mas também como elas se complementam e se fortalecem. Você pode usar magia para aumentar sua habilidade psíquica, e pode usar habilidade psíquica para aumentar sua magia. Ao longo desses anos, estudei alguns dos mais proeminentes e respeitados professores de magia, assim como de habilidades psíquicas, isso só fortaleceu minha conclusão de que eles não estão meramente entrelaçados – eles são duas metades de um todo.

Devido a experiência que adquiri com a minha própria prática e de anos ensinando ativamente tanto o desenvolvimento psíquico quanto o mágico, fui capaz de resumir as bases do despertar, estimulando nas pessoas seus sentidos psíquicos e o manejo de energia. Deixei espaço para experimentação e adaptabilidade. Não há absolutamente nenhum "método prático" para perceber e trabalhar com energia. Indivíduos são indivíduos e todos nós estamos conectados de maneira diferente, portanto, coisas diferentes funcionam para pessoas diferentes. Mantive isso em mente ao longo do livro e o ajudarei a explorar sua própria relação com cada situação. Também eliminei técnicas e adereços que são específicos de certas tradições de Bruxaria, tanto quanto possível. O que resta são ideias centrais e componentes que são semelhantes ao longo das várias tradições nas quais eu treinei e entre os professores de outras tradições que li e falei, como os modelos das Três Almas e dos Três Mundos.

Por meio de minha própria experimentação, descobri que existem maneiras de contornar certas práticas culturalmente específicas sem nos apropriar delas como nossas, simplesmente usando um sistema cosmológico que é um pouco mais universal por natureza. Enquanto o Divino é tocado, deixei espaço para você modificar isso com base em suas próprias crenças espirituais e também forneci alguns ângulos para aqueles que são mais ateus em sua abordagem da Bruxaria ou habilidade psíquica. Abordei o assunto do Divino por meio do termo vago de Espírito, que está aberto a interpretações pessoais como *a Mente Divina, o Universo, a Fonte, Deus, Deusa* ou a *Deusa Estelar* – mesmo que sua interpretação seja de que é uma ferramenta psicológica para acessar algo mais profundo dentro de você.

Vai ser possível notar também, neste livro, que existem poucas – ou talvez nenhuma – ferramenta ou material necessário para o trabalho, além de sua mente, corpo e espírito; o que para muitos, carece de pompa e circunstância do que é visto como um feitiço tradicional. Isso é intencional; quero que o leitor entenda e domine as energias com as quais estão trabalhando antes de se aventurarem em um feitiço adequado. Dominar a percepção e a manipulação de energia é crucial antes de você avançar para um lançamento de feitiços eficaz. No entanto, você ficará surpreso com o que pode fazer apenas com sua mente, com o seu corpo e com o seu espírito.

Meu objetivo não é ajudá-lo a se tornar apenas um psíquico poderoso ou uma Bruxa poderosa, mas fazer de você uma Bruxa Psíquica poderosa. Para mim, um feiticeiro psíquico é aquele que não apenas percebe informações com todos os seus sentidos internos e externos em todos os reinos da realidade, mas também é capaz de experimentá-los diretamente, interagir com eles e manipulá-los para seu próprio benefício. Ao longo deste livro, compartilharei algumas de minhas dicas, segredos, práticas e meditações mais bem guardadas. Embora possa ser tentador pular para os capítulos que parecem ser mais interessantes para você, recomendo enfaticamente ver isso como um curso em que todos os elementos se baseiam uns nos outros. Você também receberá exercícios pertinentes a um modelo da alma, um modelo de diferentes planos de existência e conceitos relacionados à divindade. Independentemente de quais sejam suas crenças pessoais em torno desses tópicos, encorajo você a abordar este livro como se os conceitos fossem verdadeiros, visto que eles estão servindo a um propósito e arquitetando em direção a outras eventos.

Incentivo você a aprender as regras, a cosmologia e as práticas conforme apresentadas aqui antes de modificá-las para refletir sua própria tradição ou caminho espiritual. Devido à natureza espiritual e metafísica desses tópicos, é difícil dizer com alguma certeza que é assim que as coisas são. Mas posso dizer com certeza que seguir os conceitos como se fossem verdadeiros trará ótimos resultados. No mínimo, veja-os como experimentos mental gigantescos, e assim, os considere verdadeiros para os propósitos deste livro. Aprenda as regras primeiro e quebre-as quando tiver experimentado e compreendido completamente como ensinado aqui.

Acredito que pessoas diferentes conseguem coisas diferentes com a Bruxaria e a espiritualidade, mas, para aqueles com foco em dominar a magia, a Bruxaria dá trabalho. É preciso dedicação. É preciso perseverança. Para alguns, essas declarações irão despertar inseguranças de inadequação e essa não é minha intenção. Minha finalidade aqui é inspirar e motivar você em sua prática.

Embora eu ensine e compartilhe experiências, vejo-me como um buscador e um estudante acima de tudo. Sinceramente, acredito que uma Bruxa iniciante séria, acendendo uma vela pela primeira vez e fazendo um desejo simples com uma vontade focada, pode ser infinitamente mais poderosa do que uma Bruxa experiente que está realizando um rito complicado de um livro arcaico de magia com o mesmo objetivo, isso se aquela Bruxa experiente estiver apenas agindo, sem sinceridade. Tudo depende do nível de trabalho que colocaram em seu caminho, da prática e do quanto o seu coração está nisso.

De onde estou, no meu caminho, parece-me que a maestria não é tanto atingir um objetivo final específico, mas, sim, ver o quão profundamente você pode praticar e se esforçar para melhorar sua experiência com isso. A meditação, por exemplo, é uma das técnicas mais simples que existem, mas também é uma das mais profundas e transformadoras. O simples ato de fechar os olhos, concentrando-se apenas em sua respiração, pode parecer básico e facilmente tentador. Mas quantas pessoas você conhece que não conseguem meditar, que não conseguem clarear suas mentes ou se concentrar em apenas uma coisa com todos os sentidos envolvidos nisso?

Você não pode construir uma estrutura magnífica sobre uma base fraca e esperar que ela resista ao teste do tempo. Independentemente de onde estiver em seu caminho, certifique-se de que parte de sua rotina espiritual e mágica diária envolva o aprofundamento no básico. Quão mais profundo pode um simples elemento de prática de magia ir? Encorajo você a não perder de vista os fundamentos. Praticamos Bruxaria talvez porque seja algo que nunca pode ser verdadeiramente dominado, mas, sim, algo que aprofundamos e nos esforçamos para aperfeiçoar um pouco melhor cada vez que nos engajamos nisso.

Este livro foi escrito para todos, independentemente do nível de experiência que a pessoa já adquiriu, e tem como objetivo ser um ponto de entrada para aqueles que querem iniciar na prática. Embora alguns dos aprendizados e conceitos fundamentais possam parecer básicos para praticantes mais experientes, encorajo você a revisitá-los comigo. Ser adepto desses campos não é sobre quão complexa pode ser sua base, mas de quanta riqueza você pode ganhar em suas práticas mergulhando nos elementos centrais. Quanto a construção da base, você pode descobrir um novo nível de profundidade retornando sempre a ela. A minha esperança é que este livro apresente essas práticas e ideias sob uma nova luz, na qual tanto o buscador novato quanto o praticante mais experiente possam cravar seus dentes.

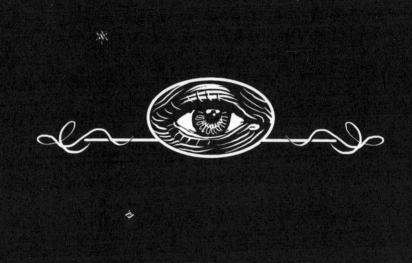

Capítulo 1
O PODER E A VISÃO

Bruxaria e habilidade psíquica são características humanas naturais com as quais nós, como espécie, lentamente perdemos contato na era pós-industrial. A Bruxaria é conhecida por inúmeros nomes. Dependendo da cultura e da época, os termos podem ser diferentes e ter conotações diferentes, mas o coração é o mesmo. Nos tempos antigos, a Bruxa era aquela que tinha o que era conhecido como "o poder", ou o que chamamos hoje de habilidade de usar magia. O psíquico, por outro lado, era aquele que tinha "a visão" ou "segunda visão", a capacidade de ver e sentir além dos cinco sentidos físicos.

Mas o que exatamente é a Bruxaria? Bruxaria é um termo genérico para muitas práticas e diferentes tradições. A definição de Bruxa pode variar de pessoa para pessoa. Passei a pensar na Bruxaria como algo tão único e diverso quanto a alma individual de uma pessoa, uma vez que a maneira como cada um se relaciona e interage com as forças espirituais invisíveis será única para ela. Bruxaria e habilidade psíquica não são apenas práticas ou ofícios. É um estado de ser, é uma orientação, em outras palavras, é como nos orientamos com o nosso ambiente, tanto na realidade visível quanto na invisível. O Médium e a Bruxa, ambos são ocultistas. *Oculto* significa aquilo que está escondido, assim como a Lua eclipsando o Sol esconde a luz do sol. O ocultista estuda e interage com essas verdades ocultas, perscrutando além do véu da percepção. Eles entendem que existe uma realidade metafísica que transcende nossos sentidos comuns da realidade física.

Como orientação, alguns podem nascer com uma disposição mais natural para experimentar e interagir com o metafísico, assim como algumas pessoas nascem com mais predisposição para habilidades e talentos atléticos ou artísticos do que outras. Isso não quer dizer que apenas aqueles que nascem com essa natureza inata podem ser Bruxos ou Médiuns, mas, sim, que é uma orientação, que nada mais é que uma posição ou perspectiva de alguém em relação a outra coisa. Isso significa que a pessoa pode se reorientar para o metafísico por meio do estudo, da prática, do trabalho e da experiência.

Acontece muito de alguém não ter sido tão naturalmente predisposto ao ocultismo, ter o potencial de superar aqueles que têm essa orientação, mas nunca trabalhou para aprimorá-la. Você não precisa ter nascido de uma certa maneira, ou ter qualquer talento natural para se tornar um talentoso Vidente ou Bruxa. O que precisa é de grande esforço e dedicação. Também acredito que algumas Bruxas são tão boas no ocultismo que obscureceram o fato de serem Bruxas Naturais até para elas mesmas. Algumas das Bruxas mais poderosas que já conheci ficariam horrorizadas em serem chamadas de Bruxas.

A experiência do metafísico é percebida através das *clairs*, que significa "claro" em francês. As *clairs* têm percepções e experiências mais precisas dos cinco sentidos comuns e que se estendem além de suas limitações usuais. Em outras palavras, as *clairs* são frequentemente definidas como percepção extrassensorial. Com esta percepção, a visão se torna "clarividência", o tato se torna "claritangência", o paladar se torna "clarigustativo", a audição se torna "clariaudiência" e o olfato se torna "clariolfativo". Entre as *clairs*, pode-se também ter a "clariempatia" (experiências psíquicas emocionais), a "clarissenciência" (sensações físicas psíquicas dentro do corpo) e o clariconhecimento (conhecimento psíquico).

Apesar disso, passei a acreditar que a percepção extrassensorial não é necessariamente nossos sentidos estendidos além do físico ou comum – embora seja assim definido de uma maneira fácil de explicar. Em vez disso, passei a acreditar que nossos sentidos psíquicos são nossos sentidos primários, aqueles que temos como seres espirituais, e nossos sentidos físicos são extensões desses sentidos psíquicos primários. Viemos a este mundo através do útero, com nossos sentidos psíquicos totalmente desenvolvidos; é somente após o nascimento, conforme a criança se desenvolve e envelhece, que esses sentidos psíquicos retrocedem, enquanto os físicos assumem o controle. Como seres físicos, nossos sentidos físicos são limitados até onde podemos tocar, ouvir, saborear, cheirar e assim por diante. Mas como seres espirituais que somos, antes e depois da encarnação física, nossos sentidos psíquicos são ilimitados.

Os termos "habilidades psíquicas" e "intuição" são frequentemente usados de forma intercambiável e são conceitos relacionados, mas eu faço uma distinção entre os dois. A intuição é o processamento inconsciente de informações sensoriais no ambiente para chegar a uma conclusão particular. A habilidade psíquica, por outro lado, é o processamento da percepção extrassensorial que não depende de informações sensoriais primárias sobre o ambiente. A intuição parece mais natural e comum para a maioria das pessoas e, geralmente, cai na categoria de "clariconhecimento" de apenas saber, ou na categoria de "clariempatia" de sentir de certa maneira algo sem saber por que isso acontece.

Em outras palavras, a intuição é baseada em informações ambientais externas perceptíveis, ao passo que a habilidade psíquica não. Os dois geralmente trabalham em sincronia e, ao ficar mais sintonizado com sua intuição, você se tornará um vidente mais forte à medida que aprende a ouvir a si mesmo e a perceber as informações. Eu vejo a intuição como o Eu Médio processando informações do Eu Inferior, e a habilidade psíquica como o Eu Médio processando informações do Eu Superior. Esses são conceitos nos quais vamos nos aprofundar mais tarde.

Em todos os momentos, forças ocultas sutis estão afetando as nossas vidas. Podemos estar cientes disso e interagir com elas. Mas também podemos estar completamente inconscientes e ainda assim interagir com elas. A capacidade de interação e de manipulação da energia sem percebê-la é o que o autor e professor ocultista Ivo Dominguez Jr. chama de *uma percepção noir*, sendo *noir* a palavra francesa para "escuridão". É uma incapacidade de perceber claramente a energia sendo manipulada em um nível psíquico consciente, mas que é uma capacidade de gerenciar a energia ainda sim[1]. Muitas Bruxas modernas se enquadram nesta categoria. Elas podem conduzir todo um feitiço ou ritual sem nunca perceber qualquer parte da energia que está se movendo durante o lançamento. Da mesma forma, muitos médiuns podem perceber energias, mas não podem interagir com elas ou alterá-las conscientemente.

A Bruxa Psíquica, no entanto, tem uma percepção direta e interage com as forças ocultas da realidade. Ela se comunica com os espíritos, com as rochas, com os riachos, com as estrelas e com o vento. Elas vêm para ver e compreender os programas e processos ocultos subjacentes que compõem o Universo e observam os padrões, compreendendo inicialmente as Leis de Causa e Efeito e sendo capazes de ver o desdobramento de uma parte da vida e ainda rastrear a cadeia de volta à causa fonte. Bruxas Psíquicas podem olhar para as coisas que estão sendo colocadas em movimento no momento e prever como elas se desenrolarão no futuro.

A Bruxa Psíquica vive em um estado de encantamento, vendo todas as coisas como mágicas e entendendo que o Universo é composto de infinitas possibilidades e potenciais. Ela vê também uma porta onde outros veem uma parede, reconhecendo que todas as coisas estão conectadas e relacionadas umas às outras e sabe como colocar as energias em ação para atingir um determinado resultado de forma consciente. Isso é magia, é manipulação de energias sutis de uma maneira específica para influenciar um resultado desejado. É através da alteração da consciência e do aproveitamento de sua força de vontade que a Bruxa Psíquica pode lançar magia propositalmente e com precisão.

Realidade é Energia

A realidade é composta inteiramente de energia. Místicos, Médiuns, Bruxas e outros praticantes de magia sempre souberam dessa verdade. Esta não é apenas uma perspectiva mística – é também a natureza da física. Tudo o que parece sólido é apenas energia vibrando em um ritmo

---

1. Ivo Dominguez Jr., *The Keys to Perception: A Practical Guide to Psychic Development* (Newburyport, MA: Weiser Books, 2017), 49–53.

mais lento; quando o examinamos em níveis microscópicos, descobrimos que a matéria sólida é feita de partículas em movimento perpétuo. Mesmo este livro que você está segurando é apenas energia. Tudo o que podemos tocar, ouvir, ver, saborear e cheirar é simplesmente energia em diferentes formas sendo percebida por nossos sentidos. Mas a energia não se limita ao que podemos sentir.

Há energia que excede nossos cinco sentidos normais. Aqueles que são mais céticos costumam dizer coisas como "ver para crer" ou podem zombar da ideia de energia invisível. No entanto, basta uma rápida olhada ao nosso redor para entender que não podemos perceber ou ver toda a energia ao nosso redor. Os campos magnéticos e a radiação são exemplos de energias com as quais interagimos constantemente e que são invisíveis aos nossos olhos, assim como os sinais sem fio e a luz ultravioleta.

Nossa percepção também difere da de outros animais, que experimentam a realidade em diferentes níveis. Os animais percebem informações energéticas que pareceriam sobrenaturais a um ser humano, se ele as sentisse naturalmente da mesma maneira. Existem animais e insetos que podem perceber um espectro muito mais amplo de luz e de cor do que nós, humanos. E têm as frequências de som (que também é uma energia) inaudíveis para os seres humanos que outros animais podem ouvir. Embora possamos ouvir um amplo espectro de ondas sonoras, não podemos ouvir todas.

O ruído que vem de um apito de cachorro é uma energia que nossos corpos não estão equipados para perceber, mas os cães definitivamente o ouvem. Há também um bombardeio de ondas de rádio com as quais interagimos e que não podem ser ouvidas sem o uso de um dispositivo para sintonizar essa frequência específica. Os cães também podem ser treinados para identificar alguém com câncer. Existem até energias que são experimentadas de maneira completamente diferente por alguns animais. Golfinhos e morcegos podem usar o som por meio da ecocalização e experimentá-lo como uma forma de visão. As aves migratórias têm uma percepção do campo magnético e do clima que informa sua migração e isso ainda é um mistério para os cientistas.

Mas por quê? A evolução conectou humanos e animais para escanear o ambiente em busca de informações vitais para a sobrevivência.

Em outras palavras, evoluímos de maneira que nossa percepção está diretamente relacionada ao que precisamos saber para sobreviver. Nossos sentidos, conforme os percebemos, servem apenas para nos ajudar a sobreviver à existência diária para que nossa espécie possa continuar vivendo em uma realidade física. As formas de percepção que não são consideradas importantes para a sobrevivência de uma espécie serão abandonadas à medida que a evolução prossegue em favor do desenvolvimento de sentidos que assim o fazem.

Além disso, vivemos em uma sociedade que tem um forte enfoque no "mundo real", com ênfase no que pode ser percebido. Isso muitas vezes leva à supressão de quaisquer sentidos além dos cinco físicos já conhecido, mas eles não se foram – eles ainda estão lá.

Você já pensou em alguém com quem não se comunica há muito tempo e de repente essa pessoa ligou ou mandou mensagem para você? Ou já teve um pressentimento sobre alguém ou uma situação que acabou sendo correta? Ou ainda experimentou um *déjà vu* ou teve um sonho que se realizou? Quase todo mundo já teve momentos em que esses outros sentidos se abriram de repente, mesmo que seja de curta duração. Ainda temos todo um sistema de percepção que apenas adormeceu em nossa espécie, mas esses sentidos ainda estão lá, esperando para despertar.

Isso também acontece quando se trata da percepção psíquica de energias sutis, energias estas que não são necessariamente mensuráveis ou detectáveis aos nossos sentidos ou pela ciência. Muitas vezes temos dificuldade em compreender grande parte da energia que recebemos como informação, simplesmente porque não fomos programados para entendê-la. Não temos uma maneira muito precisa de descrever a energia como a percebemos, pois nosso vocabulário para ela é muito subdesenvolvido. Por exemplo, até que uma criança aprenda sobre o conceito de verde como uma palavra, ela pode ter dificuldade em distingui-lo de outras cores. Crianças também têm dificuldade em distinguir cores com matizes semelhantes. Uma vez que a criança aprende um vocabulário mais amplo para as cores que vê, ela pode não apenas nomeá-las, mas também discernir e diferenciar, por exemplo, "verde-floresta" de "verde-limão". Quando se trata de percepção de energia, nossas palavras não são tão precisas quanto são para outros sentidos que percebemos, até que aprendamos um vocabulário para diferentes energias.

Isso também se aplica à percepção de nossos sentidos, como paladar e olfato, por exemplo, e se você for pensar bem, como é que os conhecedores de vinhos descrevem sabores tão complexos? Eles usam palavras como terroso, frutado, amanteigado, torrado, extravagante, afiado, carvalho, carvão, aveludado e muitas outras. Isso ocorre porque a mente não consegue encontrar palavras precisas em nossa língua para aquilo que estamos experimentando, então ela tenta fazer referência a palavras que, de alguma forma, descrevem a qualidade do que está no paladar da melhor maneira possível. Simplesmente não temos a linguagem para isso. No entanto, para uma mente intuitiva, o vinho pode não parecer tão complexo. O mesmo vale para aqueles que são músicos; eles ouvem música de forma diferente, porque entendem as mudanças sutis de tons, harmonias e melodias. Assim, eles têm mais facilidade em falar sobre música, pois têm um vocabulário para isso. O mesmo é verdade com a energia sutil. Aprender a descrever as qualidades de diferentes energias permite precisão. A precisão de discernir e descrever energias é o que torna uma Bruxa Psíquica eficaz.

Para a Bruxa Psíquica, toda energia sutil é uma forma de informação. Recebemos informações energéticas que nos situam sobre outras pessoas, eventos, situações e nosso mundo ao nosso redor. Isso nos permite ter um melhor julgamento e garantir que estamos no caminho certo. Também podemos conjurar e manipular informações energéticas e enviá-las ao nosso mundo para afetar ativamente esses caminhos e seus resultados.

Estados das Ondas Cerebrais

Sempre existiu um questionamento de quando ou como começamos a perceber a energia além de nossos cinco sentidos primários. Os rádios funcionam transmitindo em diferentes frequências *hertz*. Sintonizando o canal certo com a frequência apropriada em seu rádio, você é capaz de perceber aquela frequência que antes era imperceptível. Como as ondas de rádio, nossos cérebros produzem impulsos elétricos sutis gerados por massas de neurônios que se comunicam entre si para atividades particulares nas quais estamos envolvidos, e criam estados específicos de consciência. Cada estado de ondas cerebrais tem o nome de uma letra grega e é medido pelos ciclos por segundo chamados *hertz*. Existem cinco estados de ondas cerebrais: *gama, beta, alfa, theta* e *delta*. Cada um é distinguido por seu ciclo de hertz, embora haja área de sobreposição. Aprendendo a alterar nossos estados de ondas cerebrais, aprendemos a alterar nossa consciência.

- GAMA – *38-42 hertz*: antes considerado um ruído cerebral aleatório, o misterioso *gama* é o estado de ondas cerebrais mais rápido. Pesquisadores descobriram que *gama* é altamente ativo em amor universal e em estados transcendentais de consciência associados à iluminação. Alguns monges budistas tibetanos e alguns iogues indianos são capazes de exibir esse estado de ondas cerebrais enquanto meditam.

- BETA – *12-28 hertz*: ocorre enquanto estamos acordados, alertas e concentrados em algo. Este é o estado de ondas cerebrais mais comum em que nos envolvemos como humanos. Excitação, ansiedade, estresse, tomada de decisão, pensamento crítico e atenção concentrada estão associados ao *beta*.

- ALFA – *7,5-13 hertz*: ocorre enquanto estamos relaxados, meditando, visualizando e sonhando acordado. O *alfa* tem acesso à mente subconsciente e ocorre quando estamos recebendo informações passivamente, como o aprendizado, por exemplo. É o estado de consciência mais associado à capacidade psíquica e também o estado de consciência associado à hipnose.

- THETA – *4-7 hertz*: ocorre antes e depois do sono. É associado ao sono leve, à meditação profunda, ao sonho profundo, a imagens vívidas e aos altos níveis de consciência interior. Em *theta*, tornamo-nos completamente inconscientes do mundo externo.

- DELTA – *1-3 hertz*: ocorre durante períodos de sono profundo, sem sonhos, e está associado aos estados mais profundos de meditação. A cura e a regeneração estão associadas a esse estado de consciência, e é por isso que o sono profundo pode ser profundamente curador.

Como você pode ver, *alfa* e *theta* são os estados de ondas cerebrais associados à percepção psíquica. E qual é a principal diferença entre esses dois? Em *alfa*, você ainda pode funcionar, pode falar, andar, realizar um ritual ou feitiço ou fazer uma leitura de tarô, coisas que não dá para fazer enquanto está em *theta*, já que, neste estado, já estará começando a adormecer e a perder a consciência do mundo externo, à medida que os reinos internos dos sonhos começam a assumir a sua percepção.

Para ser um médium de qualidade, você precisa ser capaz de alcançar um estado claro em algum lugar entre *alfa* e *theta* sem cair no sono. Felizmente, a ciência mostrou que tudo o que precisamos fazer para que nosso cérebro comece a gerar ondas *alfa* é simplesmente fechar os olhos por um breve período e começar a visualizar. Para alcançar *theta*, tudo o que precisamos fazer é começar a visualizar e tornar essas imagens em nosso "Olho de Bruxa" muito mais vívidos. É nesse estado de espírito que nos perdemos em devaneios, revivemos as memórias de forma imersiva, além de termos acesso a imagens e percepções inconscientes.

A glândula pineal é o nosso Olho de Bruxa, comumente referida como o Terceiro Olho ou Olho da Mente. Com o tamanho de uma ervilha, essa glândula está localizada no meio da cabeça. Se você colocar um dedo no topo de sua cabeça, bem no centro, e um dedo em um ponto acima e entre suas sobrancelhas, onde esses dois pontos se encontram, esta é a localização da glândula pineal. Se cortássemos o cérebro humano ao meio, verticalmente, entre os hemisférios direito e esquerdo, veríamos que a glândula pineal se parece com um olho com glândulas ao redor, em uma forma semelhante ao Olho Egípcio de Hórus ou Olho de Rá. Curiosamente, a própria glândula pineal se parece muito com um minúsculo globo ocular.

Embora os cientistas não tenham certeza de qual é o propósito exato da glândula pineal em humanos, sabemos que em animais vertebrados inferiores ela atua em sincronia com seus olhos, como uma espécie de terceiro olho, e contém receptores de luz e células nervosas, mas este não é o caso em seres humanos, onde não há receptores sensíveis à luz. No entanto, podemos ver uma ligação entre a glândula pineal, nossos olhos e a luz, pois sabemos que a glândula pineal envia sinais neurais para a produção de melatonina e tem um ritmo circadiano associado a ciclos de luz e escuridão. A luz é recebida pelos olhos e enviada ao cérebro por meio do nervo óptico, que se irradia para os nervos que suprem a glândula pineal. A escuridão aumenta a produção de norepinefrina, que é um neurotransmissor que libera melatonina, enquanto a luz reduz a produção[2].

A melatonina também é bastante misteriosa. Alguns pesquisadores acreditam que existe uma ligação entre melatonina, sono e relaxamento[3]. Muitas pessoas que tomam a melatonina como suplemento também relatam sonhos muito mais vívidos. Aqui vemos uma possível ligação entre a luz a glândula pineal, o relaxamento e o sonho. Uma vez que os estados de relaxamento e as ondas cerebrais, associados a devaneios e sonhos com luz, são importantes para a percepção psíquica, você pode começar a perceber que esta é uma das muitas razões pelas quais Bruxas e Médiuns tendem a preferir trabalhar em espaços mal iluminados, com luz de velas, em vez de em ambientes muito claros. Isso porque há mais melatonina sendo produzida, o que pode ativar um estado mais naturalmente relaxado, que leva ao *alfa* e faz a glândula pineal trabalhar ativamente.

Laurie Cabot, uma vidente mundialmente conhecida e Bruxa Oficial de Salem[4], acredita que a percepção psíquica ocorre no estado *alfa*, porque enquanto você está em um estado de transe, seus olhos começam a rolar para cima, naturalmente, em direção à glândula pineal[5]. Laurie acredita que toda informação psíquica é luz invisível e que a glândula recebe essa informação e a interpreta. Quando estamos em *alfa*, há uma conversa direta entre a mente consciente e a glândula pineal.

---

2. Jerry Vried e Nancy A. M. Alexiuk, *The Pineal Gland and Melatonin*, em *Handbook of Endocrinology, Second Edition, Volume 1*, ed. George H. Gass e Harold M. Kaplan (Boca Raton, NY: CRC Press LLC, 1996), 7–8.

3. "Melatonin: In Depth," Centro Nacional de Saúde Complementar e Integrativa, última modificação julho 16, 2018, https://nccih.nih.gov/health/melatonin.

4. Um título honorário concedido a ela, na década de 1970, pelo governador Michael Dukakis, de Massachusetts, por seu trabalho na comunidade.

5. Laurie Cabot e Tom Cowan, *Power of the Witch: The Earth, the Moon, and the Magical Path to Enlightenment* (New York, NY: Delta, 1989), 175–177.

Exercício 1

Foco Preliminar

Este é o primeiro exercício vital a ser dominado antes de prosseguir. Pode parecer muito simples no início, mas pode ser um pouco mais difícil do que se esperava. Essa é a capacidade de manter sua mente inteiramente focada em uma tarefa mental. Afirme para si mesmo em voz alta ou em sua cabeça que, quando chegar ao número zero, você estará no estado de consciência de *ondas cerebrais alfa*. Continue fazendo a contagem regressiva do número cem até zero.

Neste estágio, não importa se você visualiza os números em seu Olho de Bruxa ou não. O importante é focar em cada número pensado como único naquele momento. Se acaso se distrair ou perceber que sua mente está divagando, simplesmente comece tudo de novo. Depois de ter conseguido isso com sucesso, sem qualquer outro pensamento invadindo sua mente, veja se consegue alcançá-lo três vezes seguidas, declarando sua afirmação no início de cada vez. Depois de ter feito isso, você está pronto para seguir em frente.

Uma maravilha infantil

As crianças são frequentemente consideradas como sendo naturalmente mais psíquicas e mágicas do que os adultos, e eu concordo com isso. Na verdade, há uma citação que é passada entre várias tradições diferentes de Bruxaria, como um ditado de sabedoria atribuído a Lady Circe, uma Bruxa famosa e influente, que afirma: "Se você quiser seguir o caminho da Bruxa, observe com cuidado uma criança brincando". De fato, além de ter muita sabedoria nesta breve máxima, ela também funciona como um tipo de chave.

Existem alguns fatores que se destacam sobre as crianças e sua predisposição para o psíquico e a magia. A primeira é que as crianças estão totalmente envolvidas quando estão se divertindo. A segunda é que sua imaginação está em plena atividade. Acredito que esse sábio ditado tem muito a ver com esses dois fatores. Na verdade, as pessoas com mais talento mágico que conheço são pessoas divertidas e incrivelmente imaginativas e criativas. Quando as crianças estão se divertindo, elas estão totalmente conectadas, porque estão envolvidas. As crianças procuram brincadeiras, criatividade e diversão.

Agora pense em uma criança que não está se divertindo. Pense em uma criança que está completamente entediada. Elas são totalmente resistentes, mesmo que essa não seja sua intenção. Se você colocar uma criança de castigo ou sentá-la para uma aula chata, na maioria das vezes ela começará a sonhar acordada. Crianças são naturalmente programadas para se envolverem com a imaginação, elas são sintonizadas nos estados de *ondas cerebrais alfa* e *theta* naturalmente, aqueles mesmos estados de ondas cerebrais que são ativados quando alguém começa a sonhar acordado ou envolve sua imaginação.

Acima de tudo, crianças basicamente têm permissão da sociedade para serem imaginativas. Até a idade de sete anos, elas estão predominantemente nesses dois estados de ondas cerebrais – o *alfa* e o *theta* –, o que significa que são mais propensas a experiências psíquicas[6]. Só na medida em que envelhecem é que a imaginação e a criatividade são condenadas em favor de serem práticas, lógicas e sérias. É aí que essas formas de percepção começam a ser suprimidas e ficam adormecidas, esperando para serem despertadas novamente.

É lógico concluir que este é o estado humano natural, pois é como as crianças naturalmente são, pois são condicionadas por forças externas. Felizmente, tenho boas notícias. Você é um ser humano e já foi criança um dia. Isso significa que já tem a capacidade de reiniciar essa parte de sua natureza com um pouco de trabalho; estou aqui para ajudá-lo com isso. Vamos começar com um exercício aparentemente bobo de faz de conta!

---

6. Ernst Niedermeyer e Fernando Lopes da Silva, "Maturation of the EEG," em *Electroencephalography: Basic Principles, Clinical Applications, and Related Fields, 5th ed.* (Philadelphia, PA: Lippincott Williams & Wilkins, 1996), 225.

Exercício 2

Imersão Psíquica

Este é um exercício muito simples, mas você pode se surpreender com ele. Escolha um dia para fingir que é uma vidente onisciente e sempre precisa em suas ações. Evoque exemplos do arquétipo psíquico onisciente, como uma misteriosa cartomante ou uma Bruxa que tudo vê e tudo sabe.

É importante não se preocupar com isso. Mergulhe de verdade no papel como uma criança faria ao brincar de faz de conta com os amigos ou sozinha para se divertir. Finja que você pode ver auras; como seriam as auras de diferentes pessoas? Você não precisa saber realmente como ver auras, ainda, estamos apenas fingindo, então atribua a elas uma cor, baseando-se em como essas pessoas estão agindo ou em quem elas são. A cor não precisa corresponder a uma lista de significados de cores da aura. Faça previsões ao longo do dia e não desanime se elas acabarem erradas; lembre-se, isso é apenas um faz de conta e você está fingindo que está sempre certa.

Você também pode praticar com um amigo. Em meus workshops, tenho estranhos como parceiros e eles se revezam fingindo que são paranormais e começam a inventar um monte de informações sobre a pessoa com quem estão emparelhados. Quem são elas? Qual é a história delas? De onde vêm? O que querem da vida? Quais são suas esperanças e medos?

A chave aqui é que a pessoa que está sendo lida só pode confirmar declarações precisas e não dizer nada quando estão erradas, anotando todos os acertos. Isso é muito importante em qualquer exercício de desenvolvimento psíquico que envolva mais de uma pessoa. Alguém pode estar falido financeiramente, por exemplo, e uma informação dessas pode ser falha ou estar errada e, assim que ouvir um "não", o leitor se fecha completamente e não é mais capaz de transmitir informações precisas, porque a dúvida se instalou.

Este exercício visa a dar permissão para usarmos a imaginação e nos divertirmos fora de suas zonas normais de conforto. A prática levanta as barreiras do condicionamento que suprimem nossa capacidade de usar essas faculdades criativas e empregá-las em nossa vida diária, e ainda aumenta a confiança, porque é extremamente comum que, ao fingir, a pessoa obtenha um monte de informações precisas, especialmente em relação ao tempo: quanto mais tempo ficar no personagem, mais fundo ela irá. No entanto, a precisão não é o foco aqui. Você vai aprender como ser um médium preciso à medida que prosseguirmos. Mas primeiro é necessário aprender a engatinhar, antes de poder correr.

No final do dia, escreva sua experiência. Como você se sentiu ao interpretar e mergulhar na personagem? Foi divertido? Sentiu-se capacitada? Desconfortável? Você pode sentir a programação social se infiltrando, dizendo que tudo isso era um absurdo? Houve acertos precisos? Chegou a você alguma coisa que ainda não foi possível verificar?

Seja honesta ao registrar seus pensamentos, sentimentos e experiências. Mentir ou se conter em seu diário não vai contribuir em nada. Parte da experiência de registro no diário é sobre como você evoluiu ao longo do tempo e saber o que funcionou e o que não funcionou. A honestidade com o que você realmente sentiu e com o que verdadeiramente experimentou vai ajudar no seu crescimento como uma Bruxa Psíquica.

Afirmações e neuroplasticidade

O poder das afirmações é facilmente esquecido. Afirmações são simplesmente pontos positivos sobre si mesmo, geralmente formuladas no presente e faladas em voz alta, repetidamente, com o propósito de se programar de determinada maneira. Como Bruxas e Bruxos Psíquicos, entendemos o poder da palavra falada e o poder dos pensamentos. Entendemos que o mundo interno e o mundo externo estão intimamente ligados. Sabemos que é importante assumir o controle de nossas próprias mentes e a energia para que possamos entrar em nossa soberania pessoal.

As afirmações podem mudar a forma como você pensa. Como? O cérebro está constantemente criando e fortalecendo vias neurais eletroquímicas, que são mais utilizadas por meio de estimulação constante. Se uma determinada forma de pensar se repete, consciente ou inconscientemente, esses caminhos passam a ser os predominantes, levando a pensar ou sentir dessa maneira cada vez mais. Isso é chamado de neuroplasticidade. Agora, energeticamente, o mesmo é verdade. As vias de energia que são mais usadas tornam-se mais fortes e mais fáceis de acessar, enquanto aquelas que são ignoradas se tornam enfraquecidas. O corpo energético tem sua própria forma de memória.

Uma afirmação específica deve ser usada diariamente e por períodos prolongados de tempo. Essas neuropatias e canais energéticos para formas-pensamento não vão mudar da noite para o dia. A mudança real leva tempo e trabalho. As pessoas mais bem-sucedidas que conheço e as Bruxas mais poderosas que conheci abraçaram as afirmações. Posso dizer com tranquilidade que as afirmações têm feito maravilhas em minha vida e, definitivamente, não devem ser esquecidas.

Exercício 3

Afirmações Psíquicas

Agora é sua vez de fazer isso. Cada vez que você se olhar no espelho, pare e olhe-se nos olhos. Afirme para si mesmo as declarações de suas proezas psíquicas somadas a afirmações de amor próprio e de autocapacitação. Naquele momento, acredite em cada coisa que você está dizendo com todo o seu ser. Essas afirmações podem até ser ditas diariamente, por uma semana ou por mais de um mês. Você pode incorporar honestamente essas afirmações em sua vida diária. Aqui estão dez exemplos de afirmações que ajudarão a aumentar sua capacidade psíquica:

- *Eu sou vidente.*
- *Recebo informações precisas.*
- *Eu posso sentir e ver a energia sutil.*
- *Meu Olho de Bruxa percebe com clareza.*
- *Posso entender o passado, o presente e o futuro com precisão.*
- *Meus poderes psíquicos estão crescendo a cada dia.*
- *A habilidade psíquica é fácil e vem naturalmente para mim.*
- *Recebo orientação em meus sonhos e lembro-me dela.*
- *Eu confio na minha intuição.*
- *Sou grata por meus dons psíquicos sempre crescentes.*

Capítulo 2
MEDITAÇÃO E RELAXAMENTO

A meditação é a base de todas as habilidades psíquicas e, em minha opinião pessoal, de todos os atos de magia. Ao investir na prática da meditação, você está investindo em sua habilidade psíquica e mágica. Aprendendo a relaxar e fazendo o trabalho respiratório, podemos mudar rapidamente nosso estado de ondas cerebrais e nosso nível de consciência, o que nos coloca em um estado alterado que nos permite receber informações psíquicas e perceber energias mais prontamente. Por quê? A meditação nos ensina como nossa mente funciona, como focar e como direcionar nossa consciência e, portanto, nossa vontade. A meditação é a maior ferramenta para aumentar sua habilidade psíquica e sua prática mágica.

É através da meditação que começamos a conhecer melhor tanto a nós mesmos como nossas mentes, que estão sempre cheias de excesso de ruído e de imagens, que, às vezes, podem ser nossa criação e outras vezes uma programação desenvolvida a partir de um bombardeio de informações. Meditando, aprendemos como silenciar nossa mente. Pense em sua mente como se fosse um lago. Se o lago estiver escuro, não podemos ver nada além de sua superfície. Por meio da meditação, limpamos este lago. Quando a lagoa está cristalina, podemos ver seu fundo e qualquer coisa que esteja refletindo na superfície da água. Podemos, então, diferenciar entre o que está sendo refletido e o que está profundamente dentro da lagoa. Quando completamente limpa, a lagoa reflete sem julgamento ou preconceito. É por meio dessa clareza que podemos começar a receber impressões psíquicas com precisão e com o mínimo de interferência.

Meditação é uma prática simples, mas isso não significa que seja fácil. Costumo ouvir pessoas reclamando sobre meditação ou afirmando que não podem praticá-la. Isso ocorre porque meditar requer concentração e, concentrar-se genuinamente em algo com toda a nossa atenção, pode ser muito mais difícil do que parece. A mente desfocada é muitas vezes comparada a um macaco, nas práticas de meditação, às vezes ela é chamada de "mente de macaco". Pense em um macaco que não consegue ficar quieto e está se movendo rapidamente pela selva, balançando de um galho de árvore do pensamento para outro. Por meio da meditação, aprendemos a domesticar a nossa "mente de macaco" para que ela possa ficar parada e se concentrar.

As maiores armadilhas na meditação envolvem dar desculpas para não meditar, tratá-la como um fardo, ceder à mente de macaco ou sentir que está fazendo algo errado. Se você tratar a meditação como uma tarefa pesada que tem de fazer, provavelmente sentirá resistência a ela e começará a dar desculpas para não praticar. No entanto, se você pode tratar a meditação como um método de descanso e rejuvenescimento de sua mente, corpo e espírito, não vai parecer um fardo, em vez disso, começará a aceitá-la.

A chave para a meditação é tornar-se consciente de seu foco e de sua concentração. Quando nos sentamos para meditar e caímos na "mente de macaco", começamos a pensar em tudo que nossa mente pode conjurar em vez de focar. Quando isso ocorre, reconhecemos e liberamos o pensamento em que estávamos presos e, assim, retornamos nossa mente ao ponto de foco. Muitos acreditarão que estão fazendo algo errado ou que não podem meditar por causa da "mente de macaco". Mas é exatamente o contrário! Ao reconhecer e estar consciente dessa condição, retornamos ao nosso foco e voltamos ao caminho certo para a meditação. Estamos, na verdade, treinando para focar, não seremos mestres da meditação imediatamente.

Uma atitude de mente aberta

A chave mais importante que você terá para desbloquear a meditação, a habilidade psíquica, a magia ou o trabalho energético é a sua atitude. Mais especificamente, uma atitude muitas vezes referida como "mente de iniciante". A verdade é que não existe domínio desses campos. E por "domínio" queremos dizer "aprender tudo o que existe e não ter mais nada para aprender, ganhar ou experimentar". Essas áreas são compostas de práticas e estudos para toda a vida. Quando alguém acredita falsamente que sabe tudo o que há para saber sobre qualquer assunto, acaba tomando decisões inconscientes de interromper seu desenvolvimento e crescimento. A mente do iniciante é uma atitude de entusiasmo e abertura, além de uma capacidade de aprender mais sobre algo, como se aquilo fosse inteiramente novo. Isso também evita que essas práticas envelheçam e se tornem enfadonhas, ou que qualquer desenvolvimento fique adormecido. Pense novamente em uma criança e em quanto ela se entusiasma e fica fascinada quando aprende algo novo. Esta é a "mente de iniciante".

O ocultista alemão Jan Fries afirma que "a magia real não é meramente uma variedade de habilidades e técnicas. É mais como uma atitude de mente aberta, uma mistura de interesse e dedicação, que permite a cada mago honesto observar, aprender, adaptar-se e inventar maneiras únicas de mudar a identidade e a realidade de dentro."[7]

Como qualquer prática espiritual ou metafísica, você colhe o que planta. Ou seja, quanto mais tempo, energia e dedicação investir no desenvolvimento e na manutenção dessas práticas, maiores serão os seus resultados. Desta forma, pense nisso como no ato de malhar. Quanto mais regularmente você treinar, melhor será sua saúde e condicionamento físico. Eventualmente, você será capaz de avançar para práticas mais pesadas, corridas mais longas e mais rápidas, etc. No entanto, se você começar a afrouxar por um período ou se tornar muito confiante sobre o que pode fazer ao abordar essas atividades novamente, corre o risco de

---

7. Jan Fries, *Visual Magick: A Manual of Freestyle Shamanism* (Oxford, UK: Mandrake, 1992), 137.

não conseguir, cansar mais facilmente ou até mesmo de se machucar. Ao manter a mente e a atitude de um iniciante, você pode evitar sair de uma rotina disciplinada ou ainda de se esgotar.

Uma coisa bem comum que acontece com as pessoas quando começam a meditar é elas adormecerem, por mais que tentem ficar acordadas – isso também aconteceu comigo. Cerca de dez anos atrás, quando eu fazia cursos avançados sobre trabalho energético e habilidade psíquica, era exatamente isso que me acontecia. Cerca de cinco minutos em cada sessão e eu começava a cair em sono profundo e só acordava quando o exercício estava terminando. No entanto, eu nunca adormecia quando as meditações eram muito mais diretas, embora a duração do treinamento fosse a mesma. Uma teoria que ouvi e com a qual me identifico é que isso ocorre quando as pessoas estão assumindo mais atividade psíquica ou energética do que podem controlar e processar. Portanto, para lidar com isso, a mente diz a si mesma para adormecer e ignorar o que está fazendo em um ato de autopreservação.

É benéfico estar em um ambiente onde você não é perturbado e se sente completamente relaxado. Se você optar por meditar em casa, garanta que toda distração e todos os seus dispositivos eletrônicos, como o celular, por exemplo, estejam desligados ou não estejam no ambiente. Uma sala desordenada ou bagunçada tornará mais difícil de se sentir relaxado e em paz. Um lugar com um pouco de iluminação natural e um fluxo de ar fresco é o ideal. Criar uma atmosfera psicologicamente pacífica também é benéfico. Aconselho ouvir música instrumental suave ou acender incensos. Alternativamente, você pode achar que a música e o incenso o distraem. Cada pessoa é um pouco diferente naquilo que as acalma. Se você optar por meditar ao ar livre, é melhor escolher um lugar onde esteja sozinho e não seja distraído por outras pessoas, dispositivos ou sons.

Certifique-se de que está fisicamente confortável, e que não está usando nenhuma roupa que pareça restritiva, amarrada ou incômoda. É melhor sentar-se com os pés no chão ou, se preferir, pode sentar-se no chão com as pernas cruzadas. Independentemente de como você se sentar, deve garantir que sua coluna esteja reta e que sua cabeça e ombros não estejam caindo.

Exercício 4

Aprendendo a focar com a Meditação Básica

Comece sentando-se em uma posição confortável em algum lugar no qual você não seja incomodado. Certifique-se de que suas pernas e braços não estejam cruzados, a menos que você esteja intencionalmente sentado no chão com as pernas cruzadas. Defina um cronômetro para cinco minutos. Feche os olhos e respire. Não tente forçar sua respiração ou controlá-la. Apenas respire de maneira que pareça natural para você. Traga sua atenção para sua respiração. Siga-a com sua intenção enquanto o ar flui para dentro e para fora de seu corpo. Observe como seu corpo responde à respiração. Trace seu caminho dentro de seu corpo a cada inspiração. Não se concentre em nada, exceto em sua respiração. Se você começar a pensar em outras coisas, se sua mente começar a divagar e aquele "cérebro de macaco" tentar agir, apenas volte sem se repreender ou criticar.

Tente meditar assim pelo menos uma vez por dia. Aumente lentamente para dez minutos, depois vinte, depois meia hora. Pode parecer uma luta no início e haverá dias em que você realmente se sentirá resistente a meditar, mas é importante manter a prática da meditação diária para desenvolver sua capacidade de concentração. Sua mente vagará muitas vezes. Isso não é inerentemente uma coisa boa ou ruim. É parte do processo de compreensão de como sua mente funciona e de como substituir o que ela quer fazer indisciplinadamente. Sempre que sua mente divagar, não veja como se estive falhado, veja isso como um sucesso, um processo da meditação. Se esta meditação fosse um treino, seus pensamentos errantes seriam o peso que está levantando. Você não se repreende pelo peso ser pesado. Você o levanta. Não se censure por ter pensamentos errantes, reconheça-os e traga seu foco de volta para sua respiração, respirando naturalmente.

Exercício 5

Baú do Tesouro para o Estresse

Esta é uma técnica que desenvolvi com base em um método aprendido para o Tibetan Dream Yoga. Um técnica relaxante, que pode ser usada não apenas para ajudar com suas habilidades psíquicas antes de uma sessão, mas também antes de dormir, enquanto você adormece, para ajudar a promover o sonho lúcido e a projeção astral. A melhor parte desta técnica é que ela é feita para ajudar na resolução de problemas em um nível subconsciente profundo, para ajudar a remover mais estresse de sua vida.

Comece sentando-se, ficando confortável e fechando os olhos. Realize o Foco Preliminar (exercício 1). Respire fundo. Ao expirar, sinta sua respiração retirando qualquer estresse ou tensão que você possa estar segurando no momento. Finja que o tempo está começando a diminuir. Conforme o tempo passa, você se torna mais consciente do seu ser interior. À medida que você se torna mais consciente de sua natureza espiritual, o ambiente ao seu redor começa a se afastar e ficar fora de foco.

Imagine que há um baú de tesouro dourado à sua frente que se destrava. Do baú surge um pequeno redemoinho. Reserve um momento e repasse rapidamente pelo seu dia, como se estivesse acelerando desde quando você acordou até agora. Conforme você repassa o dia, se houver algo que o estressou ou que o perturbou, concentre-se nisso. Respire fundo e, ao expirar, imagine essa situação deixando seu corpo como uma nuvem pela respiração.

Sinta essa nuvem carregando todo o seu estresse, ansiedade, pensamentos e emoções sobre a situação, enquanto flutua sobre o seu peito. Visualize esses sentimentos e pensamentos à medida que são sugados para o redemoinho e para a arca do tesouro. Reconheça, conscientemente, que você está deixando tudo aquilo passar, por enquanto. Repita essa técnica até que você tenha liberado todo o estresse do dia.

Quando terminar, você pode escolher abrir o baú. Todo o estresse que você colocou no peito, transformou-se em soluções. Essas soluções saem do baú do tesouro como um arco-íris se erguendo no ar e caindo ao seu redor. Reserve um momento para sentir calma e força interior para enfrentar os desafios da vida. Saiba que o baú do tesouro infundiu as circunstâncias com soluções que permitirão que você as resolva em breve, a partir de um estado de relaxamento. Veja o baú do tesouro fechar e bloquear aquele fluxo.

Fluxo Focado, Não Força

Aprender a relaxar profundamente melhora nossa qualidade de vida em um mundo tão estressante. Relaxar é o primeiro passo quando você deseja começar a praticar meditação ou trabalho energético. Depois de acalmar o corpo, a pessoa relaxa a mente para começar a entrar em um estado de consciência focalizado, eliminando qualquer ruído mental de fundo. A clareza do corpo é crucial para a clareza da mente, das emoções e da vontade.

O relaxamento é parte integrante de qualquer trabalho psíquico, colocando-nos em um estado de desapego, onde não estamos nos prendendo a coisas que vão atrapalhar nossa recepção telepática. Ao relaxar nosso corpo e a nossa mente, estamos liberando distrações emocionais, mentais e físicas. Estar em um estado de relaxamento permite receptividade e clareza, o que nos abre para um estado de atenção plena que, por sua vez, promove a consciência, que é a chave para a sabedoria.

Uma das maiores armadilhas que encontro quando alguém começa a buscar o desenvolvimento psíquico é que eles se esforçam demais. Não quero dizer que estão colocando muito esforço no próprio desenvolvimento, mas, sim, que tendem a tentar forçar o desenvolvimento da capacidade psíquica, esforçando-se demais com os exercícios, as técnicas e as meditações. A habilidade psíquica depende de um estado de desapego mentalmente relaxado. Uma flor não desabrocha sendo arrancada à força; da mesma forma, a receptividade psíquica não pode ser alcançada por meio do esforço, ela vem com um estado de passividade mental, ao mesmo tempo em que você permanece focado e aberto. É através do relaxamento que alcançamos a abertura. Queremos um fluxo focado, não força.

Ao relaxar, removemos nossa própria distração interna e nos tornamos muito melhores em discernir o que estamos recebendo e o que vem de nós mesmos. Relaxar e meditar regularmente nos leva a um estado constante de relaxamento e de atenção plena, mesmo nas circunstâncias mais caóticas. Mas enquanto aprendemos a relaxar e a meditar, queremos garantir que nosso ambiente também apoie esse estado de espírito. Aqui estão dois exercícios de relaxamento diferentes. É natural descobrir que um funciona melhor do que outro para você.

Exercício 6

Casulo de Relaxamento

Reserve um momento para se alongar e, em seguida, encontre uma posição confortável – caso sinta vontade, pode até deitar. Concentre-se em sua respiração. Respire profunda, lenta e ritmicamente. Não lute. Encontre um ritmo que seja confortável para você.

A cada inspiração, visualize-se atraindo uma energia calmante de paz. A cada expiração, imagine-se eliminando qualquer estresse ou tensão do corpo. O estresse começa a voar para longe como sementes de dente-de-leão ao vento, flutuando e trazendo a você cada vez mais clareza.

Visualize um orbe de luz a seus pés. A esfera é de um branco muito calmo e de cor menta-clara. Tem uma qualidade que é arejada, gelada, quente e formigante, profundamente calmante e curativa. Qualquer lugar que ela toque com a força de sua vontade, relaxa completamente.

Comece a mover a esfera para cima, em direção aos ombros, relaxando todos os músculos que ela tocar – para frente e para trás. Quando chegar aos ombros, mova o globo para baixo em cada braço, em cada mão – relaxando todos os músculos que atingir. Puxe a orbe do pescoço até o rosto – descansando os olhos, o queixo, os músculos faciais.

Ouça seu corpo – onde há algum desconforto, tensão ou dor? Traga a esfera para essa área e, ao inspirar, visualize sua respiração preenchendo tudo. Afirme que seu corpo relaxa com suas intenções.

Traga o orbe de volta para seus pés, onde se torna um manto de energia. Comece puxando este cobertor para cima e ao redor de seu corpo em seu Olho de Bruxa – como um casulo de relaxamento.

Quando você estiver completamente coberto por esse casulo, visualize-o começando a derreter e a penetrar em sua pele, profundamente, em seus músculos, nervos e ossos, dando-lhe uma sensação ainda mais ampla de relaxamento.

Exercício 7

Relaxamento da Estrela

Comece sentando-se confortavelmente e fechando os olhos. Respire fundo e, ao expirar, sinta seu corpo retirando qualquer estresse ou tensão que você possa estar segurando no momento. Finja que o tempo está começando a diminuir. Conforme o tempo passa, você se torna mais consciente do seu ser interior. À medida que se torna mais consciente de sua natureza espiritual, o ambiente ao seu redor começa a se afastar e ficar fora de foco. Execute a técnica do baú do tesouro para estresse (exercício 5).

Quando estiver se sentindo mentalmente e emocionalmente relaxado, comece a visualizar uma estrela branca acima de sua cabeça, brilhando e pulsando com os raios prismáticos luminescentes do arco-íris. Da estrela começa a jorrar uma luz líquida que se parece com uma bela opala branca, refratando diferentes matizes prismáticos.

A luz líquida incide sobre o topo da sua cabeça e, como se fosse um mel quente calmante ou uma cera morna, que relaxa tudo o que toca, ela começa a cobrir sua cabeça, rosto e pescoço, aliviando completamente qualquer tensão nessas áreas. A luz líquida começa a descer pelos ombros, peito e parte superior das costas, relaxando e liberando qualquer desconforto ou tensão. A luz continua a jorrar para o estômago e para parte inferior das costas, braços e mãos. Ela é relaxante e libera qualquer estresse que você possa sentir.

Por fim, a luz líquida cobre seu colo, pernas e pés, trazendo-lhes total conforto. Você agora está completamente coberto por esta luz. Como se fosse um bálsamo, a luz age e começa a fazer seu corpo formigar, levemente, acalmando qualquer dor que você possa estar sentindo.

Como se rebobinasse o processo, a luz líquida começa a inverter a direção, subindo de volta pelos pés, pernas, colo, mãos, braços, parte inferior das costas e estômago, parte superior das costas e peito, ombros, pescoço, rosto e cabeça. Em seguida, ela flui de volta para a estrela e sai inteiramente do seu corpo. Agora, respire fundo e examine mentalmente seu corpo, liberando qualquer tensão que você ainda possa estar sentindo.

Exercício 8

O Obscuro Físico

Um dos obstáculos mais desafiadores para a pessoa sensível é aprender a controlar a entrada constante de informações e até mesmo silenciá-la às vezes. Receber a energia de outras pessoas é exaustivo e nos deixa suscetíveis e vulneráveis. Parte do domínio interior e dos sentidos psíquicos é aprender como criar limites e descobrir o que é seu e o que vem dos outros. O que se segue é uma técnica super útil usada para assumir o controle da situação energeticamente. Isso também pode ser usado se a informação psíquica que está recebendo é muito silenciosa e você deseja aumentá-la, ou para quando estiver fazendo meditação, trabalho psíquico ou trabalho energético e a energia externa for muito invasiva ou "alta/barulhenta", gerando dificuldades para relaxar e se concentrar. Esta é uma técnica que aprendi com Irma Kaye Sawyer e que adaptei[8].

Comece fazendo algumas respirações profundas e relaxantes. Visualize um interruptor de luz obscura na sua frente. Este interruptor aumenta ou diminui a visão psíquica e o volume da energia. Assim como um botão comum de volume, que se for girado para a direita, a informação

---

8. Irma Kaye Sawyer, *The Brightstar Empowerments: Compilation Edition* (self-published, 2016), 28–29.

aumenta, e se for ajustado para a esquerda, a informação diminui. Afirme isso mentalmente para si mesmo. Pare um momento e descubra se a energia que percebe ou sente é demais ou de menos. Com intenção, gire o botão na direção apropriada, desejando que o bombardeio de energia aumente ou diminua.

Outra variação dessa técnica é visualizar uma torneira acima de você enchendo sua aura com informações psíquicas. Assim como o interruptor, afirme para si mesmo que esta torneira pode aumentar ou diminuir o fluxo de informações psíquicas que preenchem seu campo áurico. Reserve um momento para discernir se você sente muita ou pouca informação psíquica. Com intenção, gire a manivela da torneira na direção apropriada, fazendo com que o bombardeio de energia aumente ou diminua.

O sopro da vida

A respiração é a ponte entre as energias do mundo externo e as energias do seu mundo interno, criando uma conexão e um circuito de fluxo de energia. A palavra "espírito" vem da palavra latina para respiração, que é *spiritus*, e era frequentemente usada figurativamente para se referir ao espírito. A ideia de que a respiração em si é força vital tem paralelos em várias culturas, onde é conhecida como *prana*, *ruach*, *mana*, *telesma*, *chi*, *ki*, *numen*, *orgone*, *pneuma*, *od* e *força ódica*[9]. Ao trabalhar com nossa respiração, estamos trabalhando diretamente com a energia da força vital. Certos tipos de trabalho de respiração podem esfriar e relaxar o corpo e a mente, enquanto outros podem aquecer e excitar, alterando a velocidade dos ritmos do corpo.

A respiração consciente pode ajudar a cultivar uma conexão profundamente enraizada e o prazer da vida. Trabalhando com a respiração, podemos alcançar estados mais avançados de meditação e consciência. Uma vez que a respiração é algo tão sutil e geralmente automático, sintonizando-nos com ela podemos fortalecer a capacidade de nossa mente de concentrar e perceber coisas que são de natureza mais sutil.

---

9. Christopher Penczak, *The Inner Temple of Witchcraft: Magick, Meditation and Psychic Development* (Woodbury, MN: Llewellyn Publications, 2013), 78–81.

Exercício 9

Respiração do quadrado elementar

A respiração quadrada (às vezes chamada de respiração quádrupla nas práticas de ioga) é uma técnica sem esforço. Esse tipo de respiração cultiva um senso de equilíbrio, centralidade e quietude. Por esta razão, eu também uso as quatro forças elementares enquanto executo esta técnica de respiração, assim, estou me colocando ainda mais fundo em um equilíbrio conectivo interno e externo, com os poderes elementares que permeiam todas as coisas.

Faça o exercício "Relaxamento da Estrela". Inspire pelo nariz, uma respiração longa e constante, contando até quatro, enquanto pensa mentalmente no nome de cada elemento durante cada batida de uma contagem:

Terra, Ar, Fogo, Água.

Prenda a respiração dentro de seus pulmões cheios enquanto conta até quatro. Mentalmente pense no nome de cada elemento durante cada batida de uma contagem:

Terra, Ar, Fogo, Água.

Expire pela boca, uma respiração longa e constante, contando até quatro, enquanto mentalmente pensa no nome de cada elemento durante cada batida de uma contagem:

Terra, Ar, Fogo, Água.

Prenda a respiração fora de seus pulmões vazios enquanto conta até quatro, enquanto mentalmente pensa no nome de cada elemento durante cada batida de uma contagem:

Terra, Ar, Fogo, Água.

Continue repetindo o mantra até sentir uma sensação de calma, equilíbrio e clareza.

Exercício 10

Respiração Solar

A Respiração Solar é uma variação de uma técnica respiratória frequentemente citada como "respiração de fole" nas práticas de ioga. É um tipo de respiração que energiza e revitaliza sua mente e promove energia em geral. Uma ótima técnica para usar se você estiver tentando aumentar sua vibração ou seus níveis de energia, ou ainda para quando estiver se sentindo mentalmente confuso ou cansado. Se a qualquer momento você começar a sentir tontura ou fadiga, pare a técnica, faça uma pausa e tente novamente com uma inspiração e expiração um pouco mais lenta e menos intensa.

Faça o exercício Relaxamento da Estrela. Inspire profundamente e com um pouco de força pelo nariz, certificando-se de expandir seu estômago enquanto inspira contando até um. Ao inspirar, visualize o sol nascendo no horizonte rapidamente com a respiração. Expire profundamente e com um pouco de força pela boca, certificando-se de puxar o estômago para dentro enquanto expira contando até um. Ao expirar, visualize que o sol está se pondo no horizonte, rapidamente, com a sua respiração. Repita dez vezes. Faça uma pausa e descanse por um momento até que sua respiração volte ao ritmo normal. Isso geralmente leva cerca de trinta segundos. Faça outra série de dez respirações e depois descanse novamente. Repita mais uma série de dez respirações para terminar.

Exercício 11

Respiração lunar

A Respiração Lunar é uma variação da técnica da Respiração do Quadrado Elementar. Essa respiração ajuda a acalmar seu corpo e a desacelerar sua mente profundamente. Esta é uma ótima técnica para quem está tentando diminuir sua vibração, reduzir seus níveis de energia ou está procurando realizar um método de habilidade psíquica, como clarividência ou mediunidade. Em vez de respirar contando até quatro para os nomes dos elementos, você estará visualizando os ciclos da Lua contando até seis.

Faça o exercício Relaxamento da Estrela. Inspire pelo nariz, uma respiração longa e constante, contando até seis. Ao inspirar, visualize a Lua em um estado crescente, a fase em que ela passa de escura para Lua cheia. Prenda a respiração dentro de seus pulmões cheios e conte até seis enquanto visualiza a Lua cheia. Agora, expire pela boca, uma respiração longa e constante, contando até seis, enquanto visualiza a Lua em estado minguante. Isso quer dizer que você vai ver a Lua cheia voltando à fase escura. Prenda a respiração fora dos pulmões vazios e conte até seis, enquanto visualiza a Lua escura. Repita seis vezes.

Capítulo 3
SINTONIZANDO

A brir-se para perceber e interagir com energias sutis pode mudar drasticamente sua vida e ajudá-lo a encontrar paz, clareza e a capacitar a si mesmo e aos outros para criar mudanças efetivas em nosso mundo. No entanto, não devemos minimizar a responsabilidade que vem com isso ou os possíveis riscos, devendo estar sempre atentos para não o fazer de forma inadequada. Estou aqui para ajudá-lo a se "abrir" com segurança e para que perceba essas energias, mas também para que se "feche" com segurança, e assim, não seja constantemente bombardeado com informações psíquicas.

Depois de aprender a relaxar o corpo e a mente por meio da visualização e da respiração, podemos agora nos concentrar em nos tornarmos receptivos. Para fazer isso, precisamos garantir que estamos trazendo toda a nossa consciência para dentro e que estamos operando no estado de *ondas cerebrais alfa*. Ao entrar em contato com nossos mundos internos, podemos afetar nosso mundo externo. Os exercícios de 12 a 18 são chamados por mim de "Conjunto de Sintonização". Duas imagens diferentes vêm à mente com o termo "sintonização". Assim como você sintonizaria um rádio na estação certa para receber a transmissão adequada, queremos garantir que estejamos sintonizados para receber informações energéticas com precisão. A outra ideia que vem à mente é a de afinar uma guitarra para ter certeza de que está tocando as notas corretas com clareza; queremos garantir que estamos transmitindo e enviando nossas informações energéticas com nitidez.

Esses exercícios de sintonia consistem em ancorar, elevar a energia terrestre, atrair a energia celestial, criar um circuito, centralizar, entrar em *alfa* e estabelecer um comando psíquico, feito nesta ordem. Da mesma forma, o "Fechamento" se refere a sair do *alfa*, realizar uma descarga psíquica, chamar de volta sua energia, ancorar e centralizar, também nesta ordem. A sintonia prepara o terreno para começar a explorar o potencial de sua mente. Com ritmo e esforço, o ajuste não levará tanto tempo quanto ao estabelecer a prática. Todos os exercícios do livro após este capítulo presumem que se realize os exercícios de Sintonização no início, a menos que seja indicado o contrário. Aqui, estamos estabelecendo a prática para criar uma base sólida sobre a qual todo o trabalho neste livro será construído.

Evitando o Impacto Mágico e a Exaustão

Nos últimos anos, passei o mês de outubro fazendo leituras psíquicas em uma loja de Bruxaria chamada Enchanted em Salem, Massachusetts. Embora essa lojinha pitoresca, em Pickering Wharf, esteja escondida do centro das multidões da Essex Street, durante o mês de outubro não posso subestimar a multidão ou o nível de ocupação. Salem, uma cidade que é sinônimo de Bruxaria, tanto historicamente quanto pelas práticas modernas, atrai cerca de 250.000 visitantes a cada ano no que parece um híbrido de *Halloween* e *Mardi Gras*.[10]

Como tal, eu realizo leituras sem parar, diariamente, durante todo mês e, sério, é sem parar mesmo. Quando comecei a trabalhar lá, eu estava tão aberto às informações psíquicas por estar naquele estado de consciência o dia todo, que descobri depois que estava lendo todos ao meu redor, mesmo que não estivessem vindo para uma leitura. Ler desta maneira já nos coloca em risco de exaustão, mas quando não conseguimos nos desligar, a sensação de esgotamento se intensifica dramaticamente.

A técnica de aterramento é chamada de *Aterramento Elétrico*. Essencialmente, é quando você tem um fio neutro inutilizado e assume a função de pegar uma corrente de eletricidade e direcioná-la para o solo, de forma que a eletricidade excedente e desnecessária tenha uma descarga

---

10. *Mardi Gras*, conhecido aqui como "Terça-feira Gorda" é uma tradicional festa realizada em Nova Orleans, cuja celebração teve início por volta de 1930. Equivalente ao Carnaval brasileiro. N.T.

segura. Isso garante que você não provoque a queima de um fusível ou desarme um disjuntor com toda a tensão extra. Se alguém tocasse em um aparelho ou dispositivo que não estivesse aterrado, seu corpo receberia o impacto dessa eletricidade como se ele fosse o cabo de aterramento, e isso o deixaria em choque. Assim funciona também na magia, igual o que acontece com a energia elétrica, se você não se aterrar, corre o risco de trabalhar com mais energia psíquica ou mágica do que seu sistema pode suportar e, consequentemente, corre o risco de se danificar. Outra maneira de pensar no aterramento é considerá-lo uma válvula de escape que alivia qualquer excesso de energia. Em muitos aspectos, o aterramento é uma das formas mais importantes de proteção quando se trata de trabalhar com energia.

Eu também tive o que alguns chamam de "impacto mágico" por não me ancorar e me centrar adequadamente antes de assumir um trabalho que envolve energias intensas. Impacto Mágico é exatamente o que parece; entrar diretamente em contato com as energias, como em uma colisão violenta. Os sintomas são como se você tivesse levado uma chicotada em um acidente de carro, dores no corpo semelhantes a uma gripe, uma mente confusa e uma sensação de estar sendo drenado imediatamente. Mas não se trata apenas de uma colisão, a experiência tem impacto sobre a pessoa.

Você já viu um curandeiro de energia, médium ou feiticeiro que parecia estar totalmente fora de si e fora de contato com este mundo? Isso pode ser causado por não estarem bem aterrados. Observe como alguns deles se parecem com aquelas pessoas que tomam muitas drogas psicodélicas no dia a dia, já notou isso? O mesmo termo é usado para essas pessoas: "eles se fritaram". Este é um impacto mágico prolongado, com poucas chances de ser remediado. O aterramento também garante que não nos esgotemos energeticamente. Muita energia pode ser prejudicial ao sistema. Isso pode se manifestar de várias maneiras, desde ficar atordoado, tonto ou mesmo dolorido, até alguns casos piores, como doenças físicas e desequilíbrios mentais e emocionais.

O corpo tem formas naturais de se aterrar, mas ele é projetado para aterrar apenas uma parte da energia de forma natural, sem intenção consciente. A digestão é uma das maneiras pelas quais o corpo se baseia naturalmente. Certos alimentos, como vegetais e frutas, são benéficos para auxiliar sua percepção e habilidades energéticas, mas para o aterramento, os melhores alimentos tendem a ser chocolate amargo, carboidratos e carnes vermelhas. No entanto, todos nós temos necessidades dietéticas e de saúde diferentes, então use seu próprio discernimento quando se trata de comida. Para aterramento de emergência, é recomendado colocar seus pés, joelhos, mãos, braços e coroa de sua cabeça no chão ou no solo por alguns minutos e imaginar que todo o excesso de energia em seu sistema está fluindo para o solo com segurança. Sentar ou deitar também ajudará você a se estabilizar. Alguns também gostam de andar descalços na terra ou na grama para se aterrar.

Embora a ancoragem e a centralização sejam cruciais para qualquer trabalho de energia saudável, isso também é benéfico em áreas mais mundanas da vida, em que há uma sobrecarga energética. Isso inclui situações, pessoas ou lugares que sobrecarregam ou drenam sua energia. As situações em que isso pode ser útil incluem grandes grupos barulhentos; multidões de pessoas; energias emocionais invasivas; som intrusivo (particularmente música alta e que você não gosta); quando alguém próximo está aborrecido demais, sensível ou com raiva e você está absorvendo essa energia ou quando você está se sentindo muito espacial e geralmente sem aterramento. Para o trabalho psíquico e mágico, as técnicas de ancoragem são suficientes para mantê-lo seguro e saudável na maioria das circunstâncias.

Exercício 12

Aterramento

Certifique-se de que suas pernas estão firmemente plantadas no chão, na largura dos ombros. Alternativamente, se você estiver sentado no chão, certifique-se de que suas pernas estão cruzadas. Reserve um momento para se concentrar em seu corpo e sinta toda a energia natural correndo por ele. Traga sua consciência para o topo de sua cabeça e, vagarosamente, examine seu corpo para baixo com sua atenção. Ao chegar à pélvis, imagine que sua energia está correndo como raízes por suas pernas. Continue explorando a consciência do seu corpo, traga a sensação de se examinar além das pernas enquanto sente que suas raízes energéticas começam a se enterrar suavemente no solo. Com uma firme, mas relaxada sensação de força de vontade, estenda sua energia para baixo, por essas raízes, que são uma extensão do seu corpo energético.

Figura 1: Aterramento e Extração de Energia

Essas raízes começam a viajar para baixo através do solo e do leito rochoso; através das cavernas subterrâneas e das bolsas de ar; através de correntes subterrâneas de água e, finalmente, para o núcleo derretido. O núcleo fundido não queima ou causa qualquer dor; em vez disso, ele o acalma ainda mais profundamente à medida que você sente seu calor com toda sua energia. Suas raízes continuam viajando até atingirem o centro, o coração da Terra. Este coração é feito de uma bela luz branca brilhante. É a fonte de poder infinito, a alma e a consciência da própria Terra. Esta é uma das energias mais importantes que você encontrará como uma Bruxa. Ao sentir a luz branca dentro do coração da terra, você descobre que sua energia é como um sonho e uma música. Tire um momento para meditar sobre o que isso significa e para sentir tudo isso profundamente. A canção dos sonhos da Terra é poderosa, mas um poder estável, seguro e ancorado – um poder que se autorregula, garantindo que você esteja energizado o máximo que puder. Qualquer energia que você não consegue controlar é liberada através de suas raízes, abençoando e curando a Terra e todos os seus habitantes. Reserve um momento para perceber como você se sente preso e seguro a Terra. Você está aterrado.

Profundamente enraizado e ramificado

O aterramento é um exemplo de prática que parece superficial e rudimentar, mas é crucial para se autodominar. É um exercício que você deve procurar estar atento ao longo do dia. Não é necessário fazer nenhum tipo de trabalho de energia para se aterrar. Faça uma auditoria ao longo do dia sempre que se sentir sobrecarregado. Pergunte a si mesmo como se sente aterrado. O aterramento garante não apenas que estejamos seguros na quantidade de energia que estamos assumindo (podendo essa energia ser emocional, psíquica, mental, física ou de qualquer outro tipo), como garante, também, que possamos vir dessa posição mais fortes. Você já tentou arrancar ervas daninhas? Aquelas com raízes mais fortes são as mais difíceis de arrancar da terra. As árvores têm raízes ainda mais fortes e, como estamos trabalhando com imagens de árvores aqui, acho esta uma comparação poderosa. Garantir que você está bem fundamentado também o ajudará a se tornar uma Bruxa Psíquica mais forte. Pratique a técnica de aterramento várias vezes. Tenha uma boa noção de como você se sente ancorado e como se sente quando não está ancorado.

Assim como uma árvore, quanto mais profundas e fortes forem suas raízes, mais nutrientes e água você pode absorver. Ter uma prática de aterramento forte é mais do que apenas liberar energia, é também uma forma de aplicar esta energia. Isso garante que você não esteja trabalhando com sua própria energia e esgotando seus recursos energéticos naturais. Em vez disso, com o próximo exercício, você estará absorvendo energia externa da Terra, de maneira saudável, para trabalhar – assim como também faz a árvore, de cuja parte da fonte de energia vem de cima, do Sol, nossa estrela local. Nos dois exercícios seguintes estaremos elevando a energia da Terra e atraindo a energia das estrelas. A Terra e os céus eram reverenciados como importantes forças complementares e, como tal, geralmente são parceiros como divindades consortes em culturas antigas. Por exemplo, os gregos tinham Gaia e Urano, e os egípcios tinham Geb e Nut. No Rigveda encontramos Dyaus Pita (o Pai do Céu) e Prithvi Mata (a Mãe Terra). Este motivo é quase universal através da civilização e é uma das formas mais primitivas e arquetípicas de polaridade em toda a linha de forças drasticamente diferentes, mas complementares.

Como tal, vamos trabalhar com essas duas energias. Após o aterramento, você pode realizar o exercício Elevando a Energia Terrestre e sentir como é. Em seguida, você pode ir do exercício Elevando a Energia Terrestre para o exercício de Retirada de Energia Celestial, ou pode aterrar e pular Elevando a Energia Terrestre, realizando somente a Retirada de Energia Celestial. Recomendo reconhecer como se sente com cada um deles antes de ver como seria se fizesse todos juntos. Depois disso, vamos criar um circuito dessas duas energias para que elas continuamente percorram você, permitindo, assim, que receba sempre energia externa, à sua disposição, sem precisar esgotar a sua.

Exercício 13

Elevando a Energia Terrestre

Depois de ter um firme conhecimento do aterramento, você desejará executá-lo novamente. Desta vez, vamos elevar a energia da Terra em nossos corpos. Traga a sua consciência de volta às raízes, passando pelo solo e pela rocha, pelas cavernas subterrâneas e bolsões de ar, pelos fluxos subterrâneos de água, passando pelo núcleo derretido e indo profundamente para luz branca brilhante do coração da Terra. Comece absorvendo essa luz branca por meio de suas raízes energéticas, assim como as raízes das árvores absorvem água. Atraia a luz através da lava e dos córregos subterrâneos e rios de água, através das cavernas e bolsas de ar, através da rocha e do solo fértil. Permita que a música dos sonhos da Terra viaje por todo o seu corpo, energizando cada célula.

Exercício 14

Extraindo Energia Celestial

Traga sua consciência para cima, através de seu corpo, e sinta sua energia começar a se estender além de seus ombros e do topo de sua cabeça, de forma semelhante a que fez com suas raízes, mas, em vez disso, visualize-as como galhos de uma árvore. Sinta sua consciência mover-se para além do seu corpo e direcione esses ramos para fora. Elas crescem cada vez mais, com folhas brotando à medida que sobem, alcançando o céu. Os galhos começam a ofuscar você à medida que ultrapassam a atmosfera e chegam ao espaço. As estrelas no céu começam a piscar e pulsar em reconhecimento de sua presença chegando até eles.

Isso é pura energia celestial, a *Música Universalis*, ou música das esferas, a canção da ressonância harmônica. Tire um momento para meditar sobre o que isso significa e para sentir profundamente. A energia celestial é uma das energias mais essenciais que você jamais encontrará para habilidades psíquicas, pois as energias astrais das estrelas tudo vê e tudo sabe. Os astros começam a brilhar cada vez mais para você, preenchendo o vazio do espaço com uma luz branca brilhante. Comece a absorver essa energia através de suas folhas, de seus galhos, como se fotossintetizasse a energia. Atraia a energia para baixo através de suas folhas e galhos de volta ao seu corpo, enchendo-o com esta energia celestial.

Exercício 15

Criando um Circuito

Respire fundo e expanda sua consciência energética para fora, desta vez, em ambas as direções, para cima e para baixo, alcançando as diferentes canções. Absorva a energia dos seus "galhos", simultaneamente, e os atraia de volta para o seu corpo. De forma simultânea, também, faça correr a energia da terra para cima, através de seus ramos, para oferecer a energia celestial enquanto desce para a energia terrena. Continue repetindo esse processo, movendo-o para cima e para baixo, passando por você como um conduíte criando um circuito de força. Você é um filho da Terra e dos céus estrelados; você é uma Bruxa Psíquica. Traga a sua consciência de volta ao seu corpo, sabendo que este circuito de energia ainda está no lugar e realizando sua função, mesmo quando a sua consciência estiver fora dele.

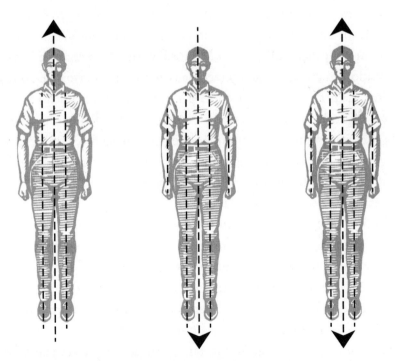

Figura 2: Criação de um Circuito de Energia

Estabilidade Energética

Centralizar é uma técnica de meditação usada para estabilizar nossas energias internas e nos alinhar com energias universais superiores, criando um modelo de relacionamento de onde estamos em relação a tudo que existe, o que cria uma sensação de presença. Assim como temos um centro físico de gravidade dentro de nosso corpo, onde toda a nossa massa parece se concentrar, também temos um centro espiritual onde toda a nossa energia se concentra. Este é o centro do coração, que atua como uma ponte entre as frequências superior e inferior e nosso Eu Superior e Inferior. Centralizar é um ato de concentrar toda a sua atenção, energia e poder em um ponto central: o centro do coração. Nos exercícios anteriores, temos a energia terrestre percorrendo nossos corpos de baixo e a energia celestial percorrendo nossos corpos de cima, formando um circuito. O centramento estabiliza essas energias em uma fonte focada, para que possamos conjurar energia dinamicamente.

Místicos e visionários de diferentes religiões e caminhos espirituais muitas vezes proclamaram que "Deus é amor" ou que tudo é composto de um Amor Divino. Centrar-se no coração é a comunhão com o Universo com o Coração Divino e a Mente Divina. As Bruxas se referem a este estado de centralização conectada como "amor perfeito e confiança perfeita". Centralizar é um estado paradoxal de capacitação pessoal e entrega ao Todo. O amor perfeito é reconhecer a divindade dentro de todas as coisas existentes e entender que existe uma força unificadora de inteligência que atravessa e incorpora tudo, uma quintessência numinosa. A confiança perfeita é a entrega de seu senso egóico pessoal de identidade à Consciência Universal unificada.

Muitos professores de habilidade psíquica e mediunidade se concentram em vir de um espaço de amor para se abrir e receber informações e confiar em tudo o que recebem enquanto estiverem neste estado centrado no coração. Amor perfeito e confiança perfeita é uma ideia semelhante, exceto que estamos trabalhando para nos colocar em harmonia com o amor de Todos e confiar na energia que recebemos. Estamos nos sintonizando com uma frequência que está além de nós mesmos e de nossa percepção do que define o nosso Eu, trazendo essa consciência para um centro concentrado em nossos corações. Estamos tomando os reinos interno e externo, acima e abaixo, do outro e do Eu e centralizando isso como um espaço dentro de nós. Isso incorpora o axioma hermético de "Como acima, é abaixo. Como dentro, é fora", unificando-o.

O centramento também nos orienta, criando uma sensação de onde estamos, próximos de tudo o que existe em todo o cosmos. Esse senso de centralização cria uma atitude que os místicos chamam de "estar aqui agora". Você pode pensar nisso em comparação com o heliocentrismo, o fato de que todos os planetas giram em torno do nosso Sol no sistema solar, que é o ponto central em torno do qual todos orbitam. Em vez do Sol, trata-se do nosso senso de identidade, e em vez dos planetas, é o cosmos inteiro. Centralizar orienta nossa percepção como nós sendo o centro do Universo.

Exercício 16

Centrando

Visualize que você é o centro do cosmos. Tudo no Universo está em relação direta com você como o ponto central. Traga sua atenção para a direção sob seus pés, descendo até a borda do próprio cosmos nessa direção. Visualize um cristal de quartzo gigante na borda do cosmos na direção abaixo de você, com um brilho iridescente prismático. O cristal está pulsando com o Amor Divino da quintessência. Visualize que um feixe constante de luz prismática dispara rapidamente a partir dele e alcança seus pés, onde é puxado para cima em seu corpo até atingir o centro do coração. Sinta este Amor Universal pulsar dentro do seu chacra do coração, conectando-o com o amor que compõe toda a realidade.

Repita este processo de trazer sua atenção para um cristal na borda do Universo cheio de Amor Universal nas seguintes direções: à sua frente, atrás de você, à sua direita, à sua esquerda e acima de você.

Pare um momento e sinta os seis raios de energia concentrados no chacra do coração de uma vez, infundindo-lhe uma sensação de clareza, paz, equilíbrio, quietude, mas acima de tudo uma sensação de Amor Universal. Qualquer energia que pareça ser demais é atraída sem esforço para o seu cabo de aterramento. Saiba que seu coração é o nexo do próprio cosmos, infundido com uma luminosidade brilhante. Saiba que, à medida que a visão dos raios se desvanece, você ainda está centrado e tudo o que precisa fazer é focar em seu coração como o centro da realidade.

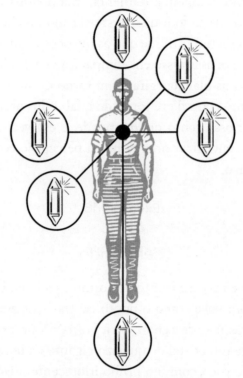

Figura 3: Centrando sua Energia

Exercício 17

Entrando em Alfa

Existem vários métodos para entrar no estado de *ondas cerebrais alfa*, mas todos seguem um padrão relativamente semelhante de foco em uma mistura de cores e imagens, tornando-as vívidas em seu Olho de Bruxa e fazendo uma contagem regressiva lenta. Aqui está minha técnica *alfa* favorita, desenvolvida com base em meus estudos com a anciã da Bruxaria, Laurie Cabot, na Tradição Cabot da Feitiçaria, e Christopher Penczak, no Templo da Tradição da Bruxaria. Ambos têm métodos diferentes para atingir o estado de *ondas cerebrais alfa* e este é o meu, que eu mesmo criei, inspirado por experiências com suas técnicas.

Imagine que você está no meio de uma clareira na floresta, à noite. Você sabe que está completamente protegido e em paz dentro desta floresta e olha para cima para ver a Lua cheia pairando sobre sua cabeça, rodeada por estrelas adornando o céu noturno. A Lua emite uma pequena joia facetada e polida com cerca de sete por sete centímetros, que desce e paira diante de você. Uma sinfonia etérea e bela de música no alto é possível de ser ouvida.

Você levanta o olhar para notar a aurora boreal logo acima, em uma bela cor carmesim. As luzes do Norte dançam e pulsam no céu noturno, você as observa. A joia à sua frente começa a refletir essa cor, tornando-se uma vibrante cor vermelha rubi.

A aurora boreal muda para uma cor laranja forte. Ao observar as luzes do Norte dançando e pulsando no céu noturno, você percebe que a joia à sua frente começa a refletir essa cor, tornando-se um âmbar quente laranja.

As luzes do Norte mudam de cor novamente. Desta vez mudando para um amarelo brilhante. Conforme você observa as luzes dançarem e pulsarem no céu noturno, percebe que a joia à sua frente começa a refletir essa cor, tornando-se um amarelo citrino brilhante.

Mais uma vez, as luzes do Norte mudam de cor, desta vez se transformando em uma cor verde vibrante. Ao observar as luzes dançando e pulsando no céu noturno, você percebe que a joia à sua frente começa a refletir essa cor, transformando-se em uma vibrante cor verde esmeralda.

As luzes do Norte mudam de cor mais uma vez. Desta vez se transformando em um azul profundo. Ao observar as luzes dançando e pulsando no céu noturno, você percebe que a joia à sua frente começa a refletir essa cor, transformando-se em um profundo azul safira.

As luzes do Norte mudam de cor novamente, desta vez se transformando em uma cor violeta real. Ao observar as luzes dançando e pulsando no céu noturno, você percebe que a joia à sua frente começa a refletir essa cor, transformando-se em uma cor ametista real.

Mais uma vez, as luzes do Norte mudam de cor. Desta vez se transformando em uma cor branca brilhante. Ao observar as luzes dançando e pulsando no céu noturno, você percebe que a joia à sua frente começa a refletir essa cor, tornando-se uma brilhante pedra lunar branca, com um brilho de arco-íris.

A aurora boreal desaparece no céu. Você baixa seu olhar para a joia. Conforme você se concentra na joia, ela começa a pulsar em todas as cores: vermelho, laranja, amarelo, verde, azul, violeta e branco. Você começa a contar regressivamente, sentindo-se cada vez mais internalizado a cada número: sete, seis, cinco, quatro, três, dois, um, zero. Você está agora em um estado *alfa* de consciência.

Exercício 18

Configurando um Comando Psíquico

Pode acontecer de, quando você estiver fora de casa, descobrir que não tem tempo para entrar totalmente em *alfa* para realizar um trabalho psíquico ou um ato de magia instantânea, mas ainda assim precisar atingir esse estado. É possível sim entrar em *alfa* a qualquer momento, basta aprender a se condicionar a isso. No entanto, essa prática não deve ser uma substituição, mas algo emergencial que você pode usar no dia a dia quando estiver fora de casa e não puder fechar os olhos para entrar em estado *alfa*. Isso só funcionará se você entrar regularmente em *alfa* e continuar a se condicionar adequadamente para definir o comando psíquico. O que remete à ideia de neuroplasticidade que vimos no tópico sobre afirmações. Você está condicionando seu cérebro para executar uma determinada função com base em um comando fortemente vinculado. O fisiologista Ivan Pavlov conduziu experimentos com condicionamento. Em seu teste mais famoso, ele tocava uma campainha toda vez que alimentava seus cães. Os cães começaram a associar o som à comida e eventualmente começaram a salivar sempre que ouviam o sino, mesmo na ausência de comida. A orientação psíquica é uma forma de dizer ao seu cérebro que você está entrando no estado de *ondas cerebrais alfa*.

Comece sentando-se confortavelmente e fechando os olhos. Sintonize-se repetindo os exercícios deste capítulo, de Aterramento até Entrando em Alfa. Crie um gesto físico simples que deseja usar como sugestão psíquica. Os mais comuns incluem cruzar os dedos ou ter um dedo tocando o outro. Como Bruxos, queremos que nossa sugestão seja algo que pareça comum e casual, para que possamos realizar magia ou acessar nossa capacidade psíquica sem que os outros percebam. Eu sugiro fortemente cruzar os dedos, pois não é apenas um movimento sutil e indetectável, mas a maioria das pessoas já o associa com a ideia de um desejo ou esperança de que algo aconteça (dedos cruzados!) Ou como algo malicioso, como dedos cruzados para trás das costas.

Segure este gesto (como cruzar os dedos) e afirme enquanto estiver em *alfa*:

> *Sempre que meus dois dedos estão entrelaçados*
> *Vou entrar neste estado de espírito atual*
> *Onde o psíquico flui e minha magia cresce.*

Realize este exercício sempre que inserir *alfa* para continuar a fortalecer a associação do comando. Sempre que você precisar entrar em *alfa* rapidamente, tente usar seu comando e ver como seu estado de consciência muda. Quanto mais você fizer isso, mais rápido poderá inserir *alfa* no comando.

Captura de Ondas Cerebrais

O arrastamento de ondas cerebrais, também chamado de sincronização de ondas cerebrais, é uma teoria de que nossos cérebros têm a capacidade de se sincronizar naturalmente a estados específicos de ondas por meio de estímulos externos, na forma de luzes pulsantes, som ou ondas eletromagnéticas. O método mais comum e acessível de arrastamento de ondas cerebrais é na forma de batidas binaurais. Embora esta ainda seja uma teoria e área de estudo marginais, muitos paranormais que conheço – inclusive eu – acreditam em sua capacidade de alterar a consciência.

Batidas binaurais ocorrem quando duas frequências sonoras diferentes se combinam para dar a ilusão de uma terceira. Para criar uma batida binaural, um tom consistente e inabalável é reproduzido no ouvido esquerdo (digamos que é 200 Hz, por exemplo), enquanto outro tom constante é reproduzido no ouvido direito (digamos, 205 Hz). O cérebro ouvirá isso como um som oscilante e o processará como uma frequência inteiramente nova (que seria 5 Hz em nosso exemplo), como se as duas frequências tivessem gerado uma nova.

Batidas binaurais requerem um bom par de fones de ouvido e nunca devem ser usadas quando for necessário estar em estado de alerta, como quando você está dirigindo, por exemplo. Eu sugiro experimentar diferentes comandos físicos para diferentes estados de ondas cerebrais. Por exemplo, cruzar os dedos para *alfa* e tocar o polegar e o indicador para *theta*. Não sugiro as batidas binaurais como um substituto para entrar em *alfa* por meio da meditação, conforme previsto no último tópico, mas, sim, como um método complementar para solidificar ainda mais a conexão entre os estados de ondas cerebrais e seus comandos psíquicos.

Fechando

Uma das perguntas mais frequentes que recebo é como desligar sua habilidade psíquica. Posso entender por que isso é comumente perguntado. Em todos os livros que li sobre habilidades psíquicas e em todos os cursos que fiz sobre o assunto, a maioria fala sobre como se "abrir" para a percepção, enquanto quase nenhum discute como "fechar" de volta. Deixar de ensinar como fechar sua percepção é algo que considero irresponsável. Deixe-me ser muito claro: todas as vezes que sintonizar, você deve sempre "encerrar" assim que terminar de executar seu trabalho. Então, se você estiver fazendo apenas um exercício, feche depois de concluído. Mas se estiver fazendo vários exercícios juntos, feche depois que todo o trabalho tiver sido realizado. Embora os exercícios não digam para encerrar após uma única seção, apenas suponha que você deveria fazê-lo. Deixar de fazer isso pode levar ao esgotamento, falta de aterramento, exaustão, confusão mental e sentidos sobrecarregados. Lembre-se sempre de que você pode usar o Obscuro Psíquico (exercício 8) para modificar o nível de entrada que está recebendo a qualquer momento.

Exercício 19

Saindo do Alfa

Para sair do *estado alfa*, simplesmente feche os olhos e concentre-se no corpo e no ambiente enquanto conta de zero a sete. Afirme que você está voltando ao seu estado normal de consciência. Abra lentamente os olhos e comece a mover o corpo. Concentrar-se no corpo e no ambiente físico pode ajudá-lo a sair do *estado alfa*.

Também pode ser útil criar um comando físico para ajudar a solidificar quando você terminar seu trabalho psíquico e mágico. Por exemplo, tenho um anel de hematita que uso no polegar esquerdo. Sempre que faço uma leitura psíquica removo o anel para sinalizar para mim mesmo, subconscientemente, que estou pronto para entrar em um estado diferente de consciência. Da mesma forma, quando termino a leitura psíquica ou o trabalho energético, coloco o anel de volta no meu polegar para enfatizar novamente que terminei com aquele estado de consciência e estou pronto para retornar ao meu estado regular. Finalize sua saída de *alfa* se aterrando uma última vez.

Exercício 20

Limpeza Psíquica

Semelhante às práticas ensinadas por Laurie Cabot "Liberação de saúde total" e por Christopher Penczak "Liquidação e equilíbrio", esta técnica é usada para liberar qualquer energia que você possa ter assumido no trabalho mágico ou na leitura psíquica. Não é incomum ter absorvido parte da energia do cliente ao interagir com ele psiquicamente ou magicamente. Essa técnica garante que você está liberando tudo que não é seu. Isso garante que você não esteja assumindo quaisquer sintomas de saúde, estados emocionais ou formas de pensamento da outra pessoa ou do trabalho mágico que você acabou de realizar.

Esfregue as mãos e visualize a energia começando a emanar delas. Visualize essa energia saindo como uma cachoeira e sinta-a fluindo das palmas das mãos. Coloque as mãos alguns centímetros atrás do pescoço. Mova as mãos da base do pescoço sobre a cabeça e desça-as pela frente do corpo; visualize-se empurrando seu corpo e liberando qualquer energia que não pertence a você e declare:

Eu libero e limpo qualquer energia que não seja minha.

Exercício 21

Recuperando sua energia

Uma técnica adicional que gosto de realizar é a de recuperar minha energia. Assim como você absorve a energia de outras pessoas ou ambientes, também pode perder parte dela. Ao realizar a limpeza psíquica e em seguida chamar de volta sua energia, você está garantindo que a energia de todos foi devidamente classificada e devolvida ao seu proprietário adequado.

Traga sua atenção para alguns metros acima de sua cabeça e visualize uma bola prateada do tamanho de seu punho, flutuando acima dela. Imagine que você está escrevendo seu nome na bola prateada com um marcador preto. Ao fazer isso, a bola prateada começa a brilhar como a prata e a agir como um ímã. Ela começa a atrair para si qualquer energia que você perdeu durante a leitura ou trabalho de energia e traz de volta a energia do seu assunto em questão ou da pessoa que você pode ter curado. O brilho traz de volta a energia que você pode ter perdido para o ambiente ao seu redor. Começa a trazer de volta fragmentos de você mesmo perdidos no espaço e no tempo ou em outras dimensões da realidade.

Quando terminar, respire fundo, sinta e visualize a bola prateada começando a brilhar como ouro. Imagine que ela está começando a brilhar sobre você, devolvendo todas as partes energéticas ao seu corpo e ao seu campo áurico, como se estivesse chovendo e sendo absorvido de volta para si mesmo. Declare mentalmente: "Estou completo". Reserve um momento para sentir como é a totalidade. Aterre qualquer energia em excesso que não seja sua nem de seu cliente de volta a terra.

Exercício 22

Balanceamento e repolarização

Este exercício é usado para ver o quão equilibrado e polarizado você está energeticamente. Isso garante que você esteja em completo equilíbrio mental, emocional, espiritual e físico. Eu faço isso depois de qualquer trabalho psíquico ou mágico, ou quando estou me sentindo mal e não tenho certeza do motivo.

Sintonize. Respire fundo e diga:

Eu convoco as escalas da mente.

Visualize dois pratos dourados diante de você, como aqueles da balança que a Deusa da Justiça segura. Estenda as mãos como se eles estivessem bem na sua frente, colocando uma mão sob cada prato. Perceba como suas mãos reagem. Um prato é mais pesado que o outro? Um lado da balança está mais baixo que o outro? Agora afirme:

Eu equilibro e polarizo toda a minha energia mental.

Ao dizer isso, mova suas mãos como se estivesse nivelando a balança diante de você, sabendo que está trazendo equilíbrio e polaridade para sua mente. Repita esse processo, convocando as escalas do corpo, as escalas do espírito e as escalas da emoção.

Capítulo 4
PERCEPÇÃO EXTRASSENSORIAL

Existem cinco categorias principais nas quais a percepção extrassensorial é experimentada: clarividência, claritangência, clariaudiência, clariodor e clarigustação.

Quase qualquer fenômeno psíquico pode se enquadrar nessas cinco categorias principais porque elas são extensões das cinco maneiras pelas quais percebemos a realidade em geral: por meio de ver, sentir, ouvir, cheirar e provar. As percepções das *clairs* podem ser internas e externas, vamos explorar isso juntos.

Todos nós nascemos com uma predisposição para um dos sentidos psíquicos. Isso torna essa percepção extrassensorial a mais fácil de se trabalhar. Por outro lado, também temos alguns sentidos psíquicos que são mais subdesenvolvidos do que outros – às vezes a ponto de essa capacidade ficar completamente adormecida, com esses sentidos totalmente bloqueados e ocultos em nós. Essas são as *noirs* de que falei antes. Não se preocupe; não é porque você não seja "dotado" com esses sentidos que nunca os terá. Eles estão apenas dormentes, esperando para serem despertados.

Quando você tem um sentido psíquico que não é naturalmente forte, tem que trabalhar mais para isso. Pode levar alguns dias, alguns meses ou até alguns anos para despertar, dependendo de quão séria e consistentemente você pratica o trabalho com esse sentido. Pense nisso como um aperfeiçoamento desses sentidos. Assim como dizem na academia, "sem dor, sem ganho" e "você perde o que não usa", ambas as máximas são igualmente verdadeiras quando se trata de habilidades psíquicas. No entanto, você nunca perde totalmente nenhum dos sentidos psíquicos, eles simplesmente entram em um estado de dormência, pois sua mente acredita que você não precisa deles para funcionar na realidade mundana.

Exercício 23

Feitiço para despertar habilidades psíquicas

Para este feitiço, reserve somente uma taça de vinho transparente cheia de água fria. Faça na Lua cheia, de preferência uma vez por mês para continuar a carregar e fortalecer suas habilidades. A execução desse feitiço deve ser do lado de fora. Se a Lua cheia não estiver visível devido ao clima, não se preocupe; ainda assim vai funcionar.

Faça os exercícios de ajuste. Comece a respiração lunar. Segure o copo acima de sua cabeça de forma que a luz da Lua brilhe através do vidro. Se estiver nublado lá fora, simplesmente eleve-o na direção geral de onde a Lua provavelmente está. Veja como a luz da Lua enche a taça de vinho. Enquanto segura o copo voltado para a Lua, recite:

Pela luz lunar eu carrego esta água
Pedindo bênçãos,
Que pode alterar todos os meus sentidos
para aprimorar e estender
Com uma mente para interpretar e compreender.

Traga o copo até a testa, até o Olho de Bruxa e recite:

Para que eu possa ver mais claramente
Toque e sinta mais sinceramente
Prove e cheire mais distintamente
Ouça e saiba mais sucintamente.

Traga o copo até o peito, na área do coração e recite:

Eu bebo da Lua e tomo o poder
Como uma Bruxa Psíquica, declaro nesta hora
Todos os meus sentidos que normalmente estão ocultos
São agitados e despertados e revelados por meio deste.

Beba toda a água, permitindo que as bênçãos da Lua mergulhem e sejam absorvidas pelo seu corpo.

Exercício 24

As rosas negras

Faça os exercícios de sintonização. Visualize um lindo jardim cheio de belos pássaros. Você vê uma roseira à sua frente. Em seu olho de Bruxa, levante-se e caminhe em direção a ela. Conforme se aproxima, perceba que todas as pétalas de cada rosa são de um preto profundo. Reserve um momento para apreciar a beleza única dessas rosas. Olhe para os caules espinhosos, as folhas e as flores. Sinta o brilho quente do Sol em sua pele.

Passe a mão pelas rosas, sentindo suas pétalas sedosas. Passe as mãos pelas hastes, tocando os espinhos. Escolha uma das flores do caule e cheire sua bela fragrância floral. O cheiro é de rosa, mas é muito mais luxuoso do que qualquer outra rosa que você já sentiu, e também tem seu próprio cheiro distinto e único. Agora, morda a flor. Ao fazer isso, você percebe, para sua surpresa, que ela tem um sabor profundamente rico e achocolatado. Reserve um momento para saborear. Conforme o sabor do chocolate começa a desaparecer da sua língua, você se enche de uma profunda sensação de bem-estar e felicidade. Você percebe que onde mordeu a flor ela está começando a crescer de volta para a sua forma perfeita, como se nunca tivesse sido mordida.

Pegue a flor e coloque-a de volta de onde você a colheu. Milagrosamente, a flor torna-se parte da roseira novamente, como se você nunca a tivesse retirado. À medida que ela se reúne com a flor, você ouve um som celestial vindo de todos os lugares e de lugar nenhum ao mesmo tempo, e uma voz suave vindo da roseira agradece.

Permita que a visão desapareça.

Agora, pare por um momento para avaliar cada sentido de clareza em uma escala de um a dez, com dez sendo clareza perfeita e um sendo a incapacidade de conjurar o sentido. Isso o ajudará a ter uma ideia de onde estão seus pontos fortes naturais e onde você precisa colocar mais trabalho.

- CLARIVIDÊNCIA: veja o jardim, as rosas negras e se é capaz de colhê-la e depois vê-la se regenerar e colocá-la de volta na roseira.

- CLARITANGÊNCIA: sinta o sol na pele, as pétalas de rosa sedosas, os caules e os espinhos, a sensação emocional de bem-estar e de felicidade.
- CLARIODOR: sinta o cheiro das rosas.
- CLARIGUSTAÇÃO: sinta o gosto da flor em sua boca.
- CLARIAUDIÊNCIA: ouça o som do canto dos pássaros, o som celestial, a vozinha agradecendo.

Clarividência

A clarividência é experimentada de duas maneiras diferentes: a interna, que é a capacidade de ver algo na tela de sua mente e é percebida com simbolismo e visões, e a externa, que é a capacidade de ver uma camada de visão sobre a sua visão sensorial regular, como auras, espíritos, orbes, faíscas e sombras. Estou predisposto a ser um clarividente naturalmente externo. As pessoas geralmente ficam muito surpresas quando lhes digo que a clarividência interna é algo que tive que trabalhar para fortalecer, a ponto de ser consistentemente claro e vívido.

Com a clarividência interna, há três pontos de vista principais a serem observados, especialmente quando se trata de visões, trabalho de jornada ou meditação: primeira, segunda e terceira pessoa. O ponto de vista da primeira pessoa vê a visão como se a situação estivesse acontecendo com você. O ponto de vista da segunda pessoa vê a visão como se estivesse acontecendo com outra pessoa e você a está observando como um espectador – presente, mas não a pessoa principal em torno da qual a visão está centrada. O ponto de vista da terceira pessoa é quando você está completamente afastado da situação enquanto a está visualizando. Geralmente é como assistir a um filme na tela da sua mente.

A tela de sua mente

Este é o lugar onde você visualiza com seu Olho de Bruxa. A maioria das pessoas pensam que "veem" as imagens dentro de sua cabeça, mas quando se aproximam, geralmente descobrem que isso ocupa uma área espacial muito maior. Esse local é geralmente de quinze a trinta centímetros à frente e um pouco acima de sua cabeça. Já que você está lendo isso, provavelmente já está em um *estado de onda cerebral alfa* (a leitura faz isso) e as palavras que você está lendo estão criando imagens em sua cabeça. Então, vamos tentar algo.

Quero que você pense em um unicórnio rosa correndo por uma campina, deixando atrás de si uma linha de arco-íris. Ao ler essa linha de texto, você provavelmente teve um lampejo rápido da imagem do unicórnio na tela de sua mente, mesmo que fosse apenas por uma fração de segundo. Onde ela estava? Tente localizar interna e externamente onde a imagem apareceu.

Vamos tentar de novo. Quero que você pense em um dragão preto e vermelho arranhando furiosamente um vulcão. E agora? Onde ele estava? No mesmo lugar? Diferente? Experimente evocando a visualização de várias imagens diferentes. Como eu disse antes, a leitura pode colocá-lo em um *estado de ondas cerebrais alfa* leve, então aqueles que leem romances tendem a ser capazes de conjurar as imagens mais fortes do que os outros. Os audiolivros funcionam tão bem quanto os romances. Não sou um grande leitor de romances, tendo a preferir livros metafísicos e ocultistas, mas procuro ler um romance de fantasia se estou procurando fortalecer minhas habilidades de visualização. Aqueles que trabalham com artes visuais tendem a ser mais fortes na evocação de visões internas também.

Figura 4: A Tela de Sua Mente

A visualização também é uma ferramenta mágica. Ao visualizar certas coisas com clareza, direcionamos a energia. Quando nos visualizamos protegidos, não é tanto a visualização real que está nos protegendo. Em vez disso, a imagem visual transmite informações ao subconsciente e para as três almas do que você pretende fazer. O subconsciente entende que você está procurando por proteção mágica ou psíquica e, assim, fortalece essa intenção, realizando, portanto, a própria proteção. Eu não seria capaz de enfatizar aqui suficientemente como as habilidades de visualização são importantes para a magia e para abrir a clarividência.

Exercício 25

Visualização

Para fortalecer sua clarividência interior, pegue um objeto simples que possa segurar em suas mãos. Gosto de usar um cristal porque eles tendem a ter uma forma simples e uma única cor predominante. Prefiro usar isso como um bom ponto de partida para o fortalecimento da visualização. Coloque-se em estado meditativo e observe todas as formas, facetas e cores. Gire o objeto na mão para ver todas as perspectivas do cristal. Mergulhe em cada detalhe que puder. Feche os olhos e tente se lembrar de como ele é. Tente evocar a imagem em sua mente, tentando reter sua cor e forma.

A chave aqui é não se esforçar muito. Tentar forçar a visualização torna tudo muito mais difícil. Em vez disso, procure estar em um estado meditativo realmente relaxado e abordar isso com uma atitude muito lúdica e receptiva. Procure estar naquele estado de consciência de *ondas cerebrais alfa* que é um bom devaneio e o mantém relaxado. Quando você tenta forçar com seu Olho de Bruxa, ele tende a fazer o oposto; fica muito mais difícil de visualizar. Assim que terminar, abra os olhos, estude o cristal novamente e continue repetindo esse processo de estudar e recriar a imagem em seu Olho de Bruxa. Após repetir várias vezes este processo, feche os olhos e tente conjurar a imagem novamente. Desta vez, enquanto você vê a imagem do cristal em seu Olho de Bruxa, comece a mudar a sua cor e a sua forma. Tente transformar o cristal em algo totalmente diferente.

Outro ótimo exercício é usar uma imagem que tenha, principalmente, algum tipo de paisagem ou local; não importa se a imagem é uma foto realista de um lugar ou um local de fantasia surreal. Estude a imagem e recrie-a em seu Olho de Bruxa com os olhos físicos fechados. Isso vai exigir prática, então continue indo e voltando como fez no último exercício. Agora, mantendo a imagem claramente em seu Olho de Bruxa, imagine-se dentro dela. Imagine como a imagem seria se fosse um mundo tridimensional em que você está. Observe os arredores.

Exercício 26

Ativação Psíquica por Chama de Vela

Neste exercício iremos treinar novamente seus olhos para ver a energia. Para isso, você precisará de uma vela, que será colocada diretamente à sua frente. Não importa se a vela está no nível dos olhos ou abaixo. Qualquer vela servirá, mas se você quiser ir além, uma vela azul ou roxa adicionará energia extra a esse trabalho. Faça este exercício à noite e em uma sala pouco iluminada.

Comece realizando o exercício de Sintonização. Acenda a vela. Ao fazer isso, declare em voz alta:

Nesta noite, à luz de velas
Eu ativo minha visão de Bruxa.

Comece a realizar o exercício de Respiração Lunar. Isso o colocará em um estado de transe bastante leve. Com um olhar suave e relaxado, concentre-se na chama da vela. Não olhe diretamente para a chama, em vez disso, apenas permita que seus olhos se desviem como se você estivesse olhando através e além da luz dela. Você deve começar a ver um brilho dourado quente ao redor da vela. Lembre-se de respirar profundamente. Conforme o brilho aparece, mantenha seu olhar suave fixo no brilho e não na chama da vela.

Continue olhando para esse estado de transe por alguns minutos. De vez em quando reafirme:

Nesta noite, à luz de velas,
Eu ativo minha visão de Bruxa.

Então feche os olhos e veja o brilho da luz impresso antes de você. Visualize-o estimulando seu Olho de Bruxa em sua testa e se movendo para dentro de sua glândula pineal. Ao fazer isso, diga em voz alta:

> *O Olho Que Tudo vê está dentro de mim,*
> *e através dele, posso ver claramente,*
> *Tudo o que está secreto, tudo o que está oculto,*
> *E tudo isso está além do véu, revelado.*
> *Tudo o que está disfarçado em terra, mar e céu*
> *Revelado pela Segunda Vista, pelo Olho da Bruxa.*

Abra os olhos e repita o processo três vezes. Quando terminar este exercício, apague a vela.

Exercício 27

Limpeza e carregamento do Olho de Bruxa

Às vezes, nosso Olho de Bruxa precisa de um pouco de limpeza e de carga. Pense nisso de maneira semelhante aos óculos. Quando usamos óculos, há uma grande chance de que eles fiquem manchados ou embaçados. Se você está tendo dificuldade para ver algo claramente com seu Olho de Bruxa, isso pode indicar que ele precisa ser limpo e carregado. Enquanto a glândula pineal e o Olho de Bruxa são a mesma coisa, ainda assim podemos distinguir os dois pelo fato de o Olho de Bruxa ser mais uma sensação na testa, e a glândula pineal é o "olho dentro do olho", localizado dentro do cérebro.

Sintonize. Você também vai realizar o exercício de Centramento. No entanto, neste caso, em vez de centralizar a energia em seu coração, centre-a toda em sua glândula pineal, que está localizada diretamente no meio de seu cérebro, um pouco acima de seus olhos físicos. Visualize a glândula pineal como um globo ocular do tamanho de uma ervilha, com uma íris cor de pérola repousando em sua mente e olhando diretamente para fora à sua frente. Continue centralizando toda a sua energia aqui. Agora você vai realizar o exercício Entrando em Alfa com algumas modificações. Em vez de a joia desaparecer no final, continue vendo-a correr através de cada cor do arco-íris. A joia começa a ficar preta como se o preto fosse uma luz. Reserve um momento para visualizar como pode ser a luz negra.

Com os olhos ainda fechados, role-os para cima como se estivesse tentando ver algo na parte de trás da cabeça e mantenha os olhos assim. Visualize a joia enviando um feixe de luz negra em espiral no sentido horário. Ele começa a traçar uma espiral em sua testa, despertando e mexendo com seu Olho de Bruxa. Veja uma pálpebra aparecer aqui e, conforme a luz continua traçando uma espiral em sua testa, a pálpebra se abre, revelando seu Olho de Bruxa. A íris do Olho da Bruxa é totalmente branca. A espiral se move para dentro e além dele, movendo-se profundamente dentro de sua cabeça até atingir a glândula pineal. Sinta a sincronização ocorrendo entre seu Olho de Bruxa e sua glândula pineal. Esta é a limpeza e a eliminação de todos os bloqueios do seu Olho de Bruxa e da glândula pineal.

O feixe em espiral desacelera e se estabiliza em um raio de luz semelhante a um laser que sai da joia através do seu Olho de Bruxa e entra na glândula pineal. A joia fica vermelha e o raio emitido também fica vermelho. Conforme essa luz vermelha penetra no Olho de Bruxa e na glândula pineal, a íris de ambos fica vermelha. A joia passa por cada uma das cores, mudando a cor da luz e por sua vez afetando a cor da íris: vermelho, laranja, amarelo, verde, azul, roxo, branco e depois preto. A joia para de emitir sua luz e se dissolve diante de você. Seu olho de Bruxa e a íris das duas glândulas começam a mudar através de todas as cores novamente, até que tenham as cores do arco-íris, captando um espectro muito mais amplo de visão. Seu olho de Bruxa e o olho dentro do olho agora estão limpos, carregados e sincronizados.

Exercício 28

Vendo as energias áuricas básicas

Simplificando, uma aura é uma bolha de energia vital que envolve uma pessoa. A aura é, na verdade, composta de várias camadas diferentes (aprenderemos mais sobre cada uma delas posteriormente neste livro). Com a clarividência, podemos perceber as diferentes camadas da aura, bem como as cores e as formas dentro dela.

Para ver auras, espíritos e energia bruta, entre em um estado de consciência meditativo muito relaxado. Realizar a Respiração Quadrado Elementar pode ser útil aqui. Procure manter aquele olhar suave que usou com o exercício Chama de Vela e tente ter a certeza de que sua visão está completamente relaxada e você não está se concentrando em nada específico. Tente ver com todo o espectro de sua visão, observando todas as imagens à sua frente e sua visão periférica (que é o que vemos pelas laterais do olho quando estamos olhando para frente).

Agora basta começar a absorver todas as informações visuais em um estado mental muito passivo e receptivo. Coloque sua mão na sua frente. Isso funcionará melhor se a iluminação for baixa e você tiver uma superfície de cor sólida servindo de fundo para este exercício. Você pode usar o chão ou a parede como plano de fundo. As superfícies pretas ou brancas servem melhor, mas qualquer uma funcionará, desde que seja de uma única cor. Depois de construir essa habilidade, não importa qual é o plano de fundo.

Com este olhar, estenda a mão e olhe para ele. Tente olhar além de sua mão, como se ela fosse uma janela que você vê através e além. Olhe além de qualquer objeto para ver sua aura. Conforme você pratica isso, o corpo etérico da aura começa a emergir. Geralmente ele aparece como uma névoa ou uma luz translúcida, branca ou cinza ao redor da mão. Frequentemente esse corpo etérico estará perto da própria mão e a delineando. Para ver além da camada etérica da aura, comece a diminuir o zoom ainda mais, com seu foco, e traga sua atenção para uma parte mais significativa da área ao redor de sua mão, sem focar em nada.

Exercício 29

Vendo as Cores e Espíritos da Aura

Às vezes, as pessoas têm dificuldade em ver as cores das auras. Uma das maneiras de contornar isso é projetar seus pensamentos para criar uma conversa com o Universo. Muitas vezes temos dificuldade em ver coisas que não vimos ou experimentamos antes. A mente gosta de ter quadros de referência para coisas não físicas e usa isso para toda a sua percepção psíquica, então se você nunca viu uma aura totalmente colorida antes, vai ser mais difícil vê-la do que se sua mente tivesse um quadro de referência para comparar e interpretar as informações.

Depois de começar a ver a aura no último exercício, pergunte internamente "de que cor seria essa aura?". Faça isso sem pensar demais. Provavelmente, você não verá a cor na sua frente imediatamente. Confie no que vier primeiro. Confie no primeiro pensamento ou instinto. Agora, enquanto olha para a aura, comece a usar suas técnicas de visualização para preencher a cor. Por exemplo, se eu estivesse olhando para a aura e perguntasse: "Que cor é essa?" e o que me veio foi azul, eu olharia para a aura e começaria a projetar uma visualização desta cor nela.

Ao criar este processo de projetar e receber o que a cor pode ser, você começa a estabelecer comunicação entre sua mente subconsciente, a mente consciente e o Universo de como deve perceber estas auras. Aqueles que têm a clarividência interna dominada sobre a externa acham que é mais fácil fechar os olhos, recriar o que está vendo e visualizar a cor da aura ao redor. Para começar a sincronizar sua clarividência interna e externa, alterne entre visualizá-la interna e externamente, abrindo os olhos e vendo a aura e fechando os olhos para ver a cor. Aumente lentamente a velocidade entre a visão aberta e fechada até piscar os olhos rapidamente. Isso deve ajudar a trazer esta visão interior para fora.

Você também pode se surpreender ao notar que a cor que está projetando na aura pode mudar. Então, talvez eu estivesse projetando azul na aura, mas em vez disso, comecei a ver o violeta. Não force a ficar azul; é mais provável que o seu Eu Superior faça correções à sua percepção. Isso também vale para energia. Você pode ver faíscas, sombras ou flashes de cores com este tipo de visão e isso é completamente normal. Geralmente, isso os ajudará a olhar além do véu e para os outros reinos, e nossos vizinhos que coabitam nesta realidade multidimensional conosco. Mas tudo começa com a capacidade de ver o campo etérico da aura e construí-lo.

Claritangência

Claritangência é um sentimento claro que pode variar de sensações psíquicas palpáveis, dentro ou fora do corpo, até a psicometria; a capacidade de tocar um objeto e obter informações sobre ele é uma forma de claritangência. É uma percepção psíquica tátil. Sentir como se alguém tivesse tocado em você, um aumento ou diminuição da temperatura em seu corpo, dor ou prazer, sensação de doença, sensações no estômago, arrepios, impressão de teia de aranha ou formigamento no corpo são todas elas formas de claritangência. Se houver alguma sensação física percebida pelo corpo em relação à informação psíquica, então é claritangência, que tende a ser uma das formas mais naturais de habilidade psíquica. No entanto, a maioria das pessoas está fora de contato com seus corpos e mais em contato com seus processos mentais. Aprendendo a ouvir seu corpo e como ele reage às coisas, você será capaz de entrar mais em contato com suas habilidades claritangentes.

A claritangência opera principalmente com as mãos. Despertar suas mãos para sentir e direcionar a energia é benéfico tanto para as práticas psíquicas quanto para as mágicas. Tradicionalmente, as Bruxas dividem seu corpo em dois lados, projetivo e receptivo – ou lado do Sol e lado da Lua. A mão projetiva (ou mão do Sol) é a mão na qual você direciona a energia, assim como o Sol projeta a luz. A mão receptiva (ou mão da Lua) é a mão na qual você recebe ou sente a energia, assim como a Lua recebe e reflete a luz do Sol.

A maneira mais fácil de determinar qual mão é a sua mão projetiva é simplesmente saber se você é destro ou canhoto. Uma ótima analogia para entender isso é imaginar que você é um jogador de beisebol, que tem uma mão com uma luva para pegar a bola e outra mão livre para jogar. Se você for ambidestro, pode simplesmente escolher uma mão para ser sua mão projetiva. Tradicionalmente, projetiva seria sua mão direita e receptiva seria sua mão esquerda. É por isso que, ao invocar um elemento direcional ou uma divindade, as Bruxas levantam a mão esquerda para convidar a energia para seu espaço e a mão direita para liberar e enviar energia. A mão esquerda traz energia, a direita a empurra para fora.

Exercício 30

Despertando as mãos

Sintonize. Faça o exercício de Respiração Solar. Ao inspirar, visualize a energia espiralando ao seu redor, nas expirações rápidas, visualize a energia espiralando para baixo. Com o dedo de uma das mãos, desenhe uma espiral na palma da outra mão, começando do centro e indo para fora no sentido horário. Enquanto desenha na palma da mão, visualize a luz azul elétrica do Fogo da Bruxa sendo traçada onde seu dedo toca, em seguida, sopre suavemente em sua palma. Continue repetindo isso por cerca de um minuto ou mais depois troque de mãos e faça o mesmo na mão oposta por um minuto ou mais.

Exercício 31

Sentimento profundo

Faça o exercício Despertando as Mãos. Traga sua consciência para suas mãos. Preste atenção à sensação dos músculos da mão e das articulações dos dedos. Observe como eles estão, relaxados ou tensos? Agora traga sua atenção para a pele de suas mãos; como ela está, seca, hidratada? Agora traga sua consciência para o ar contra sua pele e observe, qual é a temperatura? Há uma brisa ou o ar está parado? Agora volte sua atenção para seus músculos e articulações. Enquanto isso, traga sua atenção, simultaneamente, para sua pele e para o ar ao seu redor. Agora dê um passo adiante e sinta a energia ao redor de suas mãos, trazendo sua atenção além do ar contra sua pele, para o ar que não está tocando sua pele, mas está em torno de suas mãos. Qual é a sensação? O ar está espinhoso? Caloroso? Frio? Denso? Há luz ao redor? Continue repetindo isso até ter uma ideia palpável de como é a sensação da energia em contrapartida às sensações de suas mãos.

Exercício 32

Criando um Orbe de Energia

Faça o exercício Despertando as Mãos. Esfregue as mãos por cerca de trinta segundos, diminuindo lentamente a velocidade e relaxando intencionalmente os músculos das mãos. Junte as mãos como se estivessem na posição tradicional de oração, mas vire os pulsos de forma que os dedos apontem para fora, diretamente à sua frente. Lentamente, afaste as mãos, sentindo o espaço entre elas e visualizando uma bola branca de energia neste espaço. Isso deve parecer um pouco estático para a maioria das pessoas, mas a percepção de todos é um pouco diferente. Brinque com essa energia, tornando a bola cada vez maior. Você notará que, ao tentar pressionar as mãos, sentirá como se estivesse um ímã empurrando-as. Quando terminar de brincar com seu orbe de energia, simplesmente sacuda as mãos como se as estivesse secando-as, enquanto visualiza a energia se dispersando como a água que você estava sacudindo.

Exercício 33

Psicometria

Faça o exercício Despertando as Mãos, seguido do Sentimento Profundo. Passe a mão receptiva ao longo do braço projetivo. Experimente diferentes distâncias entre sua mão e seu braço. Você consegue perceber o ponto em que começa a sentir energia? Experimente fazer isso com animais de estimação, plantas, cristais e outras pessoas. Visualize que esta energia que você está sentindo é um fluxo de dados cheio de informações. Ao explorar a aura do seu assunto, almeje interpretar o fluxo de dados. Limpe sua mente e toque fisicamente no assunto. Qual impressão lhe chega prontamente? Um sentimento, um pensamento, uma imagem, uma impressão? Use o que vier para você imediatamente, sem pensar demais ou forçar qualquer informação.

Clariaudiência

Clariaudiência é uma audição clara. É a capacidade de ouvir informações psíquicas por meio dos sentidos auditivos, internos ou externos. A forma mais comum é a clariaudiência interna, que é o diálogo interior em sua mente. Às vezes a voz é sua, às vezes é de outra pessoa, mas há uma sensação distinta de que ela não veio de seus próprios processos naturais de pensamento. Alguns dirão que com a clariaudiência você nunca ouvirá vozes externas audíveis, a menos que tenha uma doença mental, geralmente esquizofrenia ou psicose. Ouvir vozes externas não indica necessariamente que a pessoa tem um problema de saúde mental. Como sempre, o importante é verificar se você está preocupado – embora questionar sua sanidade mental geralmente seja considerado um bom sinal de saúde mental.

A clariaudiência sem dúvida pode ocorrer e ocorre fora de seu diálogo interno. Então, aqui estão algumas das minhas regras para definir se a voz é uma clariaudiência externa ou se trata-se de uma doença mental (lembre-se sempre, procure ajuda profissional se tiver alguma preocupação sobre sua saúde mental). Se for clariaudiência, a voz geralmente não será constante nem dirá para você prejudicar a si mesmo ou aos outros, e não terá a intenção de humilhar ninguém. A experiência mais comum de clariaudiência externa é muito parecida com ouvir vozes em meio a água corrente ou o vento soprando, apesar de não haver nenhum desse elementos. A clariaudiência externa dura muito pouco e não é recorrente. Na maioria das vezes, é mais como ouvir um ou vários espíritos conversando, podendo não ser decifrável aquilo que você capta, soando muito mais como vozes abafadas. Se eles falarem diretamente com você, as vozes serão mais claras, pois querem que você os ouça. É muito comum também, a música indecifrável e muitas vezes indescritível, que geralmente associo ao povo das fadas. Outra experiência comum é ouvir alguém falando seu nome e, quando você chega até a pessoa, descobre que ela não está chamando por você. Tive muito isso quando criança, mas poucas vezes quando adulto.

Ao desenvolver a clariaudiência, é normal ouvir diferentes tons de zumbido nos ouvidos, semelhantes, mas diferentes. Isso tende a ser os estágios iniciais da clariaudiência quando um espírito está tentando se comunicar, mas você ainda não desenvolveu totalmente essa habilidade. No entanto, muitas vezes experimentei essa sensação de zumbido ao lançar Círculos de Magia e descobri que parava quando o Círculo era liberado. O que posso afirmar é que eu, assim como outros místicos e médiuns muito talentosos que conheci, tivemos experiências clariaudientes externas.

Exercício 34

Escuta Profunda

É importante aprender a ouvir profundamente para ativar a clariaudiência. Para fazer isso, temos de acostumar nossos ouvidos ao ruído. Estamos expostos a tantos sons o tempo todo que quase os ignoramos.

Fique em um estado meditativo relaxado, feche os olhos e pare um por momento para ouvir. Tente não pensar ou rotular o que ouve, apenas ouça. Questione-se, o que você ouve? Talvez seja a televisão ou a música em outra sala. Talvez ouça seu aquecedor, ar condicionado ou geladeira funcionando. Continue ouvindo com atenção. Você consegue ouvir com mais profundidade e clareza? Quão longe pode ouvir? Talvez possa ouvir o balanço dos galhos das árvores e o canto dos pássaros. O que está acontecendo fora de sua casa? Como é o som do vento lá fora? Consegue ouvir os carros na rua ou as crianças brincando? O segredo é tentar assimilar o máximo possível de informações auditivas.

Exercício 35

Aproximando-se dos sons e criando links

Vamos aprimorar a sensibilização de seus ouvidos um pouco mais para uma clariaudiência mais forte. Para esta técnica, use fones de ouvido ou ouça uma música que seja alta o suficiente para submergir você, sem machucar seus ouvidos. Não é aconselhável fazer isso enquanto dirige, pois o ideal é estar no estado de *ondas cerebrais alfa*. Embora deva parecer óbvio, quero enfatizar que você nunca deve alterar seu estado de consciência enquanto dirige. Dirigir requer atenção total e permanecer na versão *beta* é vital para a sua segurança.

Para este exercício, pule todas as etapas anteriores nos exercícios de Sintonização e vá direto para Entrando em Alfa. Neste ponto, você deve ter estabelecido uma direção para inserir *alfa* instantaneamente no comando. Escolha uma música que goste, mas que seja um pouco complicada. Gosto de usar músicas de artistas que envolvem instrumentos e efeitos únicos e diversos em seu alcance. Por esta razão, tendo a escolher artistas como Björk, Radiohead, Fever Ray, Nine Inch Nails ou Anix. Esses músicos tendem a usar sintetizadores, *samples*, e efeitos em suas músicas, que são diferentes de outros artistas, o que para mim torna este exercício mais interessante e amplia minha "paleta auditiva" de sons que meu cérebro pode usar para clariaudiência. No entanto, não há problema em usar qualquer música da qual você goste.

Comece a música e não pense nela nem tente interpretá-la. Assim como no exercício de Escuta Profunda, absorva a música como um todo e de maneira passiva. Quando a música terminar, escolha um instrumento contido nela e comece a faixa novamente, focando apenas naquele instrumento. Sintonize apenas aquele único instrumento sem se distrair com os outros instrumentos ou com os vocais. Para aqueles que são mais experientes em tecnologia, não isole esse instrumento em um programa de edição de música. O objetivo é treinar seus ouvidos e seu cérebro para localizar um único som entre sons concorrentes. Continue repetindo esse processo, escolhendo um instrumento diferente a cada vez.

Agora vamos construir algo em cima disso. Escute novamente a música como um todo, passivamente, como você fez no início. Se a música fosse uma cor, qual seria? E se ela tivesse um sabor, qual gosto teria? Consegue dar uma forma para esta música? Qual seria a sensação se ela fosse física? Em que parte do seu corpo você a sentiria? Que emoção teria? Como acontece com todos os fenômenos psíquicos, o ideal é construir associações cruzadas para que todas as suas habilidades trabalhem em harmonia para transmitir o máximo de informações e da maneira mais clara e vívida possível. Agora volte e ouça novamente a música e se concentre em cada instrumento, determinando qual cor, forma, textura, sabor, cheiro, emoção e área do corpo teria em relação à música inteira. Pense na música como um cardume de peixes agindo como um coletivo com sua própria assinatura, mas pense em cada instrumento como um único peixe dentro daquele coletivo que possui suas características individuais únicas.

Ao voltar a essa prática para aprimorar essa habilidade, certifique-se de mudar as músicas para que você não execute este exercício sempre com o mesmo resultado.

Perfeito, agora que terminamos com toda essa sensibilização auditiva, aprofundamento e associações mentais, estamos prontos para aprender como começar a construir a clariaudiência para fontes não físicas de som.

Exercício 36

Criação de associações de ruído

Agora você já deve estar no ponto em que pode começar a programar sua mente para criar associações entre ruídos e outras informações. Assim como nos exercícios de aura anteriores, aqui você deve começar a projetar uma associação interna em algo externo. Faça isso usando sua sugestão psíquica para entrar em *alfa*. Agora, comece por você. Como está se sentindo? Se a sensação que teve fosse uma música, qual seria? Se fosse um efeito sonoro, como soaria? Faça isso ao longo do dia, tente evocar esse som dentro de sua mente em determinado momento e associá-lo ao sentimento. Quando você se depara com pessoas, que música ou som você lhes daria em seu estado atual?

Tal como acontece com o exercício da aura, isso o ajudará a criar um vínculo por meio da neuroplasticidade para estender sua audição da faixa normal à clariaudiência. Se por acaso acabar ouvindo um som diferente do que estava tentando conjurar, permita que seja assim. É mais provável que o seu Eu Superior esteja fazendo correções à sua percepção.

Exercício 37

Espíritos da Audição

Aliado espiritual é um termo amplo para designar qualquer espírito que tenha uma relação de trabalho benéfica com você. Embora os assuntos de contatos e aliados espirituais estejam além do escopo deste livro, sinto que é importante discutir brevemente os guias espirituais.

Entre os diferentes tipos de aliados espirituais, existe um tipo específico conhecido como Guias Espirituais, que são seres espirituais designados antes da encarnação por seu Eu Superior. São seres responsáveis por nos guiar em nosso caminho e em nosso desenvolvimento pessoal. Pense neles como se fosse sua equipe invisível de treinadores, mentores e guias, só que espirituais.

O tempo que um guia espiritual trabalha com o indivíduo depende de diferentes fatores. Alguns ficam por toda a vida e são atribuídos à pessoa antes de ela nascer. Outros ficam apenas por um determinado período de tempo ou enquanto a pessoa estiver trabalhando ou aprendendo algo em seu caminho na vida. Tendo uma perspectiva mais elevada, os guias espirituais estão sempre em alinhamento com a Verdadeira Vontade de cada um, assunto que exploraremos mais tarde, esteja você consciente disso ou não.

Escolha um horário e um lugar razoavelmente tranquilo onde não seja incomodado. Faça o exercício de Sintonização. Para este exercício, recomendo começar com guias espirituais porque eles são entidades não físicas seguras para começar a trabalhar. Chame seus guias espirituais, mental ou verbalmente, para ajudá-lo neste exercício, você pode simplesmente dizer:

> *Peço aos meus guias espirituais que venham a mim e me transmitam uma mensagem benéfica, por meio da clariaudiência, que me ajudará em meu caminho. Venham reunir-se a mim amigos.*

Tudo bem se você ainda não tiver uma forte conexão com seus guias espirituais; ao reconhecê-los, esse relacionamento começa a ser construído. Visualize-os se aproximando; imagine simplesmente figuras compostas de luz chegando mais perto e ao seu redor. Agora concentre-se em sua respiração e tente limpar sua mente de qualquer tagarelice.

Enquanto estiver relaxado e receptivo, preste atenção a qualquer diálogo interno ou sons que ocorram, sem tentar forçá-los. As mensagens podem ser em sua própria voz interna ou vinda de outra pessoa. Simultaneamente, preste atenção ao seu redor, assim como foi feito no exercício de Escuta Profunda. Pode acontecer de descobrir que algo externo está fora do comum; talvez um cachorro latindo ou uma música que um vizinho está tocando. Existe uma mensagem aí para você? Conforme desenvolve esta prática, é provável que comece a ouvir ruídos externos ou diálogos que não veem de uma fonte física externa. Não se esqueça de que você pode usar a técnica Obscuro Psíquico para aumentar ou diminuir as informações. Também é útil modificar essa técnica imaginando que você tem outro botão que funciona como um dial de um rádio e que pode sintonizar e ajustar a frequência do ruído que está ouvindo.

Clariodor e Clarigustação

O clariodor designa aquilo que tem cheiro claro e a clarigustação representa um sabor claro. Em outras palavras, trata-se de cheiro psíquico e gosto psíquico, apesar de não haver nada para cheirar ou provar. Essas são duas das formas mais raras de percepção psíquica. Embora sejam distintas, eu as agrupo porque o gosto e o cheiro estão intimamente ligados com percepções. Essas duas habilidades psíquicas tendem a estar mais ligadas à interação com espíritos e mediunidade, mas nem sempre. Por exemplo, eu trabalho em estreita colaboração com as divindades Hécate e Janus. Cada um deles tem um aroma distinto que sentirei quando souber que eles estão se envolvendo, estão em contato ou quando eu quiser garantir que estão comigo.

Curiosamente, esses cheiros começaram com ervas específicas e incensos que eu queimaria para eles, individualmente, como oferendas, mas também há um cheiro adicional a cada um quando estou tendo uma experiência de clarividência, mesmo se eu estiver longe de seus santuários, em minha casa, e não tenha queimado nenhuma oferenda a eles naquele dia. Eu sei quando meu avô está entrando em contato porque há um cheiro específico de perfume, uísque e tabaco que o antecede. De maneira alternativa, certos cheiros têm sido historicamente associados ao perigo ou à energia malévola, como o cheiro de enxofre, por exemplo.

A clarigustação é ainda mais rara do que o clariodor. Às vezes, a clarigustação me dá informações específicas sobre um espírito, geralmente como uma forma de validação na mediunidade para a pessoa para quem estou lendo. Por exemplo, provar um determinado alimento em minha boca pode indicar um prato favorito que a pessoa amava ou sabia fazer e ao qual está associada. Posso também sentir o gosto ou o cheiro de cigarros e saber que eles eram fumantes. No entanto, às vezes, a experiência da clarigustação é apenas uma luz vermelha ou verde psíquica para mim. Pode acontecer de eu sentir um gosto nojento de mofo na boca se alguém ou um espírito tem uma energia vil. Também vou sentir um gosto metálico na boca se me dizem para não confiar no espírito ou na pessoa, apesar das evidências em contrário; isso tende a transmitir para mim que a pessoa ou o espírito tem uma agenda oculta. Por meio da alimentação e do olfato conscientes e da evocação dessas sensações, é possível estabelecer e desenvolver a clarigustação e o clariodor.

Exercício 38

Despertando a boca e o nariz

Para este exercício, escolha algumas especiarias ou óleos essenciais e coloque-os em diferentes colheres ou pires sobre a mesa. É aconselhável ter um parceiro para ajudá-lo com isso, pois você estará com os olhos vendados. Entre em *alfa* e feche os olhos. Cheire cada amostra individualmente. Tente perceber as diferenças sutis de cada perfume. Como você os descreveria? Cor, textura, sentimento ou algum som específico vem à sua mente quando cheira? Você pode imaginar como seria o sabor se os comesse apenas com base no cheiro? Dê uma caminhada e preste atenção aos aromas que normalmente passam desapercebido. Qual o cheiro das flores? A padaria tem um cheiro específico? E o ar? O pavimento? O solo? Se você viesse a saboreá-los, qual seria o gosto deles em sua boca? Como você descreveria esses sabores? Assim como em Escuta Profunda, o ideal é sentir o cheiro profundamente e saborear as coisas intensamente. Faça o processo de comer algo cuidadoso em sua vida, absorvendo e observando as sensações do paladar e do olfato e se concentrando nas nuances dessas sensações.

Exercício 39

Conjurando cheiro e sabor

Para este exercício, entre em *estado alfa meditativo*. Pense em um cheiro que o confortou enquanto você crescia, ou naquela colônia ou perfume que você associou a alguém. Pense em cheiros que lhe causam repulsa. Ou naqueles que associou ao amor. Quais cheiros são associados à sua raiva ou a uma depressão? Quais cheiros você associa ao perigo? Quais lhe remete à segurança? Algum aroma o faz lembrar de ansiedade? Quais aromas lhe dá sensação de confiança? Examine cada uma dessas coisas e tente conjurar o cheiro o mais ativamente possível, enquanto se concentra na sensação ou na memória associada a ele. Faça esse processo com os sabores também. Se você está tendo dificuldade em conjurar um sabor ou cheiro específico, tente conjurar um e permita que ele o leve ao outro. Por exemplo, se estou tendo dificuldade em associar um aroma ao conforto, mas sei que o sabor dos doces da minha avó traz conforto, eu gastaria meu tempo me concentrando no cheiro desses doces.

Exercício 40

Criação de associações de cheiro e sabor

Nos exercícios anteriores, começamos a prestar atenção ao que cheiramos e saboreamos e ao sentimento emocional que isso despertou em nós. Conforme você passa o dia e interage com as pessoas, questione a si mesmo, e se a energia delas tivesse gosto e cheiro, qual seria? Pense nos diferentes cheiros e sabores que você associou às emoções. Projete isso neles. Comece a experimentar com suas habilidades de previsão. Ao começar o dia, pergunte-se qual será o cheiro ou o sabor daquele dia. No final do dia, confira como ele decorreu em comparação com o que você imaginou quando projetou o cheiro e o gosto para aquele dia.

Capítulo 5
PURIFICAÇÃO E PROTEÇÃO

L impar a si mesmo e ao seu ambiente é geralmente uma das primeiras coisas ensinadas nos livros de magia, assim como a proteção antes de prosseguir para a habilidade psíquica ou mágica. Eu optei por garantir algumas das práticas fundamentais estabelecidas neste ponto, para que suas limpezas e escudos possam ser muito mais eficazes. Originalmente, eu ensinaria tudo logo de cara, mas descobri que meus alunos estavam lutando para empregar as técnicas com mais eficácia. Ao ensiná-los como se sintonizar e como desenvolver suas *clairs*, descobri uma taxa de sucesso muito maior.

Embora existam muitas técnicas diferentes para limpar e para proteger-se usando ervas, pedras e ferramentas rituais, como Bruxos ou Bruxas Psíquicas, queremos ser capazes de realizar essas tarefas sempre que precisarmos e, em alguns casos, não temos acesso a esses materiais. No entanto, a falta destes materiais ou ferramentas nunca deve impedir uma Bruxa de realizar sua magia. Na maioria dos casos, os itens físicos servem como aprimoramentos para o trabalho que você está fazendo e, enquanto eles têm seu lugar nos trabalhos místicos, eu acredito firmemente que se deve ter a habilidade de realizar magia a qualquer momento, independentemente das circunstâncias. É por isso que neste livro não há itens ou ingredientes necessários, a menos que seja um ritual específico ou feitiços que não seriam realizados quando estiver fora de casa. Mesmo assim, eu reduzo o uso de itens físicos ao mínimo e uso coisas que estão prontamente disponíveis em qualquer casa.

Limpeza de energia

Lembra do ditado que "a limpeza está ao lado da piedade?" Tanto em trabalhos mágicos quanto psíquicos, isso é verdade. Limpar a energia de um espaço e manter uma higiene psíquica adequada de si mesmo e do local onde vive é crucial. Pense em como você se sente em uma casa bagunçada e com pouca luz. Agora pense em como você se sente em uma casa limpa, aberta e cheia de luz natural. A gente se sente melhor, não é? Embora haja um componente psicológico para nos sintamos mais confortável em um espaço limpo, acredito que isso ocorre porque estamos pegando uma energia mais limpa, o que faz com que nos sentimos mais à vontade. Quando se trata de limpeza e proteção, a visualização e a força de vontade são componentes essenciais para fortalecer a limpeza.

Muitas pessoas me perguntam com que frequência na magia devemos colocar em práticas a limpeza pessoal. Minha resposta é "diariamente". Pense nisso como tomar um banho. Ninguém vai querer ficar necessariamente todo sujo antes de decidir tomar banho, certo? Mais provável que não. Você provavelmente prefere tomar um banho, pelo menos, ao dia, para garantir que não chegue ao ponto de ficar sujo. Isso é particularmente útil ao realizar limpezas diárias, pois você pode incluí-lo em sua rotina de higiene regular. Agora, que tal fazer o mesmo para limpar os espaços? Quando se trata de manter um espaço limpo (especialmente o lugar onde mora e passa a maior parte do seu tempo), você descobrirá que, assim como a limpeza física, a limpeza energética é mais fácil quando realizada em doses diárias de manutenção, em vez de esperar a sujeira acumular. Acostume-se até se tornar uma tarefa monumental. Eu geralmente faço uma limpeza energética completa da minha casa durante cada Lua nova e tento manter a manutenção por meio de pequenas limpezas diárias.

A limpeza espiritual de si mesmo ou do espaço é quase sempre precedida pela limpeza física. No entanto, você pode matar dois coelhos com uma cajadada só e misturar os dois em uma única prática. Por exemplo, enquanto toma banho, imagine-se banhando-se em luz e lavando energias que estão agarradas a você, mas que são indesejáveis. Ao escovar os dentes, imagine-se removendo todos os obstáculos que o impedem de falar suas verdades, bem como quaisquer barreiras entre você se comunicar com outras pessoas (incluindo animais, plantas e espíritos). Enquanto varre ou passa o aspirador no chão, imagine-se varrendo ou sugando as energias estagnadas dentro de sua casa. Para um impulso extra, borrife um produto de limpeza – como sal marinho ou ervas de limpeza como alecrim, tomilho, manjericão ou orégano, que são encontrados na maioria das cozinhas – na área que você está limpando. Ao limpar as superfícies de sua casa, imagine limpar toda doença, tristeza, raiva e outras energias acumuladas que estão grudadas na atmosfera. Você entendeu a ideia. Basta vincular um processo mental meditativo consciente por trás da limpeza física. A luz do sol e o ar fresco também ajudam muito na limpeza de um lugar – então abra as cortinas e algumas janelas para deixar o ar circular.

Exercício 41

Purificação Psíquica

Esta é uma versão muito mais forte do exercício de Limpeza Psíquica que já aprendemos, mas nos serve melhor quando precisamos de um nível mais profundo de limpeza, para que sejamos purificados de quaisquer energias que estejam extremamente desequilibradas. A chave para isso é envolver cada uma de suas *clairs* enquanto concentra sua intenção em se limpar e se purificar. No exercício, darei ideias para cada clarividente se envolver, mas sinta-se à vontade para substituir quaisquer sons, cheiros, visualizações e assim por diante, por aqueles que você pessoalmente associa com uma sensação de limpeza e purificação.

Sintonize. Visualize uma bela luz prismática fluindo ao seu redor como uma cachoeira suave, mas constante. A energia passa pelo seu corpo e também ao seu redor enquanto lava qualquer energia que não pertence a você. Enquanto mantém essa visão em sua mente, sinta o calor da luz ao redor e dentro de seu corpo, limpando seus campos de energia de qualquer coisa que não lhe sirva. Ainda mantendo a visão e o sentimento em sua mente, comece a evocar o som de um coro angelical celestial cercando você de todas as direções, liberando e removendo quaisquer bloqueios em seu corpo energético. Agora vamos envolver ainda mais os sentidos, evocando o cheiro de frutas cítricas e flores que preencham o espaço em que você está e evocando um gosto de hortelã em sua boca – cheirando e saboreando a limpeza está ocorrendo.

Exercício 42

Levantando energias pesadas de um lugar

Você já entrou em uma sala e, apesar de todos sorrirem e fazerem brincadeiras, pode sentir que houve alguma discussão acalorada momentos antes? Emoções e energias pesadas se acumulam rapidamente em um espaço, podendo inclusive estacionar onde você mora. Este exercício é o mesmo que eu conduzi algumas das minhas colegas feiticeiras psíquicas a se apresentarem em Salem, antes de começarmos nosso dia de fazer leituras psíquicas. Fazemos isso porque as leituras psíquicas podem ser fortemente emocionais e as pessoas muitas vezes podem trazer e deixar sua gosma energética em determinados espaços. Para este exercício, vamos entoar uma fórmula mágica com intenção e movimento físico.

A fórmula chamada de IAO vem de sistemas herméticos de magia, como a Golden Dawn. IAO representa três forças: Ísis, que incorpora as forças da natureza e da criação; Apophis, que incorpora as forças de destruição e remoção e Osíris, que incorpora as forças da ressurreição e transmutação. Por isso, a fórmula é perfeita para transmutar e levantar energias pesadas. Com o "I", sintonizamo-nos com as energias que já existem na sala. Em "A", estamos declarando que a energia está sendo removida. E com "O", estamos mudando a sala para um estado de energia positiva.

A entoação completa de IAO deve ser executada com uma respiração ininterrupta. Sintonize. Em pé, coloque os braços ao lado do corpo com as palmas voltadas para o chão. Respire fundo e, de dentro de sua barriga, comece a entoar "I" (Iiiiii). Sinta o som reverberando no fundo da sua boca. Ao entoar, vire as palmas das mãos para que fiquem voltadas para cima e comece a levantar lentamente as mãos, imaginando-se elevando a energia da sala. Quando seus braços estiverem paralelos ao chão, comece a entoar a letra "A" (Aaaaaah). Sinta-a reverberando no meio da boca. Observe sua boca se abrindo um pouco mais para fazer o som. Continue erguendo a energia com os braços. Assim que seus braços estiverem acima de sua cabeça, comece a entoar a letra "O" (Ooooooh). Sinta-a reverberando na frente de sua boca. Observe o quanto a boca está aberta para fazer o som. Visualize a energia se elevando totalmente do espaço conforme você a empurra fisicamente pela sala até onde seus braços podem alcançar. Faça isso pelo menos três vezes. Você deve notar uma mudança drástica na energia do espaço.

Proteção

Quando trabalhamos com energia – psíquica ou magicamente –, acabamos por nos iluminar com essa energia. Essa luz atrai a atenção de todos os tipos de entidades. Há algum tempo, pedi a um proeminente ancião psíquico que viesse avaliar minha casa. Eu não conseguia entender por que tantos espíritos estavam sendo atraídos para o meu lar. Será que eu estava sob ataque psíquico?

Ao dirigir pela região, ele disse que podia sentir que não havia muitos praticantes de magia por perto, devido à área em que eu moro, o que é completamente verdade, já que a cidade em que resido é predominantemente povoada por idosos, e a maioria, que eu saiba, são apenas pessoas comuns sem qualquer interesse em magia ou habilidades psíquicas. Ele me informou que, devido a todo o trabalho de magia e energia que estou constantemente realizando em minha casa, minha propriedade estava iluminada como um enorme farol energético. Os espíritos da área que não estão acostumados a ver pessoas que estão trabalhando com energia ou magia ficaram cheios de extrema curiosidade e, portanto, foram atraídos para minha casa como mariposas para uma chama, vindo para investigar o que estava acontecendo.

Nem toda entidade que será atraída por você será benevolente, pacífica ou amorosa. Ma também nem todos serão maliciosos. Esteja sempre ciente de que, assim como as pessoas variam entre perigosas ou seguras, benéficas ou aqueles que querem tirar vantagem, os espíritos são os mesmos em sua diversidade de personalidade e comportamento. Esta é uma das razões pelas quais a proteção não deve ser negligenciada.

Também é inteiramente possível se amaldiçoar, sem querer, por meio de sua própria paranoia de outros o amaldiçoando. Como exploraremos em breve, palavras e pensamentos têm um poder monumental para a Bruxa Psíquica. Sim, sempre há possibilidade de outras pessoas o amaldiçoar conscientemente, especialmente se você estiver fora do "armário de vassouras". As pessoas também podem lançar maldições inconscientemente, direcionando pensamentos e emoções negativas e, portanto, energia para você. Mas deve haver certo equilíbrio entre a paranoia de uma Bruxa e a precaução natural. Fixar-se em maldições só vai fortalecê-las ou até mesmo causá-las, isso se elas já não estiverem lá para começar. Se você está mantendo uma higiene psíquica regular e proteção mágica, não há muito com que se preocupar. Se você sentir que há problemas neste sentido, sempre pode consultar a técnica para suspender uma maldição, no capítulo 15.

A chave para viver com proteção mágica é ter limites saudáveis em todas as áreas de sua vida. Seu mundo interior permeia o mundo energético. Por ter limites firmes com amigos, família, colegas de trabalho, chefes, parceiros românticos, estranhos e consigo mesmo, você está criando limites fortes dentro de sua própria aura. Ao permitir que as pessoas tirem vantagem, fazendo coisas das quais você é resistente ou se envolvendo em comportamentos que são ruins para você, cria-se um vazamento em sua aura. É normal ter limites. Você pode dizer "não" a alguém sem ter sentimentos ruins em relação a essa pessoa. E também não precisa explicar seus limites depois de estabelecidos. Um sábio amigo meu costuma dizer que "não" é uma frase completa.

O poder da linguagem

Quando se trata de proteção, honestamente não há nada mais poderoso do que viver com integridade. Quando digo integridade falo da garantia de se viver uma vida ética de acordo com seus padrões. A maior parte dessa garantia se resume ao respeito. Respeite outras pessoas, lugares e espíritos. Ao viver uma vida de respeito e com integridade, há menos chance de que outras pessoas ou espíritos trabalhem ativamente contra você, pois é menos provável que você os ofenda. Faça o que fala. Mantenha sua palavra e fale com honestidade. Pense na fala como uma ferramenta mágica, porque é. Temos termos mágicos que estão intimamente ligados à ideia de linguagem, como feitiços e livros de magia chamados grimórios, que estão relacionados à palavra escrita.

Abracadabra é um feitiço antigo e famoso que os etimologistas populares acreditam ser baseado no aramaico para "Eu crio como a palavra" ou no hebraico para "Eu criarei enquanto falo". À medida que você se envolver mais e mais em seu desenvolvimento como Bruxa Psíquica, vai perceber o quanto suas palavras têm poder, mesmo quando não é sua intenção, e logo vai aprender a ter cuidado ao falar as coisas em voz alta. Há uma razão pela qual a mensagem de muitos contos populares e contos de fadas é "tenha cuidado com o que deseja" ao envolver o mágico. Ao tratar o poder da linguagem como uma ferramenta, você pode garantir que está mantendo o poder da fala sagrado. Ao manter sua palavra, você afirma a outras pessoas, espíritos e ao Universo que sua palavra é valiosa e, como tal, tem mais probabilidade de criar aliados do que inimigos. Quanto mais aliados do seu lado, mais forte será a defesa que você terá.

Isso, no entanto, não significa que devemos negligenciar a blindagem completamente, o que seria apenas descuidado e ingênuo. Só porque somos bons motoristas, não significa que não devemos apertar o cinto antes de entrarmos em nossos carros. Da mesma forma, só porque somos boas pessoas, vivemos com integridade e protegemos o poder da nossa palavra, não significa que não devemos nos envolver em proteção psíquica e mágica. A magia preventiva é uma forte magia defensiva. É melhor tomar precauções do que ter que lidar com a tentativa de corrigir os problemas que ocorreram devido à negligência com nossa proteção.

Exercício 43

Blindagem e proteção fundamentais

Agora que sabemos como limpar nossa energia, este é o momento perfeito para aprender a nos proteger. Com a proteção, o objetivo é que se sinta totalmente seguro e confiante. Exploraremos uma prática fundamental de blindagem e diferentes maneiras de alterá-la para ser apropriada para o que estiver fazendo. Às vezes você vai querer um escudo que interrompa completamente o fluxo de qualquer energia que entra e sai, mas isso também pode silenciar completamente a percepção psíquica. Em outras ocasiões, você só vai querer filtrar a energia que é agressiva ou negativa, esta é geralmente a minha escolha quando se trata de proteção. Descobrir que tipo de escudo você precisa exige discernimento, portanto, confie na sua intuição. Essa blindagem básica deve ser uma prática diária; como você vai aprimorá-la depende de suas circunstâncias.

Sintonize. Visualize uma luz branca brilhante alguns metros acima de você. Afirme verbal ou mentalmente:

Espírito acima de mim.

Veja-o começar a descer como uma coluna de luz ao redor do seu corpo, até alguns metros abaixo de você. Afirme verbal ou mentalmente:

Espírito abaixo de mim.

A luz vem de baixo de você e se eleva alguns metros à sua frente, na altura do peito. Afirme verbal ou mentalmente:

Espírito antes de mim.

Veja a luz encontrar o ponto acima de sua cabeça, onde começou, e então desce até atrás de você na altura do peito. Afirme verbal ou mentalmente:

Espírito atrás de mim.

A luz se move no sentido anti-horário até ficar alguns metros à sua direita. Afirme verbal ou mentalmente:

Espírito ao meu lado direito.

A luz continua a se mover no sentido anti-horário até que esteja alguns metros à sua esquerda. Afirme verbal ou mentalmente:

Espírito no meu lado esquerdo.

Ela continua seu movimento no sentido anti-horário até atingir o ponto atrás de você novamente. Veja todos os seis pontos brilharem ao seu redor. A luz começa a brilhar com tanta intensidade que forma uma bolha ao seu redor. Afirme verbal ou mentalmente:

Espírito ao meu redor.

Visualize o brilho enchendo seu corpo como se você fosse um recipiente vazio. Afirme verbal ou mentalmente:

Espírito dentro de mim.

Reserve alguns momentos para sentir essa luz acima, abaixo, antes, atrás, à sua direita, à sua esquerda, fora e dentro de você. Em seguida, afirme verbal ou mentalmente:

O Espírito me protege. O Espírito me abençoa. O Espírito me cura. O espírito me guia. Eu sou, sempre fui e sempre serei Um com o Espírito.

Exercício 44

A blindagem do filtro

Execute o exercício de Blindagem e Proteção Fundamentais. Reserve um momento para sentir a luz branca ao seu redor, forte e vibrante. Visualize um filtro prateado se formando ao redor de sua aura. Visualize-o como uma peneira feita de pura luz prateada. Você pode deixar de lado a imagem do filtro de prata sabendo que ele ainda está lá fazendo seu trabalho. Agora repita este processo com um filtro dourado. Saiba que isso impedirá a entrada de energias negativas e permitirá que as energias positivas passem. Você não está desligado de todas as energias ao seu redor, mas elas serão filtradas antes de chegarem a você e ao seu campo de energia. Declare em voz alta ou mentalmente:

Por lunar e solar
Opostos e polares
Energias que prejudicam e murcham
Não conseguem passar no meu filtro de magia.

Exercício 45

Escudos completos: a técnica da fortaleza elementar

Esta forma de proteção é melhor quando você não quer interagir com a energia ao seu redor, mas, sim, temporariamente se desligar de toda e qualquer entrada de energia. Isso significa que as energias não podem interagir com você e você não pode interagir com elas enquanto este escudo estiver levantado. Ma saiba que, com este processo de proteção, também será difícil realizar magia. Pense nisso como uma proteção máxima e se colocando em quarentena energética. Devido à força deste escudo, você vai querer ter certeza de retirá-lo quando terminar e é melhor fazer uma limpeza depois. Com este exercício você estará convocando psiquicamente os quatro elementos – Terra, Ar, Fogo e Água –, para ajudar a auxiliar nesta proteção e criar uma fortaleza ao seu redor.

Execute o exercício de Blindagem e Proteção Fundamentais. Reserve um momento para sentir a luz branca ao seu redor, forte e vibrante. Visualize a terra abaixo de você, elevando-se para formar uma parede de tijolos impenetrável ao seu redor, como uma fortaleza. Em seguida, visualize paredes de fogo fora dela, incinerando qualquer energia que chegue perto das paredes. Do lado de fora da parede de fogo, visualize um fosso circundando-o com ondas quebrando violentamente para qualquer energia que tentar chegar perto de você. Do lado de fora do fosso, visualize um anel de nuvem com fortes ventos soprando para fora, empurrando para trás qualquer energia que chegue perto dele. Agora imagine a parede de tijolos transformando-se em uma esfera de tijolos ao seu redor. Em seguida, visualize as paredes de fogo transformando-se em uma esfera de fogo, envolvendo você. Por último, visualize o fosso transformando-se em uma esfera de ondas quebrando ao seu redor e, finalmente, visualize a parede de nuvens transformando-se em uma esfera de nuvens soprando forte vento em todas as direções.

Quando você estiver pronto para derrubar seus escudos e estiver fora do ambiente perigoso, apenas execute o exercício ao contrário. A esfera das nuvens transforma-se no anel de nuvens que se evapora. Depois a esfera das ondas torna-se novamente um fosso e depois seca. E na sequencia, a esfera de fogo transforma-se em paredes de fogo e então as brasas morrem até que o fogo pare. A esfera de tijolos volta para a fortaleza de tijolos que então se desintegra e retorna para a terra.

Exercício 46

Sistema de Segurança Psíquica

Você pode proteger sua casa exatamente como faz consigo mesmo, substituindo-se nos exercícios anteriores deste capítulo por sua casa. Às vezes é importante entender o que está tentando invadir os escudos de sua casa para que possa cuidar da situação e garantir que alguém ou algo não esteja perpetuamente tentando realizar essa invasão. Se algo for mais persistente do que a manutenção da sua blindagem, há uma chance realista de que eventualmente aconteça, seja um feitiço malicioso, seja um espírito indesejado, seja apenas energias ruins gerais sendo enviadas em sua direção. Devido a isso, criei um sistema de segurança psíquica em minha casa para me alertar quando energias indesejadas estão invadindo e para me ajudar a identificar o que é.

Comece Sintonizando. Fique no centro da sua casa. Comece a imaginar uma grade de lasers em torno de sua casa criando uma matriz. Esses lasers são um sistema de segurança. Quando qualquer energia tentar entrar de fora para dentro, a grade o alertará psiquicamente da mesma maneira que um sistema de segurança residencial normalmente faria com um som de alarme e luzes piscando. Agora vá de sala em sala e concentre-se em cada parede, piso e teto desse espaço que contém a grade de lasers. Volte ao centro de sua casa e visualize a matriz completa de lasers como um sistema coeso. Escolha uma parede em um cômodo da casa e visualize um buraco de fechadura secreto. Agora concentre-se em sua senha psíquica (no próximo exercício) como uma chave. Com sua força de vontade e intenção, insira a chave na fechadura e tranque-a. Saiba que nada nem ninguém pode alterar sua grade sem sua senha. Declare em voz alta:

A senha foi corrigida!

Agora vá de sala em sala e visualize um pequeno globo prateado do tamanho de seu punho, no topo do teto, com um olho gravado nele. Estas são suas câmeras. Sempre que seu sistema de segurança for acionado, ele fará um instantâneo psíquico do que está tentando invadir sua casa e o alertará em forma de alarme. Se o seu alarme está tocando e você não está detectando o que é, simplesmente sintonize e visualize um daqueles globos prateados à sua frente e peça para ele mostrar o que captou. Ele pode mostrar informações por meio de uma ou de várias *clairs*. Se você não tiver certeza das informações que recebeu, vá a um sistema de adivinhação, como o tarô, por exemplo, para verificar a exatidão das informações que está recolhendo. É importante lembrar que este exercício não é um escudo e não pode bloquear a entrada de nada; é um sistema de detecção e não um sistema de defesa. Portanto, certifique-se de ter proteção ao redor de sua casa.

Exercício 47

Senha psíquica

Uma senha psíquica é exatamente o que parece, um conjunto de caracteres que você cria para bloquear e desbloquear certas coisas. Embora esteja sendo introduzido pela primeira vez com o Sistema de Segurança Psíquica, ela também pode ser usada de outras maneiras. A ideia principal é ter um item que possa consertar ou desfazer a magia de algo quando a senha é usada. Por "consertar", quero dizer "proteger ou firmar" e não "reparar". Dizer que algo foi "consertado" ou "consertar" algo na feitiçaria significa que a energia não poderia ser alterada, uma vez que um feitiço fosse lançado, e isso, na maioria das vezes, era feito com ferramentas mágicas.[11] Com uma senha, estamos consertando energia, mas também deixando espaço para "desfazer" o item, o que às vezes é necessário. A senha também garante que ninguém mais possa mexer em nossos escudos além de nós.

Sintonize. Visualize uma chave antes de você. Agora programe essa chave, envolvendo cada sentido psíquico. Evoque um som, uma sensação física, uma imagem, um sabor e um cheiro. Passe por cada um, um de cada vez. Agora tente envolver tudo junto, ao mesmo tempo ouvindo, sentindo, vendo, saboreando e cheirando a senha. Visualize sua chave brilhando e sendo codificada com a senha. Para usar sua senha em algo, imagine um buraco de fechadura e use sua chave para trancar e destrancar esse buraco, consertando ou liberando a energia.

Embora esta técnica seja bastante simples e eficaz, é bom ter a certeza de que ela é complexa em sua codificação, escolhendo pontos que normalmente não combinam. Aqui está um exemplo de senha para lhe dar uma ideia: a imagem de um flamingo rosa, o som de um carro buzinando, cheiro de roupa lavada, gosto de limão, sensação de casca de árvore contra sua mão. Observe como nenhuma dessas coisas combinam, o que garante que você não pensará acidentalmente em todas elas de uma só vez e que outros médiuns terão mais dificuldade em pegar cada elemento de sua senha. Certifique-se de anotar sua senha em algum lugar seguro e secreto, como no Livro das Sombras ou em um diário, para que você possa consultá-la caso não a use com frequência.

---

11. Laurie Cabot, com Penny Cabot e Christopher Penczak, *Laurie Cabot's Book of Shadows* (Salem, NH: Copper Cauldron, 2015), 124.

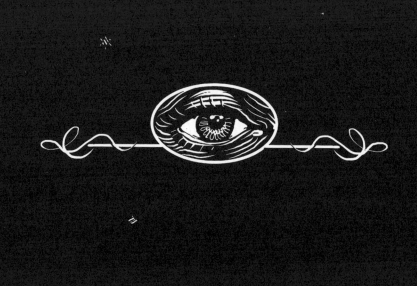

Capítulo 6
AS TRIPLAS ALMAS DA BRUXA

Ao contrário de outras religiões e formas de espiritualidade tradicionais, na feitiçaria, e em muitas tradições pagãs, a alma é mais frequentemente trabalhada como plural e não singular. A divisão mais comum da alma é em três, embora possa ser mais ou menos. O termo alma é usado para se referir aos principais aspectos que compõem a essência de uma pessoa. Essas partes trabalham juntas, mas também funcionam de maneira independente e autônoma. Elas fazem parte de uma tríade coletiva, ao mesmo tempo que atuam de forma individual. Essencialmente resumidas ao entendimento mais básico, as três almas também podem ser vistas como mente, corpo e espírito. O termo é frequentemente usado nas tradições da magia para trazer mais reverência a esses componentes e para comprovar que são mais do que suas aparências superficiais indicam.

Essas três almas são às vezes referidas na Bruxaria como "Três Almas", "Três Mentes", "Três Eus" ou "Três Andarilhos", embora a divisão da alma em três partes abranja várias outras religiões, xamânicas e espirituais, elas englobam, na verdade, tradições em todo o mundo. Essas três almas são consideradas os primeiros aspectos de nossa biologia multidimensional e, compreendê-las, é benéfico tanto para a magia quanto para a habilidade psíquica. A principal influência nesta ideologia parece vir das Tradições de Bruxaria Faery (ou Feri), que a adotaram de Huna. A primeira vez que isso foi escrito publicamente sobre Bruxaria foi em *The Spiral Dance* de Starhawk, sendo a própria Starhawk uma ex-aluna da Tradição Feri de Victor Anderson.

As três almas serão mencionadas neste livro em seus termos mais genéricos, que são o Eu Superior, o Eu Inferior e o Eu Médio, tendo um ponto focal de acesso dentro do corpo conhecido como os "Três Caldeirões" nas tradições pagãs, um conceito derivado do poema sagrado irlandês do século 16 chamado "O Caldeirão da Poesia". Acredita-se que o poema se refere a um ensino oral celta secreto de três centros de energia, que foram perdidos ou cuidadosamente guardados. Cada um desses três componentes da alma está sempre presente em um nível diferente de realidade: os três reinos da Árvore da Bruxa, os três Reinos Célticos e a Árvore do Mundo.

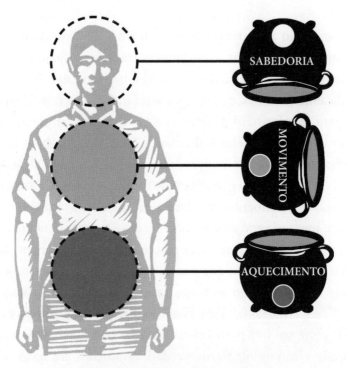

Figura 5: Os Três Caldeirões das Três Almas

O Eu Inferior é o nome usado para designar nosso corpo e nossos aspectos emocionais primordiais de nós mesmos. Nós, humanos, somos animais, e este é o nosso aspecto que confirma isso. A segunda alma é o Eu Médio, que é um nome usado para nossa mente, o aspecto de nós mesmos, que nos diferencia dos outros animais. Este é o nosso aspecto humano. É a parte de nós que raciocina, planeja, analisa e relembra o passado. A alma final é o Eu Superior, que é um nome para o espírito.

Esta é a parte de nós que está mais próxima da divindade. Você já ouviu a frase "somos seres espirituais tendo uma experiência humana"? Ou talvez você tenha ouvido dizer que nós não temos alma, é a alma que tem um corpo? Ambos se referem ao Eu Superior. É a nossa parte que é eterna.

Cada aspecto da alma se relaciona a vários aspectos da consciência de uma Bruxa e, portanto, percebe diferentes níveis de realidade. Como tal, eles têm diferentes níveis de consciência, compreensão e experiência. Cada alma está ligada a uma maneira diferente de compreender a energia e trabalhar com ela. Portanto, conhecendo cada alma individualmente e aprendendo como alinhá-las em um canal, ganha-se diferentes perspectivas de informação psíquica e diferentes modos de manipulação de energia. Através do alinhamento das três almas, cada uma está totalmente presente, totalmente engajada e conectando-se a todas as partes de seu ser, simultaneamente.

Uma vez que cada alma existe dentro de um reino diferente, a Bruxa também cria uma encruzilhada quando em alinhamento, onde os três reinos se fundem como um. Cada um dos Eus da alma também pode ser visto como uma espécie de emissário daquele reino e das entidades que existem nele. Como tal, esse eu-alma tem acesso a cada um dos quatro elementos existentes naquele reino e reside no elemento espírito. Cada um dos reinos tem energia elementar abrangente e elementos subdivididos dentro deles, e cada alma tem um alinhamento com essa energia predominante. A Água predomina no Eu Inferior e no Mundo Inferior; o Eu Médio e o Mundo Médio são governados principalmente pela Terra; e o Ar compreende principalmente o Eu Superior e o Mundo Superior, e onde esses reinos se cruzam e quando as três almas estão alinhadas, temos o elemento Fogo.

Cada alma pode ser entendida um pouco melhor explorando os modelos psicológicos desenvolvidos por Sigmund Freud e Carl Jung que se relacionam com as três almas. Cada alma está relacionada a uma energia animal simbólica específica que também nos ajuda a nos relacionar e a interagir com essas partes de nós mesmos. Embora cada alma ofereça dons de percepção e trabalho energético, elas também trazem seus obstáculos e desafios.

As três almas antes do nascimento e depois da morte

Cada alma interage e se relaciona com a realidade antes e depois da morte, e cada uma tem sua própria agenda a cumprir. O Eu Superior deseja experimentar uma realidade física para aprender, conhecer e crescer. O Eu Inferior deseja se elevar e curar seu reino ancestral por meio da encarnação. Assim, o Eu Superior desce enquanto o Eu Inferior sobe e eles formam um contrato. O Eu Superior proporcionará uma chance de elevar o Eu Inferior e permitir que ele ascenda e cure as feridas do passado, e o Eu Inferior produzirá um corpo para o Eu Superior encarnar. Quando esse acordo é feito, eles se fundem e criam o Eu Médio, que é a personalidade individual que tece o Eu Superior e o Eu Inferior juntos, como um único ser coeso.

Após a morte, o Eu Inferior se funde novamente com os ancestrais e com o tempo se torna mais uma entidade coletiva fluida do que a consciência individual. Se o Eu Inferior for rejeitado por algum motivo pelos ancestrais, o que significa que eles acham as escolhas da encarnação na vida tão questionáveis que se recusam a permitir que esse eu retorne à Consciência Coletiva, sentindo que não há absolutamente nenhuma qualidade redentora que irá aprimorar seu conjunto coletivo e que não há nada de positivo para contribuir, o Eu Inferior se torna no que é conhecido como o vampiro psíquico imortal ou um fantasma faminto.

Visto que o Eu Inferior está continuamente coletando força vital de sua conexão com a terra e o meio ambiente, o Eu Inferior rejeitado é incapaz de fazer isso sem a concha de um corpo físico. Portanto, ele procura aqueles que estão vivos para drenar sua energia vital. Esses são seres parasitas inteligentes e, geralmente, são descritos por não médiuns e pelas Bruxas como sendo "atividade demoníaca" ou *poltergeist* que procuram perturbar continuamente as vidas dos vivos e induzir estados de medo, tristeza e raiva, dos quais se alimentam. Da mesma forma, a maioria dessas atividades paranormais também podem ser a energia psíquica do Eu Inferior de uma pessoa viva atacando incontrolavelmente, como adolescentes altamente sensíveis, mas desequilibrados tanto emocional como hormonalmente, passando pela puberdade.

ÁRVORE DO MUNDO

Figura 6: A Árvore do Mundo

O Eu Médio após a morte tem algumas opções. Dependendo do que aconteceu, ele pode se dissolver na terra, acrescentando suas experiências e sabedoria naquele local. Ele pode, portanto, tornar-se um guardião da terra e reter um senso de sua personalidade. Ou, ainda, se ele estiver preso por algum motivo e tiver problemas para seguir em frente ou for rejeitado pela terra, pode torna-se o que conhecemos como um espírito preso, ou então, comumente falando, um fantasma. O Eu Superior nunca morre e é a única parte de nós que é verdadeiramente imortal. Estando conectado aos Registros Akáshicos, bem como à Mente Universal da Consciência Coletiva, ele se lembra de todas as experiências das encarnações do Eu Médio e do Eu Inferior. É a parte de nós que realmente reencarna, movendo-se para encontrar outro Eu Inferior para se conectar e formar um novo Eu Médio.

É por isso que mediunidade, trabalho ancestral, assombrações, fantasmas, necromancia e reencarnação podem ser todos simultaneamente verdadeiros e coincidentes. As energias de cada um são diferentes aspectos da alma. Por exemplo, um médium geralmente entrega um espírito que tem mensagens de cura e amor e, embora eles transmitam aspectos de sua personalidade do Eu Médio, é mais um identificador com a pessoa que recebe a leitura de que ela está em contato com o Eu Superior da pessoa que conheceram em vida. Aqueles que trabalham com os ancestrais e com a necromancia estão trabalhando com o Eu Inferior. Aqueles que estão experimentando assombrações de fantasmas estão interagindo com o Eu Médio ou Inferior rejeitados, dependendo da natureza da "assombração", conforme mencionado.

É o Eu Superior que continua dirigindo o processo de reencarnação. Enquanto, paradoxalmente, nunca deixa sua conexão com a Fonte, o Eu Superior registra também suas experiências nos Registros Akáshicos, que podem ser vistos como a memória do Coletivo. O Eu Superior de cada ser humano está conectado em um nível e consciência superiores, à qual podemos nos referir como Consciência Coletiva. Isso também significa que o Eu Superior tem acesso a todas as memórias da vida na Terra e uma compreensão de que essas memórias também fazem parte de suas experiências, uma vez que entende que estamos todos unidos em um nível mais profundo. É também por isso que trezentas pessoas ou mais podem se lembrar de ter vivido como Cleópatra. A pessoa que viveu como Cleópatra, como todos os humanos, era composta de mais de um aspecto da alma, então suas experiências se dissolveram em diferentes correntes das quais emergiram novas vidas. Estas, por sua vez, surgem com a possibilidade de ter acesso a essas memórias da vida de Cleópatra como uma vida que elas também viveram. Elas têm acesso a essas memórias porque são compartilhadas por meio do Eu Superior. Outra possível razão pela qual muitas pessoas podem compartilhar a memória de serem solteiras, por exemplo, em uma vida passada, é porque essa pessoa foi um ancestral e eles estão compartilhando uma memória genética ancestral desse indivíduo.

No entanto, se essas três almas podem entrar em alinhamento e aperfeiçoar as missões e formar um novo recipiente energético para ligar as três partes, algo totalmente diferente acontece. As três almas saem do ciclo de nascimento, renascimento, formação e dissolução. Este é um estado que na feitiçaria chamamos de Mortos Poderosos, mas que outras tradições podem chamar de Santo, Bodhisattva, Iluminado, Divino ou um Mestre Ascenso. O Alinhamento da Alma começa a unir essas três almas na preparação desse estado, mas não o induz. É cumprindo cada uma das missões das almas com perfeição que se atinge este estado de ser. Este é um dos objetivos principais do ocultismo e do misticismo, o que é chamado de apoteose, que é como se tornar um Deus.

O Eu Médio – A consciência padrão

O Eu Médio é o aspecto de nós mesmos que pode pensar, ter um senso de identidade e um senso do outro. A percepção de tempo e espaço do Eu Médio é linear. Permite-nos fazer planos para o futuro e relembrar o passado. É o que nos permite traduzir as informações do Eu Superior e Inferior e transmiti-las de maneira linear e lógica. Ele dá nomes e rótulos a objetos, animais, pessoas e conceitos abstratos. É a alma que entende a linguagem e se comunica com outras pessoas, animais, aspectos da natureza e espíritos por meio da palavra verbal, mental e escrita. É o que nos permite tratar nossa realidade como Bruxas e entender as coisas profundamente como místicos e ocultistas.

Quando uma criança nasce, seu Eu Médio é criado. No momento do nascimento, ele é impresso com suas informações astrológicas e influências que afetam e definem suas lições de vida significativas, forças e características de personalidade enquanto encarnado. O Eu Médio é quem somos na evolução espiritual como humanos agora.

Quando o Eu Médio está desequilibrado por conta própria, ou estamos falando muito e não ouvimos o suficiente, ou estamos muito quietos e não nos expressamos de maneira satisfatória. Portanto, é o falante e o ouvinte. Podemos não ter certeza ou sermos incapazes de falar nossa verdade. Por outro lado, podemos estar muito presos em nossas ideias dogmáticas do que é a verdade, incapazes de olhar ou pensar fora da caixa ou chegar a compreender outros pontos de vista e crenças. Portanto, as lutas do Eu Médio por si só são de certezas e incertezas. Também pode ter problemas para reconciliar paradoxos, em vez de permitir que sejam.

Quando o Eu Médio está fora de alinhamento com o Eu Superior, ele pode ter dificuldade em perceber os outros como partes de si mesmo e pode ter problemas para se conectar com os conceitos relacionados à divindade. Isso pode levar ao existencialismo, niilismo ou ateísmo estrito (em oposição a um ateísmo mais agnóstico), pelo qual ficamos presos demais em um foco de faculdades mentais e incapazes de perceber energias ou propósitos espirituais superiores. Também pode estar fora de contato com seu lugar de interconexão na teia da realidade. Temos dificuldade em ver a floresta por causa das árvores. Quando fora de alinhamento com o Eu Inferior, podemos nos tornar estoicos e desconectados de nossos sentimentos, confiando na lógica em vez da emoção. Podemos nos tornar práticos demais e dispensar o jogo, a imaginação e a indulgência em favor da prudência e da praticidade.

O paralelo psicológico mais próximo que o Eu Médio tem é o do ego, embora ele não seja o ego em si, apenas uma parte que nos ajuda a entender o que ele é. Nos ensinamentos espirituais modernos, há um pouco de confusão em torno do conceito de ego. A maioria condena o que chamam de "ego" quando, na verdade, está condenando a "inflação do ego", que é um senso exagerado de auto importância, superioridade ou arrogância. Isso gerou um pouco de confusão em torno do uso da palavra ego na espiritualidade. Não há absolutamente nada de errado com o ego, pois é um senso de individualidade, personalidade e expressão pessoal. No entanto, a fusão com o ego e a inflação deste ego, tem sido usada por professores espirituais abusivos e líderes de seitas para fazer com que alguém abandone o senso do Eu com o propósito de dominar o indivíduo. O ego é então diminuído a ponto de causar falta de presença ou falta de autoestima.

Na Bruxaria, tendemos a não pintar as coisas com um pincel largo quando se trata de moralidade, nem somos rápidos em agrupar as coisas em um conceito de "bom" e "mau". Uma divisão mais saudável, da minha perspectiva, é discernir se algo está em equilíbrio ou está desequilibrado. Um ego equilibrado tem um senso saudável de autoestima e identidade, enquanto um ego desequilibrado sempre coloca o Eu antes dos outros, ou, por outro lado, sempre coloca os outros antes de si. É importante encontrar um equilíbrio saudável de capacitação. Na feitiçaria, um uso equilibrado de poder é ter o controle sobre os outros e sobre si mesmo simultaneamente.

O ponto de ancoragem energética do Eu Médio é a área do coração – ou, na feitiçaria, é o Caldeirão do Movimento que está inclinado para o lado quando nascemos, capaz de receber o vapor do Caldeirão de Aquecimento do Eu Inferior e a chuva torrencial das águas do Caldeirão da Sabedoria do Eu Superior. O Caldeirão do Movimento estando de lado mostra seu estado neutro. Quando estamos otimistas sobre nós mesmos, nossas vidas, o passado e o futuro, ele fica de cabeça para cima e, quando somos pessimistas, fica completamente de cabeça para baixo.[12]

O Eu Médio é representado pela imagem animal da aranha tecendo o Eu Inferior e o Eu Superior em uníssono. Ele fica no centro da vasta teia da realidade, sentindo as vibrações dos movimentos nos reinos superiores e inferiores e interpretando seu significado e tecendo pontes entre eles. É também o que cria fios de energia entre nós e os outros por meio de nossas interações. A parte de nós que se relaciona com os outros. O Eu Médio está conectado e existe principalmente dentro do Mundo

---

12. Christopher Penczak, *The Three Rays: Power, Love and Wisdom in the Garden of the Gods* (Salem, NH: Copper Cauldron Publishing, 2010), 61–67.

Médio, que é nossa realidade física, bem como sua contraparte etérica. O Mundo Médio também contém os espaços liminais e os portais entre mundos diferentes. É o tronco da Árvore do Mundo, a parte com a qual interagimos mais facilmente e que parece ser a própria terra. De forma elementar, o Eu Médio e o Reino Médio são representados pelo elemento Terra (que não deve ser confundido com a terra física ou com o Planeta Terra) e corresponde ao Reino Celta da Terra.

Exercício 48

A Teia de Interconexão

A teia de interconexão é um método que uso para me conectar com pessoas a distância. Na minha prática psíquica pessoal, muitas vezes não interajo com meus clientes. Só preciso saber seu nome, localização e sua idade ou signo astrológico para fazer a leitura. Costumam me perguntar como posso ler as pessoas se elas não estão na minha frente. A resposta simples é que estamos todos enredados energeticamente e todos conectados. Trata-se apenas de focar nessa conexão para tocá-las.

Para este exercício e o próximo, uma boa maneira de encontrar assuntos para testar é pedir a amigos informações de pessoas (com a permissão do assunto) que não são seus amigos em comum. Você também pode fazer parceria com pessoas que conhece online. Caso não conheça ninguém online que esteja interessado em participar, você pode visitar meu site (www.MatAuryn.com), onde tenho grupos comunitários formados para conhecer e praticar com outras Bruxas Psíquicas.

Sintonize. Pense em uma pessoa com quem deseja se conectar psiquicamente. Lembre-se de ter a permissão deles para exercer essa conexão. Visualize uma esfera de luz âmbar brilhando no chacra do coração. Diga o nome completo do seu alvo, associado a qualquer outra informação de identificação, três vezes e em voz alta. Normalmente, eu digo o nome, o local e a idade se os tiver. Às vezes, não tenho ou não quero perguntar a idade de alguém, nestes casos eu pergunto, frequentemente, qual é o seu signo solar astrológico. Então, por exemplo, você repetiria algo assim:

Fulano, Seattle, Washington, Libra. Fulano, Seattle, Washington, Libra. Fulano, Seattle, Washington, Libra.

Conforme repete a informação de seu alvo psíquico, fale como se estivesse dando ordens à sua esfera de luz âmbar para procurar essa pessoa.

Visualize a esfera âmbar disparando de seu coração para o cosmos diante de você. Ao sair, ela deixa para trás uma teia de energia dourada como uma aranha. A esfera âmbar está procurando seu alvo e se conectará com ele, não importa a distância, e se conectará com o chacra do coração, criando um cordão psíquico de sentimento entre vocês dois.

Uma vez que a conexão foi estabelecida, você agora está conectado de coração a coração e está pronto para realizar uma leitura psíquica a qualquer distância. Se a pessoa for um estranho para você, tente se sintonizar com sua aparência física. Não force, apenas visualize o contorno de uma pessoa e permita que sua mente comece a preencher características como cabelo, olhos, tom de pele, formato do corpo, etc. Está tudo bem se você não sabe como eles se parecem. Deixe a imagem deles se desdobrar em seu Olho de Bruxa. Quando terminar a leitura, retraia mentalmente a luz âmbar. Faça uma limpeza psíquica, chame de volta sua energia e aterre-se.

Exercício 49

Executando uma Análise de Saúde

A cura é um conjunto de habilidades há muito associado à Bruxaria. As Bruxas estavam entre os primeiros curandeiros de energia, herboristas, parteiras e enfermeiras. Antes da medicina moderna, aqueles que precisavam de cura procuravam uma Bruxa, um xamã ou outro curandeiro que tivesse conexão com as plantas e os espíritos. Acredita-se que os primeiros humanos eram capazes de discernir quais plantas matavam e quais curavam por meio da observação de animais, tentativa e erro e por meio de informações fornecidas por espíritos ou pelo próprio espírito da planta. A palavra farmácia vem da palavra grega *pharmakeí*, que significa o uso de drogas e dos remédios como entendemos hoje, mas também o uso de feitiçaria, feitiços, amuletos, cura e Bruxaria. Na feitiçaria, vemos a cura como holística, algo que não é puramente do corpo físico, mas incorpora todas as formas de bem-estar possíveis para trazer equilíbrio e integridade para a pessoa necessitada. Podemos ver uma pequena comparação com muitas culturas indígenas, cujo significado para cura e magia é frequentemente traduzido para a palavra inglesa *medicina*.

Para curar, precisamos saber o que estamos curando primeiro. Para isso, as Bruxas usam muitas técnicas diferentes para descobrir o que pode estar errado com o indivíduo. Uma das maneiras mais simples, mas eficaz, é examinar a energia de uma pessoa. Enquanto treinava com Laurie Cabot, um dos exercícios que ela nos mandou fazer foram os exames de saúde. Assim como no exercício Teia de Interconexão, tudo o que temos que trabalhar é o nome de uma pessoa, sua idade, localização e nada mais. Utilizamos as técnicas que nos foram ensinadas para tentar diagnosticar psiquicamente esse indivíduo, que já foi diagnosticado por um médico, para que o outro possa verificar o resultado.

Tenho uma forte aversão a sangue coagulado e até mesmo ao corpo humano. Eu brinco que gosto de fingir que debaixo de nossa pele não há nada além de energia e luz. Por alguma razão, órgãos, sangue, veias e ossos me deixam enjoado. Como vidente, muitas vezes as pessoas farão perguntas sobre sua saúde. Nunca use varreduras de saúde sozinho. Esse não deve ser o único método de diagnóstico de doenças. Se você ou alguém que conhece tem problemas de saúde, eles devem marcar uma consulta com um profissional de saúde. O exame deve ser visto apenas como um complemento a qualquer outro diagnóstico médico convencional. Se você estiver lendo para outra pessoa, deve enfatizar essa questão e informar claramente que o que fazemos não é um diagnóstico.

Durante um dos meus casos de leitura de saúde, vi vinho tinto (em vez de sangue) com pedaços brancos nele. E vi um coração, daqueles do Dia dos Namorados, com aqueles pedaços brancos ao redor dele também. Eu interpretei isso dizendo que há um problema com a pressão arterial e o colesterol que está afetando o coração. O que acabou por ser correto.

Em outro caso de saúde, continuei vendo dois balões próximos um do outro inflando e esvaziando. Isso porque o problema era nos pulmões. Se eu tivesse visto os pulmões e a doença, teria enojado e teria sido expulso do meu estado alterado. Então, recebi as informações de uma forma que pude controlar. Mas eu, naturalmente, não interpretaria isso como dizer "Sinto que seus balões não estão enchendo direito". Ha! No entanto, durante outro estudo de caso de saúde, a certa altura senti uma dor na cabeça e continuei vendo um impacto. Eu disse: "Sinto como se eles tivessem sofrido um acidente de carro, porque continuo recebendo traumas contundentes na cabeça, que causou danos cerebrais". Isso transformou um golpe preciso (dor na cabeça por causa do impacto que causou o dano cerebral), em profundamente incorreto ao interpretá-lo como um acidente de carro. O que segue é uma adaptação do que aprendi com Laurie Cabot.

Sintonize. Faça o exercício Teia de Interconexão. Uma vez conectado, comece a focar na imagem física do assunto em questão. Estenda as mãos como se a imagem estivesse bem na sua frente. Comece a sentir as características faciais com as mãos, passando-as pela superfície do duplo do corpo em seu Olho de Bruxa, examinando-as várias vezes. Preste muita atenção a qualquer área que continue chamando sua atenção. Visualize a imagem se transformando em um raio-X que pode ver tudo por dentro e que pode aumentar e diminuir o zoom. O que você vê?

Preste atenção a qualquer sinal ou mudança que você estiver sentindo em seu próprio corpo, incluindo desconfortos ou dores. Segure o polegar e o indicador como se estivesse segurando um frasco vazio nas mãos. Fisicamente e em seu olho de Bruxa, use o frasco para colher uma amostra de seu sangue.

Segure este frasco contra seu Olho de Bruxa e agite-o. O que você vê? O sangue é escuro ou claro? Possui manchas brancas ou escuras? Ele balança como se fosse grosso ou fino? Não seja tímido e diga o que você está vendo e sentindo. Neste ponto, se a pessoa estiver aberta a isso, você pode lhe enviar energia de cura, que exploraremos mais tarde neste livro.

Exercício 50

Memória Mágica

Durante uma entrevista em podcast, fui questionado sobre como tenho a capacidade de reter todas as informações que leio em tantos livros e como leio tão rapidamente. Esta é uma técnica que criei, com base em algumas das técnicas anteriores, que permite não apenas registrar informações, mas também ser capaz de acessá-las por meio de suas memórias. Isso também me ajudou a obter acesso a contas de e-mail que tinham mais de uma década e que eu não conseguia lembrar as senhas. Essa técnica pode ser útil ao estudar ou realizar qualquer tipo de teste.

Mantenha sua orientação psíquica conforme ensinado no exercício 18. A chave aqui é entrar em *alfa* sob comando e alcançar esse estado relaxado. Em seu Olho de Bruxa, simplesmente imagine um botão de gravar e parar na tela de sua mente. Visualize este botão sendo pressionado para dizer à sua mente que você deseja reter as informações que está lendo ou ouvindo. Isso é tudo que há para fazer!

Para acessar informações das quais você não consegue se lembrar, simplesmente segure o comando psíquico novamente e entre em um estado meditativo leve. Imagine uma barra de mecanismo de pesquisa na tela de sua mente e visualize-se inserindo as informações ou memórias que está procurando. Relaxe e permita que sua mente pesquise suavemente as informações até que elas cheguem até você. Tente não forçar isso. Pode levar de alguns minutos a alguns dias, com base em quão profundamente enterradas as memórias estão e quão importante o cérebro marcou para serem lembradas. Gravar informações intencionalmente com sua solicitação psíquica torna essas informações mais fáceis de acessar.

O poder da investigação

Orion Foxwood, o mágico sulista, ancião da feitiçaria e vidente das fadas escreveu: "Para mim, o ponto de interrogação (?) É o símbolo mais sagrado da Bruxa. Pois ousamos fazer perguntas heréticas"[13]. Esta é uma declaração convincente. Quando eu era criança, fui criado em uma família muito religiosa. Lembro-me de que minha curiosidade me trouxe muitos problemas na escola dominical, mas também abriu uma nova avenida de exploração fora do alcance da igreja. Questionar lacunas teológicas e filosóficas sobre o que nos ensinavam era muito mal visto. Afinal, a serpente no jardim foi a primeira criatura a fazer perguntas que levaram Adão e Eva a comer da Árvore do Conhecimento. Certamente, esse tipo de pergunta veio do pensamento herético. Pelo menos foi isso que meus anciãos na igreja garantiram.

Por exemplo, aprendi três coisas que eram contraditórias. A primeira era que Deus é onisciente e sabe tudo sobre o passado, o presente e o futuro. A segunda era que Deus amava tudo. A terceira foi que Deus enviou para o sofrimento eterno aqueles que se desviaram de seus mandamentos. Meditar sobre isso me deixou inquieto. Eu perguntei: "Por que Deus nos enviaria para sofrer por toda a eternidade se ele é amoroso?" Disseram-me que era porque Deus nos deu o livre-arbítrio para escolher este caminho. Isso estava incorreto, pois tecnicamente foi a serpente que deu livre-arbítrio à humanidade. "Sim, mas se Deus é onisciente e sabe o que vamos escolher antes mesmo de nos criar, por que ele nos criaria sabendo que escolhemos livremente ir contra seus mandamentos e nos fazer sofrer por toda a eternidade? Se realmente nos amasse, ele não nos criaria ou acabaria com nossa existência em vez de nos torturar ao longo dos tempos?"

Essas perguntas não funcionaram bem e fui punido quando voltei para casa depois que minha professora da escola dominical bateu um papo com meus responsáveis. Lembro-me das palavras que meu professor da

---

13. Orion Foxwood, "The Witch Lives" em *The Flame in the Cauldron: A Book of Old-Style Witchery* (San Francisco: Weiser Books, 2015), xix.

escola dominical usou para tentar silenciar minhas perguntas, o que só me fez questionar ainda mais profundamente: "Quem somos nós para questionar a Deus?" Ele me perguntou retoricamente e com desdém. Para mim, esta foi uma pergunta brilhante. Quem somos nós? Quem é Deus? Por que estamos aqui? Por que Deus? Essas foram as perguntas que confundiram minha mente e iniciaram uma sede de compreensão que não foi saciada até hoje.

As perguntas são mais importantes do que as respostas. O poder das perguntas e da contemplação crítica são a força motriz do desenvolvimento da civilização. Os questionamentos têm sido o aspecto singular mais importante da existência humana. Fico imaginando nossos ancestrais distantes fazendo perguntas como: "por que as plantas crescem", "como posso me manter aquecido", "por que estamos aqui", "de onde viemos?" Não posso deixar de ver a investigação como a força motriz por trás da ciência, da filosofia, da religião e de todas as inovações na História.

As perguntas têm o poder de inspirar, iluminar, estimular, criar ou destruir. Se quisermos enfrentar os grandes mistérios e crescer como Indivíduos, Bruxas e Médiuns, devemos fazer perguntas. O questionamento é a única maneira pela qual a Bruxaria irá evoluir no futuro, já que é o predecessor de todas as grandes mudanças em andamento. Nosso Eu Médio tem o poder do intelecto e o poder de explorar verdadeiramente o Universo ao nosso redor, por meio do pensamento crítico e do questionamento. Ao ensinar Bruxaria e habilidades psíquicas, sempre incentivo perguntas, não apenas para garantir que todos entendam o que estou compartilhando, mas porque geralmente aprendo algo sozinho ou descubro uma questão que ainda não havia considerado.

Exercício 51

Inquérito contemplativo

Para este exercício, não é preciso sintonizar ou meditar de nenhuma maneira formal. Em vez disso, você vai trabalhar exclusivamente usando sua mente para descobrir a raiz de quem é o seu Eu Médio. Você apenas terá uma conversa interna consigo mesmo e se fará continuamente uma pergunta repetitiva de uma palavra em resposta às suas perguntas iniciais. Essas perguntas são "quem?", "o quê?", "onde?", "quando?", "por quê?" e "como?" Mantenha este diálogo até que não possa mais responder às suas perguntas. Esta investigação conversacional lhe dará uma visão de quem você é como indivíduo, quais são seus motivos e lhe trará clareza sobre o condicionamento inconsciente, além de uma visão sobre o que você realmente acredita. Pode ser benéfico escrever seus resultados em um diário e acompanhar seu progresso ao longo do tempo.

Exemplo de perguntas iniciais:

- Quem sou eu?
- O que é divindade?
- O que eu sou?
- O que é consciência?
- O que está me impedindo de seguir meus sonhos?
- Em que eu acredito?
- Por que tenho esse desejo?
- Por que eu existo?
- Por que existe alguma coisa?
- Onde estou?
- Por que eu acho isso?
- Por que eu ajo dessa maneira?
- Por que estou me sentindo assim?
- Como estou me segurando?
- Por que eu me trato dessa maneira?
- Por que trato os outros dessa maneira?
- Por que eu quero melhorar minha habilidade psíquica?
- Por que eu quero fazer magia?
- Qual é o meu verdadeiro motivo?

Capítulo 7

O EU INFERIOR E A SOMBRA

O Eu Inferior é o aspecto de você mesmo que se sente e está conectado ao nosso ambiente físico, emocional e energético. É a consciência primordial. Por ter uma percepção de tempo e espaço como sendo o aqui e agora, ele se apega às emoções, as energias do passado e as experiências como se estivessem ocorrendo neste momento. Algumas tradições de Bruxaria chamam essa alma de "pegajosa" e acho que é uma descrição muito adequada. Isso quer dizer que a alma atua como uma esponja, absorvendo tudo de seu ambiente, mas também que é a mais bagunceira em alguns aspectos. O Eu Inferior é pré-verbal e se comunica muito como uma criança que ainda não aprendeu a falar, ou um companheiro animal tentando transmitir informações. Ele fala por meio de sentimentos, anseios e desejos.

Frequentemente, o Eu Inferior é descrito como sendo animalesco, primitivo, infantil, instintivo e sexual. Sendo principalmente composto de sangue e de carne, essa é a nossa parte que vem dos nossos ancestrais, que vivem através de nós, e que Bruxas como Raven Grimassi se referem como o Rio de Sangue, a linhagem contínua de nosso primeiro ancestral até agora[14]. Como tal, sua sabedoria flui através de nós na forma de instinto evolutivo e de conhecimento ancestral e estamos em sintonia com sua orientação e sua ajuda se estivermos abertos para isso. Após a morte, retribuímos este favor quando o Eu Inferior se funde novamente com os ancestrais, com o conhecimento e a cura acumulados a partir

---

14. Raven Grimassi, *Communing with the Ancestors: Your Spirit Guides*, Bloodline Allies, and the Cycle of Reincarnation (Newburyport, MA: Weiser Books, 2016), XXI.

dessa encarnação – razão pela qual os ancestrais optam por se unir ao Eu Superior para começar. O Eu Inferior é de onde viemos na evolução espiritual da humanidade. É nossa ancestralidade e nosso dom ancestral.

Quando se trata de habilidade psíquica, o Eu Inferior avalia seu ambiente e retransmite essa informação para o Eu Médio, que interpreta sensações corporais, sentimentos emocionais, instintos, sentimentos viscerais e palpites em pensamentos e palavras. Quando o Eu Inferior e o Eu Médio estão alinhados, eles conversam, é o que chamamos de intuição. Intuímos informações sobre nós mesmos, sobre outras pessoas, situações diversas, ambientes e caminhos possíveis sem saber logicamente por quê.

O paralelo psicológico mais próximo que o Eu Inferior tem é o id[15]. Embora o Eu Inferior não seja o próprio id, ele é uma parte do Eu Inferior e nos ajuda a entender o que ele é realmente. O id é a parte impulsiva, primitiva, agressiva e sexual de nós mesmos, que consiste em todas as coisas que herdamos biologicamente de nossos pais. Uma criança recém-nascida é toda composta do id e, mais tarde, desenvolve um ego e um superego – assim como a progressão da evolução da alma humana consiste no Eu Inferior como sendo de "onde viemos", o Eu Médio como "onde estamos" e o Eu Superior como "para onde estamos indo". O id busca prazer e induz ansiedade para evitar sentimentos desagradáveis e dor.

A Criança Interior

O Eu Inferior também pode ser entendido como a Criança Interior e, como tal, adora brincar e ter experiências prazerosas. Anteriormente, quando exploramos a imaginação e a imersão psíquica, estávamos acessando nossa Criança Interior e nosso Eu Inferior, que é a parte de nós que sonha e imagina e é totalmente não lógico, portanto, não é limitado. O Eu Inferior se conecta com o Eu Superior da maneira mais fácil, e o Eu Médio os entrelaça para dar sentido à informação. É por isso que a

---

15. Sistema básico da personalidade, que possui um conteúdo inconsciente, por um lado hereditário e inato e, por outro, recalcado e adquirido, de acordo com a segunda teoria freudiana do aparelho psíquico. (N. T.)

intuição, que é um fenômeno do Eu Inferior, e a habilidade psíquica, que é um fenômeno do Eu Superior, tendem a se confundir e se entrelaçar.

Quando o Eu Inferior está desequilibrado por conta própria, ou estamos nos entregando demais, sem controle e nos tornando propensos a vícios e maus hábitos, ou, por outro lado, negamos a nós mesmos experiências prazerosas e (nos piores casos) negamos nosso corpo e o que ele anseia pela sobrevivência. Disciplina é o desafio do Eu Inferior, além de ter a função de descobrir qual é o nível apropriado de controle para nos deixar contentes, ao mesmo tempo em que não cedemos aos nossos vícios e, em última análise, destruímos nossas vidas. Freud comparou o id a um cavalo e o ego ao cavaleiro, então uma maneira de encarar o desafio do Eu Inferior é treinar um cavalo selvagem sem abusar dele.

Quando o Eu Inferior está desequilibrado com o Eu Médio, ficamos inconscientes de nossos sentimentos e de nossas experiências e negamos a totalidade de quem somos, criando, assim, problemas de "sombra". As experiências, emoções e aspectos de nós mesmos que não queremos possuir ou reconhecer são expulsos do Eu Médio, mas o Eu Inferior sempre tem consciência deles. Em psicologia analítica, eles chamam isso de *sombra* e se referem à coleção dessas experiências e identidades como o Eu Sombra, ou seja, aquilo que ego rejeita da luz de sua consciência e é empurrado de volta para as sombras da mente, onde não está sendo olhado, mas ainda está lá. O Eu Sombra, entretanto, ainda é uma parte de nós mesmos e, quanto mais o ignoramos, mais ele age para tentar chamar nossa atenção e voltar à luz de nossa mente consciente. Isso é expresso como ação inconsciente e projeções sobre os outros. Outro desafio que este desalinhamento nos apresenta, é que podemos nos tornar muito ingênuos e crédulos, carecendo de discernimento e pensamento crítico com este desiquilíbrio.

Quando o Eu Inferior está fora de alinhamento com o Eu Superior, tornamo-nos monstros, sendo os piores exemplos da humanidade. O Eu Superior tem uma bússola moral espiritual de certo e errado. De certa forma, quando o Eu Inferior está fora de alinhamento com o Eu Superior, tornamo-nos muito ferozes, mais rápidos para causar danos e ferir os outros, em um comportamento de luta ou de fuga. Também podemos ter dificuldade em nos relacionar e ter empatia com os outros ou de nos preocupar com a maneira como afetamos o meio ambiente e os animais. Isso também pode levar a um comportamento de vampirismo energético e emocional, em que manipulamos e drenamos outras pessoas, consciente ou inconscientemente, para alimentar nossos suprimentos de energia.

O ponto de ancoragem energético para o Eu Inferior é a área da barriga – ou, na feitiçaria, o Caldeirão do Aquecimento. O Eu Inferior, como "pegajoso" que é, acumula energia da força vital ao nosso redor para nos abastecer e O Caldeirão da Poesia indica que o Caldeirão do Aquecimento está voltado para cima quando nascemos, enviando o vapor de sua força vital para o Caldeirão do Movimento e o aquecendo – daí seu nome. O Eu Inferior é representado pela imagem animal da serpente erguendo-se em cura e sabedoria, uma imagem que aparece em muitas culturas, desde Kundalini, o cajado de Asclépio, o caduceu de Hermes, o cajado de Moisés, até o Uraeus dos faraós egípcios. Assim como a serpente, o Eu Inferior está próximo à Terra, sempre conectado em uma parte do mundo natural e do corpo físico.

O Eu Inferior está conectado e existe principalmente no Mundo Inferior, que é o reino dos ancestrais, iniciação, cura, regeneração e sabedoria. Na Árvore do Mundo, são as raízes da árvore que não são vistas mergulhando fundo no Mundo Inferior. De forma elementar, o Eu Inferior e o Reino do Submundo são representados pelo elemento Água, que representa a emoção e as energias astrais e corresponde ao Reino Celta do Mar.

O Eu Sombra

O psiquiatra e psicanalista suíço Carl Jung foi um homem prolífico, cujo trabalho teve grande influência não apenas nos campos da psicologia e da psiquiatria, mas também na recuperação do vício, na alquimia, arqueologia, arteterapia, antropologia, dançaterapia, filosofia, espiritualidade, estudos religiosos e na paranormalidade; tendo influenciado até mesmo nas interpretações espirituais da mecânica quântica. Muitos de seus conceitos tiveram uma influência considerável sobre o paganismo e a Bruxaria também, como seu conceito de sincronicidade, arquétipos e o Eu Sombra.

A teoria do Eu Sombra de Carl Jung é a de que todos nós carregamos partes de nós mesmos em nossa psique que queremos rejeitar. Se pensarmos em nosso ego como sendo a luz na qual nos vemos, o Eu Sombra é tudo o que reside dentro da psique que o ego está rejeitando.[16] Embora composto de nossa vergonha e fraquezas autopercebidas, o Eu Sombra também não é necessariamente totalmente negativo; também podem ser aspectos de nós mesmos que não possuímos ou tratamos. Por exemplo, se alguém tem baixa autoestima, seu senso de empoderamento está residindo em seu Eu Sombra como compensação, porque eles estão recusando esse aspecto de si mesmos em como eles se veem. Abordar o Eu Sombra é dar uma olhada honesta em nós mesmos por meio da introspecção.

No antigo templo do Deus grego Apolo, em Delfos, foram inscritas as palavras "conhece a ti mesmo". Este templo era conhecido em todo o mundo pela Pítia, que era um título para a Alta Sacerdotisa deste templo que daria a profecia como um oráculo a Apolo, que entre muitas coisas era ele mesmo um Deus da profecia. A Pítia foi uma das médiuns e canalizadoras de transe mais famosas de toda a história registrada, e era reverenciada por sua precisão nos tempos antigos. A inscrição no templo obviamente tinha um alto nível de importância, e essas palavras nos dão uma visão crítica de um aspecto importante desse grande médium – a importância de se conhecer e dominar por completo. Para fazer isso, precisamos entender quem realmente somos e não apenas quem queremos acreditar que somos.

Jung propôs que a pessoa se ilumine sobre a própria natureza, não apenas focando nos aspectos positivos de nós mesmos e de nossa espiritualidade, mas também confrontando nosso próprio Eu Sombra.[17] Como uma criança que é ignorada, quanto mais a pessoa se recusar a confrontar

---

16. Carl G. Jung, *The Collected Works of C.G. Jung: Volume 9, Part II, AION: Researches Into the Phenomenology of the Self* (Princeton, NJ: Princeton University Press, 1959), 8–9.

17. Carl G. Jung, *The Collected Works of C.G. Jung: Volume 13: Alchemical Studies* (Princeton, NJ: Princeton University Press, 1983), 265–266.

seu Eu Sombra, mais ela terá acessos de raiva para fazê-la reconhecer isso. O método mais comum do nosso próprio Eu Sombrio tentar chamar nossa atenção é projetá-lo sobre outras pessoas e tentar batalhar com ela externamente, o que apenas perpetua o problema de rejeitar nosso Eu Sombrio em vez de reconhecê-lo e integrá-lo de maneira saudável.[18]

Mas por que lidar com nosso Eu Sombra é essencial para a habilidade psíquica ou para a Bruxaria? Um dos motivos é para que estejamos cientes do que estamos projetando nos outros e do que estamos genuinamente captando psiquicamente e sendo capazes de discernir a diferença. Devin Hunter também ensina que muitos espíritos menos amigáveis frequentemente tentarão usar nossos medos e vulnerabilidades contra nós.[19] Isso pode variar entre autoestima hiperinflada ou muito diminuída, até nossos medos e vícios mais profundos. Ao sermos claros sobre quem somos e reatribuir nosso Eu Sombra a papéis mais equilibrados e benéficos, estamos sentados no trono da soberania em relação à nossa habilidade psíquica e nossa Bruxaria. Isso significa que estamos no controle – não o nosso Eu Sombra e nem espíritos externos – e estamos centrados em nosso poder pessoal. Como Bruxas, todos os componentes que nos constituem estão constantemente manifestando nossa realidade – Eu Superior, Inferior e Médio. Queremos ter o máximo controle possível de nossas manifestações; como tal, precisamos ter certeza de que nosso Eu Sombra está se manifestando em alinhamento com nossas outras partes, e não sabotando nossa vontade.

Na tradição Feri de feitiçaria, o Eu Sombra é visto como uma projeção externalizada de nós mesmos, às vezes chamada de Amante das Sombras ou Gêmeo das Sombras.[20] O Amante das Sombras é um aspecto do nosso Eu Inferior. A feitiçaria é um caminho tortuoso entre polari-

---

18. Carl G. Jung, *The Collected Works of C.G. Jung: Volume 13: Alchemical Studies* (Princeton, NJ: Princeton University Press, 1983), 297.
19. Devin Hunter, *The Witch's Book of Spirits* (Woodbury, MN: Llewellyn Publications, 2017), 83–84.
20. Storm Faerywolf, *Forbidden Mysteries of Faery Witchcraft* (Woodbury, MN: Llewellyn Publications, 2018), 29.

dades aparentemente diferentes e também um caminho de purificação alquímica, de tomar esses aspectos opostos e unificá-los em totalidade. Essa união alquímica de duas partes diferentes é um motivo importante em muitas tradições de Bruxaria. Seja o divino masculino e feminino se unindo no Grande Rito[21], seja o Deus da Luz e o Deus Chifrudo se unindo para lutar um contra o outro ao longo do ano em Sabás[22], seja os gêmeos divinos como serpente e pomba se fundindo como o Deus Azul[23], o foco está na fusão de opostos.

O Caibalion, um texto esotérico que discute os princípios da natureza da realidade, aponta duas coisas importantes para se manter em mente aqui. O primeiro, ao qual o texto se refere como o Princípio da Polaridade, é que tudo tem um polo oposto. Existe luz e escuridão. Masculino e feminino. Quente e frio. Mas a ideia de polaridade só pode ser totalmente compreendida por meio do próximo princípio, que é o Princípio do Ritmo, que afirma que tudo é um espectro entre os dois polos que estão em constante fluxo. O gênero é um espectro, assim como a luz e as trevas e o calor e o frio.

Tanto Jung quanto muitas tradições ocultas enfatizam a combinação de opostos em totalidade. Jung se refere a essa ideia como individuação, que é reconhecer os aspectos de nós mesmos dos quais não temos consciência e integrá-los ao nosso senso de identidade. Na alquimia, isso é conhecido como a Grande Obra, e nas tradições ocultas (incluindo muitas tradições de Bruxaria), Baphomet é um símbolo dessa Grande Obra. Um de meus professores se refere a ele como "o Grande Iniciador". Baphomet é uma imagem simbólica criada pelo ocultista Éliphas Lévi, que foi baseada nos julgamentos dos Cavaleiros Templários, no século 14.

---

21. Raven Grimassi, *Encyclopedia of Wicca & Witchcraft* (St. Paul, MN: Llewellyn Publications, 2003), 193.

22. Christopher Penczak, *The Outer Temple of Witchcraft: Circles, Spells and Rituals* (Woodbury, MN: Llewellyn Publications, 2014), 372.

23. Storm Faerywolf, *Betwixt and Between: Exploring the Faery Tradition of Witchcraft* (Woodbury, MN: Llewellyn Publications, 2017), 29–30.

A imagem pode parecer assustadora no início, mas acredito que faz parte da intenção. Ao contrário da crença popular, não é uma imagem do diabo, mas, sim, uma imagem do Universo como força e inteligência, e um retrato do Deus grego Pan[24], cujo nome era comparado pelos antigos gregos com a palavra *pan*, que significa "todos". Lévi escreve que a imagem de Baphomet é a chave para toda a magia, pois é a fonte de toda a energia mágica, que ele e muitos ocultistas de sua época chamavam de "luz astral".[25]

Baphomet é a imagem de todas as forças do Universo combinadas em uma entidade simbólica. Ele é masculino e feminino, claro e escuro, todos os elementos clássicos, animal e homem, acima e abaixo, anjo e demônio. No braço erguido de Baphomet está a palavra *resolver/solucionar*, um termo alquímico para quebrar os elementos; em seu braço abaixado está a palavra *coagula*, que é um termo alquímico para unir elementos. Ele é a fonte de onde todas as coisas vêm e para onde todas as coisas retornam, assim como a oração tradicional na Tradição Feri afirma: "Santa Mãe! Em você vivemos, nos movemos e existimos. De você todas as coisas emergem e para você todas as coisas retornam."[26] A *Carga da Deusa*, reescrita por Doreen Valiente, afirma de forma semelhante: "Pois eu sou a Alma da Natureza, que dá vida ao Universo; de mim procedem todas as coisas e para mim todas as coisas devem retornar." Na Ordem Hermética da Aurora Dourada, a frase "Ó Alma da Natureza, dando vida e energia ao Universo. De Ti procedem todas as coisas. Todos devem retornar a Ti" é recitada em forma ritual.[27] Tanto Gerald Gardner quanto Aleister Crowley afirmam que Pan é o devorador

---

24. Éliphas Lévi, *Transcendental Magic* (York Beach, ME: Weiser Books, 2001), 308.
25. Éliphas Lévi, *Transcendental Magic* (York Beach, ME: Weiser Books, 2001), 104.
26. Storm Faerywolf, *Betwixt and Between: Exploring the Faery Tradition of Witchcraft* (Woodbury, MN: Llewellyn Publications, 2017), 22–33.
27. Israel Regardie, *The Golden Dawn: A Complete Course in Practical Ceremonial Magic* (St. Paul, MN: Llewellyn Publications, 2003), 433.

e gerador de tudo.²⁸ Todos eles estão se referindo à mesma força divina que está incorporada na imagem de Baphomet.

Victor Anderson é citado como tendo dito "Deus é o Eu e o Eu é Deus, e Deus é uma pessoa como eu".²⁹ Da mesma forma, na Missa Gnóstica de Aleister Crowley este trecho é falado: "não há nenhuma parte de mim que não seja dos Deuses".³⁰ Para mim, isso sugere o axioma hermético "Assim como acima, é abaixo. Assim como o que está dentro é como o que está fora", é como a ideia de um Universo holográfico, em que somos fractais da estrutura maior, contendo dentro de nós tudo da estrutura maior. Não somos apenas uma parte do Universo, mas também um microcosmo do próprio Universo. Não somos apenas uma parte de Baphomet, mas também somos Baphomet. Portanto, nosso trabalho é a Grande Obra do Universo, para nos conhecermos em todas as partes, que é a chave para a conexão e a maestria mágica e psíquica.

Autopossessão

O que me parece aqui, na verdade, eu chamaria de autodomínio, o que significa estar totalmente corporificado e em alinhamento com uma ou mais de suas almas. Se pensarmos em nosso corpo como um edifício, podemos escolher tratá-lo como uma casa mal-assombrada com aspectos desconhecidos de nós mesmos vagando livremente e criando o caos, ou podemos tratá-lo como um templo divino, honrando e tendo um relacionamento pessoal com os aspectos de nós mesmos que ali habitam. Ganhamos esse relacionamento invocando ou convocando este aspecto de nós mesmos para nos conhecermos melhor e nos alinharmos, construindo um relacionamento por meio do qual aproveitamos sua energia.

---

28. Gerald Gardner, *The Meaning of Witchcraft* (York Beach, ME: Weiser Books, 2004), 161; Aleister Crowley, *The Book of Thoth* (York Beach, ME: Weiser Books, 2004), 62.
29. T. Thorn Coyle, *Evolutionary Witchcraft* (New York, NY: Tarcher/Penguin, 2004), 43.
30. Lon Milo DuQuette, *The Magick of Aleister Crowley: A Handbook of the Rituals of Thelema* (York Beach, ME: Weiser Books, 2003), 241.

Figura 7: Baphomet

Exercício 52

Autopossessão: Invocando o Eu Inferior

O Eu Inferior pode ser invocado para cura, mudança de forma, glamour, comunhão com animais, plantas, o mundo natural e para os espíritos da natureza. Também pode ser usado para rituais e práticas extáticas, viagens astrais, recordação de sonhos e para entrar em sintonia com o seu Eu Intuitivo quando precisar acessar seu ambiente ou uma situação com uma mentalidade de lutar ou fugir. Também invoco o Eu Inferior quando preciso entrar em comunhão com minha Criança Interior ou meu Eu Sombra, para me curar ou cuidar de mim mesmo.

Comece Sintonizando. Traga sua atenção para o Caldeirão Inferior. Respire fundo, imaginando-se absorvendo toda a energia ao seu redor e preencha o Caldeirão Inferior com essa energia. Veja isso como uma oferenda ao seu Eu Inferior. Respire fundo novamente e peça ao seu Eu Inferior para ofuscar você, visualizando-se cercado por seu próprio Eu Sombra primordial e protetor.

Eu primordial, pegajoso, feito de poeira e de sombra,
O metamorfo, Fetch-Maker, carnal da luxúria,
O imaculado, a criança selvagem, o dançarino na borda,
Curandeiro maléfico, ladrão de fogo, cavaleiro da cerca viva,
Buscador de prazer, orador dos sonhos, mãos de coração aberto,
Elo não verbal, eterno, ancestral com a terra,
Eu o convido a se levantar agora como uma parte sagrada de mim!
Eu chamo para se levantar agora e me ofuscar!

Para retornar ao seu estado normal do Eu Médio, basta realizar os exercícios de Fechamento.

Exercício 53

Dialogando com o Eu Sombra

A orientadora e PhD Sarah Lynne Bowman, apresentou-me pela primeira vez ao trabalho de Carl Jung e ao conceito do Eu Sombra. Sarah é uma estudiosa, autora, professora e um ser humano imensamente espiritual. O que se segue é um ritual que ela desenvolveu baseado em parte nas meditações femininas divinas de Jumana Sophia, de sua Escola de Mistérios, bem como no trabalho pioneiro de Carl Jung e William Glasser.

Este é um ritual que ela oferece para ajudar os buscadores a entrar em contato com seus aspectos do Eu Sombra, alinhando-se, estabelecendo um diálogo, transmutando e integrando-os. O objetivo deste ritual é ajudar os indivíduos a remover a vergonha de seus aspectos sombrios, identificá-los como aliados, descobrir as necessidades básicas dentro deles e encontrar a melhor forma de integrar e equilibrar o Eu Sombra em suas vidas diárias. Assim, esta prática vê a integração do Eu Sombra como uma forma importante de promover o bem-estar psicológico e espiritual. Eu sugiro realizar a invocação do Eu Inferior antes de iniciar este ritual.

Encontre um lugar para ficar completamente confortável, mas permaneça alerta e imperturbável. Sente-se ou deite-se conforme necessário.

Respire fundo várias vezes. Ao inspirar, concentre-se em chamar sua energia de volta para si mesmo de todas as distrações do mundo, descansando em sua essência. Ao expirar, relaxe a espinha, permitindo que ela o apoie sem esforço.

Quando você sentir que sua energia voltou ao seu centro, faça uma varredura de seu eu emocional. O que você está sentindo? Você está em paz? Sente alguma perturbação como ansiedade, medo, raiva, agitação? Observe essas emoções e onde elas residem em seu corpo, sem necessidade de alterá-las.

Se você tem um aspecto particular da sombra com o qual gostaria de trabalhar, lembre-se disso. Você pode descobrir que esse aspecto já reside em seu corpo emocional, manifestando-se como ansiedade, raiva ou medo. Ou pode sentir as emoções surgirem ao contemplar um aspecto específico da sombra, como ganância, sedução, ira, autopiedade e assim por diante. Simplesmente observe neste estágio quais sentimentos surgem em você.

Quando acessamos nossos elementos de sombra, muitas vezes sentimos vergonha, medo ou julgamento em torno deles. Faça algumas respirações profundas e purificadoras. Ao inspirar, imagine onde a vergonha, o medo ou o julgamento estão localizados em seu corpo. Está focado em um centro de energia específico? Concentre sua atenção nesta área da inspiração. Ao expirar, imagine a vergonha, o medo ou o julgamento sendo liberados, como uma fita solta se desenrolando no Universo ao seu redor. Repita este exercício até sentir que o bloqueio foi removido.

Em seguida, imagine o aspecto da sombra. Quando você visualiza isso, como é? Tem uma cor, uma textura, um símbolo? Torna-se corporificado como uma pessoa ou um animal? Mantenha a imagem em sua mente.

Agora, você dará a esse aspecto da sombra uma voz e um nome, que pode ser uma palavra ou uma descrição. O Eu Sombra tenta se comunicar conosco de maneiras que podemos não reconhecer, principalmente de maneira sutil ou indireta. O objetivo aqui é entrar em diálogo direto com o Eu Sombra e se comunicar, perguntando o que ele deseja e por quê.

Dialogue com seu aspecto de sombra. Que necessidade o seu Eu Sombra está tentando satisfazer? Algumas necessidades básicas como poder, segurança, diversão, pertencimento ou liberdade podem se destacar. Ou sua necessidade pode ser mais específica e exclusiva. Imagine o seu Eu Sombra envolto em mistério, como uma concha envolta em fumaça. Abra a concha. Que necessidade há dentro da concha que é essencial para você? Com o que se parece? Qual é a cor, o formato ou a textura?

Discuta com a sombra algumas maneiras pelas quais ela tem tentado atender a essa necessidade. Essas formas causaram interrupções em sua vida? Elas prejudicaram outras pessoas de alguma maneira? Você reprimiu totalmente esse aspecto da sombra, suprimindo a necessidade? Você costuma afirmar não ter nenhuma necessidade? Já tentou atender à necessidade de outro jeito em sua vida consciente, de uma maneira que não o satisfez totalmente? Explore como esse elemento de sombra se manifesta em sua vida.

Discuta com o Eu Sombra maneiras pelas quais você poderia satisfazer essa necessidade que pode beneficiar a si mesmo e aos outros. Se precisa de certo tipo de diversão, como pode se divertir com mais segurança? Se sua necessidade é de poder, como pode fortalecer a si mesmo e ao mesmo tempo capacitar as pessoas ao seu redor? Peça ao seu Eu Sombra para se tornar seu aliado em sua jornada. Peça para ele colaborar. Se o seu Eu Sombra sugerir um comportamento que você considera antiético, seja gentil ao explicar o porquê não deseja seguir essa energia ou ação. Seja útil na criação de sugestões alternativas. Encontre maneiras de dar ao seu Eu Sombra o que ele precisa.

Imagine-se mostrando um gesto de gratidão e amor ao seu aspecto sombrio. Talvez você dê um abraço no seu Eu Sombra. Talvez imagine a energia da luz de mãos dadas com a energia da sombra. Expresse amor e gratidão por seu Eu Sombra e por todas as lições que ele tem a lhe ensinar, enquanto entra em equilíbrio com ele. Lembre-se de que seu Eu Sombra é seu aliado e sempre foi.

Agradeça e libere-o. Respire várias vezes para voltar a seu estado normal. Agradeça a si mesmo por ter tido a coragem de fazer essa jornada.

Pegue seu diário e anote sua experiência. O que seu diálogo de sombra lhe ensinou? Você chegou a alguma conclusão com seu Eu Sombra sobre a melhor forma de expressar sua energia? Qual foi a sensação de liberar sua vergonha em torno de seu Eu Sombra? Observe quaisquer mudanças emocionais ou energéticas e registre-as em seu diário.

Eu sugiro uma titulação ao passar por este exercício. Em outras palavras, trate cada elemento de sombra um por um, ou mesmo peça por peça da maior complexidade do aspecto. Não aconselho tentar desenterrar todos os aspectos do Eu Sombra de uma vez, o que pode oprimi-lo. Em vez disso, trabalhe lenta e individualmente com cada aspecto e aprenda as lições contidas nele. Você pode optar por continuar a trabalhar com esses aspectos ao longo de várias sessões ou mesmo por anos. O seu Eu Sombra irá evoluir e se manifestar de novas maneiras conforme você continua seu próprio crescimento. Permaneça sintonizado com seus mistérios, reconheça-os e integre-os e terá mais equilíbrio consigo mesmo.

Exercício 54

Feitiço de Glamour do Eu Inferior

Glamour é um trabalho mágico que muda a maneira como algo ou alguém é percebido. Originária da palavra escocesa *glamer*, significa magia, feitiço, encanto ou encantamento. Acredita-se que seja uma corrupção da palavra grafada em inglês, que tem conotações ocultas semelhantes por trás de seu significado. Em meados de 1800, a palavra perdeu seu significado mágico e foi associada a alguém atraente, chique e sedutor, muito parecido com a palavra "enfeitiçante". No folclore celta, o glamour era mais frequentemente associado ao povo das fadas, que parecia mudar a forma como as coisas apareciam, como fazer a palha parecer ouro, por exemplo. Glamour não é sobre mudar fisicamente a forma de uma pessoa ou objeto, mas, sim, criar uma ilusão que convence os sentidos de que algo é diferente do que realmente é. Quando penso em glamour, penso em polvos. O polvo é capaz de se camuflar em quase qualquer ambiente e, algumas espécies, como o polvo mímico, contorcerão seus corpos para imitar outras criaturas marinhas para enganar predadores e presas. Na pior das hipóteses, se o polvo precisar, ele também liberará uma nuvem de tinta para confundir o predador e escapar rapidamente, como um mágico de palco desaparecendo com uma bomba de fumaça. Esse feitiço é um glamour temporário. Descobri que funciona por cerca de um dia, se bem lançado. A ideia é fazer com que o seu Eu Inferior projete uma imagem ao seu redor para outras pessoas que a captarão através de seus próprios Eu Inferiores, embora inconscientes disso. Nesse sentido, é muito importante comunicar a ilusão através do instinto animal de uma pessoa para outra, que é então interpretada na mente consciente de forma semelhante à intuição, onde eles apenas percebem algo sobre você sem estarem conscientemente seguros do porquê. Usei isso em entrevistas de emprego para ser visto como o funcionário perfeito. Também uso ao falar na frente de grandes multidões, quando preciso me sentir muito mais confiante do que estou me sentindo naquele momento. Os usos são incontáveis.

Para este feitiço, fique na frente de um espelho. Comece invocando seu Eu Inferior. Veja sua névoa sombria cercá-lo como a tinta de um polvo, distorcendo sua imagem. Mantenha a imagem de como você deseja ser percebido em seu Olho de Bruxa. Se você quer parecer mais confiante, como isso se parece? Como seria uma versão confiante de si mesmo? Se quer parecer mais atraente, como imagina isso? Concentre-se realmente nesta imagem e olhe para o seu reflexo sem piscar. Você deve notar que sua imagem começa a desaparecer, lentamente. Continue segurando a imagem de como quer ser percebido e sobreponha-a à sua imagem no espelho. Em seguida, recite:

> *Por este glamour eu atuo,*
> *Eu moldo e mudo minha própria forma,*
> *Como o polvo no mar,*
> *Criando ilusão para que todos concordem,*
> *Que todos os seus sentidos percebam,*
> *Eu, como esta imagem, agora concebo.*

Exercício 55

Telepatia com Animais e Crianças Pequenas

Conforme discutido, o Eu Inferior não é tudo sombra, mas também os nossos aspectos animais e infantis, que por acaso são duas áreas das quais a maioria das pessoas estão desconectadas, empurrando esses aspectos de si mesmas para a sombra. Meu pai é um dos seres humanos mais mágicos e psíquicos que já conheci, embora ele mesmo nunca tenha usado essas palavras.

De muitas maneiras, meu pai me lembra de um animal que sussurra, equivalente ao motoqueiro que ele é. Ele sempre teve essa capacidade de se conectar com crianças muito pequenas e com animais. Realmente isso tem que ser visto para ser totalmente apreciado. Tanto os animais quanto as crianças têm essa facilidade natural com ele e parecem entender totalmente o que ele está transmitindo. Quando criança, ele seria capaz de invocar pombos e depois treiná-los. Meu pai consegue fazer com que os cães mais raivosos se acalmem e sejam amigáveis. As crianças também o adoram, e não apenas porque ele está começando a se parecer com o Papai Noel, com uma longa barba branca, à medida que envelhece.

Isso costumava me confundir muito, especialmente porque, como eu disse, meu pai é um motociclista que pilota uma Harley-Davidson, provavelmente já dá para imaginar como ele se parece. Eu não entendia por que alguém com uma aparência tão intimidadora poderia fazer os animais e as crianças entenderem que ele não era uma ameaça. Ou seja, eu não entendia até que comecei a estudar mais as três almas e percebi que essa conexão é porque meu pai está totalmente alinhado com seu Eu Inferior e, portanto, é capaz de se comunicar naquele nível com eles. Visto que os animais e as crianças pequenas não são verbais, conectar-se com o Eu Inferior é a melhor maneira de se conectar com eles.

Minha família também me conta histórias de quando eu era criança. Meu pai entrava em meu quarto para me pegar no berço e tocava minha testa, eu imediatamente começava a rir. Com o tempo, ele apenas apontava para mim e eu já caia na gargalhada. Por fim, meu pai ficava em outro cômodo da casa e apontava em minha direção através das paredes e eu começava a rir, o que se tornou um "truque" favorito dele para mostrar às pessoas quando elas vinham em minha casa.

Comece Sintonizando e invocando seu Eu Inferior. Sinta sua natureza animal ou infantil com base em quem você está se comunicando. Certifique-se de estar se sentindo completamente relaxado e calmo. A chave aqui é não apenas exalar a energia que deseja transmitir, mas literalmente transferi-la para eles. Tenha em mente com que tipo de animal está trabalhando ou a idade da criança. Por exemplo, a ideia de amizade de um cão pode ser diferente da de uma cobra. Evoque sentimentos como amizade, amor, alegria ou calma.

Enquanto faz isso, mantenha em seu Olho de Bruxa uma imagem de algum tipo que esteja relacionada ao que você deseja transmitir. Por exemplo, se for um gato, mantenha a imagem de acariciar e alimentar suavemente o gato enquanto ele ronrona. Se for uma criança, talvez mantenha a imagem de fazer uma cara boba e a criança rir. Pegue esses sentimentos e imagens e imagine-os como externos, saindo do seu campo de energia e sendo colocados no campo do receptor. Experimente também todos os outros sentidos da claridade. Experimente enviar para o campo do receptor brincadeiras com o paladar, o olfato, o tato, a visão e o som. Da mesma forma, neste estado de consciência, esteja aberto para o que você está percebendo, envolvendo-se em sua própria experiência extrassensorial. É bem provável que descubra que eles também estão enviando informações.

Capítulo 8
O EU SUPERIOR E A VERDADEIRA VONTADE

O Eu Superior é nossa consciência divina. É um aspecto seu que nunca deixou a divindade. Ele tem sido referido como o Deus Pessoal, o Espírito Santo, a Alma Sagrada ou o *Daemon Santo* (que é um termo grego para espírito, não um demônio no sentido popular). É a parte de nós que é perfeita, eterna e consistente ao longo de cada vida. O Eu Superior está além do tempo e do espaço e não é linear de forma alguma. Ele é UM com todo o Universo, e sua natureza completa está um pouco além do nosso alcance de compreensão completa. O Eu Superior está ciente de todas as nossas encarnações e supervisiona nossas experiências nessas encarnações.

Geralmente citado como aquela centelha que há dentro de nós, o Eu Superior, no entanto é, na maioria das vezes, percebido como uma faísca acima de nossas cabeças e não diretamente localizada dentro do próprio corpo. Ele se encontra literalmente mais alto do que nossos corpos físicos. Antes de saber sobre o Eu Superior, tive uma experiência em que acordei numa noite e em estado hipnogógico e vi um orbe brilhante e branco pairando alguns metros acima do meu rosto. Era um lindo globo branco perolado do tamanho de um melão. Este orbe estava irradiando uma luz branca em meu rosto e eu tive a forte sensação de que essa luz era eu mesmo de alguma forma. Mais tarde, quando aprendi sobre o Eu Superior, isso fez muito mais sentido para mim.

Como mencionado anteriormente, antes de encarnarmos, o Eu Superior está procurando ter experiências humanas específicas e também cumprir um papel em sua interação com outros Eus Superiores. Portanto, este é o estado que se conecta com o fluxo de ancestrais e cria um contrato onde os ancestrais fornecem o recipiente físico de um corpo e o Eu Superior fornece o espírito. Eles se unem para formar o Eu Médio da personalidade. Isso é paralelo na alquimia, onde três elementos são enfatizados – mercúrio, enxofre e sal. A alquimia é muito mal compreendida, como se ela fosse literal, em vez de explorar a espiritualidade e experimentar a transmutação do Eu. Na alquimia, o sal nasce da união do enxofre e do mercúrio, dois elementos que são vistos como opostos combinados em um.[31] Entre essas muitas camadas de significado e associação com esses elementos, também entendemos que enxofre se refere ao Eu Superior, mercúrio ao Eu Inferior e o sal ao Eu Médio.[32] Então, novamente, o Eu Superior misturado com o Eu Inferior cria o Eu Médio.

Como mencionado, o Eu Superior está procurando ter experiências de aprendizagem com intenção de adicionar ao seu conhecimento para, assim, evoluir. Este conhecimento foi chamado de Registros Akáshicos por alguns místicos, como os Teosofistas e Edgar Cayce. Simplificando, são as memórias e os registros de cada experiência de cada encarnação que o Eu Superior teve. O Eu Superior está sempre em contato com os Registros Akáshicos, uma vez que faz parte da consciência do próprio Eu Superior, e todos esses registros fazem parte da memória da Mente Divina e da Consciência Coletiva. Assim como o Eu Inferior retransmite informações intuitivas que está captando em um nível instintivo para o Eu Médio, com base nas informações de seu entorno, o Eu Superior transmite informações de natureza psíquica ao seu Eu Médio, ou seja, quando os dois estão se comunicando, essas informações são ganhos que não poderiam ser obtidos por outros meios, muitas vezes transcendendo espaço e tempo.

O ponto de ancoragem energética do Eu Superior é a coroa da cabeça – ou, na feitiçaria, o Caldeirão da Sabedoria. O Caldeirão da Poesia indica que o Caldeirão da Sabedoria está de cabeça para baixo

---

31. Dennis William Hauck, *The Complete Idiot's Guide to Alchemy* (New York, NY: Alpha Books, 2008), 99–100.

32. Christopher Penczak, *The Three Rays: Power, Love and Wisdom in the Garden of the Gods* (Salem, NH: Copper Cauldron Publishing, 2010), 63.

quando nascemos, vazio e inconsciente de nossa natureza divina. Eu vejo este estado como a sabedoria do Eu Superior espirrando contra a parte de baixo do Caldeirão que está voltado para cima, espirrando para fora de nós e não atingindo o Caldeirão do Movimento do meio. Quando nos alinhamos com nosso Eu Superior, o Caldeirão da Sabedoria é virado para cima e a sabedoria do Eu Superior enche o Caldeirão e transborda como uma fonte para o Caldeirão do Movimento do Eu Médio.

A imagem animal dos pássaros – frequentemente uma pomba ou uma coruja – representa o Eu Superior descendo em voo dos céus para a Terra, já que não é deste mundo, mas, sim, do Cosmos Divino que é seu lar. O Eu Superior está conectado ao Mundo Superior, que é a morada da Mente Divina, do Inconsciente Coletivo e dos reinos das forças cósmicas e divinas. Na Árvore do Mundo, são os galhos da árvore alcançando o céu. De forma elementar, o Eu Superior representa o Ar e corresponde ao Reino Celta do Céu. A ideia de ar e respiração e espírito estão ligados quase universalmente como o "sopro de vida", e até mesmo a palavra "espírito" vem da palavra latina *spiritus*, que se traduz como "respiração". Assim como a palavra para espírito em hebraico é *ruach*, que se traduz como "vento"; e em sânscrito temos o *prana*, que é a palavra usada para a força vital e se traduz como "respiração".

Verdadeira Vontade: Nosso Propósito Divino

O papel e a missão que o Eu Superior está procurando cumprir é o seu propósito de encarnar neste Planeta. Este propósito superior – o desejo do Eu Superior – é frequentemente referido como a Verdadeira Vontade – termo criado pelo ocultista Aleister Crowley, significando o impulso primário do Eu Superior para esta encarnação. Estar em alinhamento com sua Verdadeira Vontade não significa que a vida será fácil ou livre de conflitos, e nem todos descobrirão ou cumprirão sua Verdadeira Vontade em uma única vida. Sua Verdadeira Vontade não é uma coisa singular a se realizar, mas acho melhor pensar nela como uma jornada em vez de um destino. Estar em alinhamento com o seu Eu Superior é como ter uma bússola que ajudará a direcioná-lo ao longo dessa jornada. Para vir a conhecer nossa Verdadeira Vontade, devemos transcender o ego e os desejos do Eu Médio.

Crowley se referiu aos desejos e vontades do ego e às motivações externas como a "ânsia de resultados" e afirmou que a Verdadeira Vontade deve ser cumprida sem resistência ou ânsia por resultados.

Quando estamos em alinhamento com nosso Eu Superior, começamos a ter direção na vida e estamos cumprindo nossa Verdadeira Vontade, que nada mais é que uma conversa entre o Espírito e o Eu Superior que, por sua vez, fala por meio de sincronicidade, simbolismo e revelações. Conhecemos a natureza de nossa Verdadeira Vontade por meio do alinhamento com o Eu Superior. Quando você está alinhado com seu Eu Superior, pode expressar e experimentar o Amor Divino e a Graça Divina – ou, na terminologia da feitiçaria, "amor perfeito e a confiança perfeita". Experimentamos, portanto, profundos estados de paz, harmonia e união com outras pessoas.

Os paralelos psicológicos mais próximos com o Eu Superior seria uma combinação da teoria do superego de Freud com a teoria de Jung sobre o Inconsciente Coletivo. Embora o Eu Superior não seja o superego ou o próprio Coletivo, esses são aspectos que nos ajudam a entender o seu significado. O superego é composto de dois aspectos primários, um Eu ideal (um sentido de ego aperfeiçoado) e uma consciência. O superego tenta controlar os impulsos e comportamentos do id que estão fora de alinhamento com o senso de moralidade do superego e pode transmitir sentimento de orgulho por incorporar nossa moral, podendo causar sentimento de culpa por desrespeitar nossa moral.

O superego está sempre se esforçando para ser a versão ideal de nós mesmos quando se trata de ser uma "boa pessoa". Embora eu não ache que a consciência do superego ou o esforço para ser a versão perfeita e ideal de uma pessoa justa incorpore com precisão o Eu Superior, acredito que se substituirmos isso com a ideia de sempre tentar incorporar nossa Verdadeira Vontade para nosso ego e id entrarem em alinhamento com o superego, estaremos mais próximos da essência da natureza do Eu Superior. O Inconsciente Coletivo é a parte de nossa consciência que não é formada pela experiência e é um conhecimento transcendental universal ao qual todas as pessoas são acessadas, embora inconscientemente, e pode ser comparado aos Registros Akáshicos e à Mente Divina.

Voltando à metáfora anterior fornecida por Freud, de que o Eu Inferior é um cavalo selvagem que o Eu Médio está treinando, temos uma metáfora semelhante sendo usada no *Fedro* de Platão, no qual ele se refere à alma como composta de três partes: a do cocheiro e a de dois cavalos alados.[33] O cocheiro, como em nossa analogia anterior, é o Eu Médio, o nosso aspecto consciente tentando dirigir dois aspectos muito diferentes de nós mesmos. Um dos cavalos é totalmente de origem divina. Isso é paralelo à nossa ideia do Eu Superior. Este cavalo alado quer nos ajudar a voar diretamente para a morada dos Deuses e o caminho da iluminação, como é a natureza da Verdadeira Vontade. O segundo cavalo, entretanto, é parcialmente um animal normal da Terra e, como tal, tem desejos e apetites terrenos e pode ser indisciplinado e teimoso, o que se encaixa perfeitamente com nossa noção do Eu Inferior. Quando os dois cavalos e o cocheiro não estão alinhados, eles têm dificuldade de se mover em qualquer direção clara, porque sua vontade não é unificada. O Eu Superior sabe exatamente para onde devemos ir, mas não pode chegar lá a menos que o resto de nossas partes estejam trabalhando em alinhamento.

Bruxaria como Sacerdócio

É através do alinhamento com o Eu Superior que a pessoa é capaz de compreender melhor e comungar com a divindade e os espíritos superiores, em qualquer forma que eles possam vivenciar. Muitos adeptos da bruxaria também são Sacerdotes e Sacerdotisas de diferentes Deuses e espíritos, enquanto outras podem estar focadas apenas em ser Sacerdote do seu Eu Superior. Independentemente de quais espíritos ou divindades um Sacerdote ou uma Sacerdotisa sirva, eles são, em primeiro lugar, servos da humanidade, uma vez que todo ser humano é divino. Por servo, não quero dizer um escravo ou qualquer conotação que surja neste sentido, mas, sim, que o sacerdócio é um caminho para o serviço. Um Sacerdote ou uma Sacerdotisa guia, dirige e aconselha os outros. A Arte mantém a

---

33. Plato, *Phaedrus*, editado por R. Hackforth (Cambridge: Cambridge University Press, 1972), 69–77.

porta aberta para os buscadores através de seus Sacerdotes, assim como a porta foi aberta para eles, que detêm o espaço para a cura e ajudam outras pessoas na direção certa, sem dizer a elas o que fazer.

Os Sacerdotes da Arte se diferem dos de outras religiões e tradições no sentido de que sua missão não é a de ter domínio sobre outras almas, mas elevá-las. Um Sacerdote ou Sacerdotisa da Arte capacita e ajuda outros a encontrar seu próprio caminho para a cura e a conexão com o Divino, em vez de ditar dogmas àqueles a quem estão servindo. Na verdade, a maioria não concorda cem por cento uns com os outros. Isso está fadado a acontecer quando não há autoridade central quando se trata de Bruxaria; todos têm relacionamentos e conexões diferentes com a magia, assim como todos têm uma Verdadeira Vontade própria. O escritor de ficção Terry Pratchett escreveu de forma hilariante: "Algumas pessoas dizem que 'coven' é uma palavra para um grupo de bruxas, e é verdade que isso é o que diz no dicionário. Mas a verdadeira expressão para um grupo de bruxas deveria ser 'uma discussão'."[34] Se você interagir com uma comunidade Pagã ou de Bruxaria mais ampla, é provável que encontre pessoas de opinião forte discutindo sobre seus pontos de vista e crenças. Um Sacerdote ou Sacerdotisa da Arte também é uma ponte que atua como um intermediário dos Deuses e espíritos com a humanidade, para criar boas relações e conexões entre si para o bem maior.

Na minha perspectiva, um Sacerdote da Arte percorre o caminho tortuoso entre o *caminho da mão esquerda* do Poder Pessoal, Soberania e Autoatendimento e o *caminho da mão direita* de Curar, Servir e Capacitar os outros. Isso significa que o feiticeiro é soberano como autoridade de *sua* espiritualidade, não da espiritualidade *de outros*, não tendo, portanto, outra jurisdição em relação à gnose pessoal de outrem. É comum também encontrarmos os termos "Sumo Sacerdote" ou "Alta Sacerdotisa" na Bruxaria, e isso tem significados diferentes com base na tradição que cada indivíduo segue.

---

34. Terry Pratchett, *Wintersmith* (New York, NY: HarperCollins, 2006), 94.

Quando eu estudava no Templo da Feitiçaria, conversei com Christopher Penczak, que era meu mentor na época. Ele explicou que a diferença mais fundamental entre os dois é que um Sacerdote ou Sacerdotisa da Arte é aquele que conduz rituais e desenvolve habilidades mágicas para um relacionamento pessoal com divindades, poderes, energias e espíritos; eles são, em última análise, responsáveis por sua própria realidade e seu próprio Eu. Um Sumo Sacerdote ou Alta Sacerdotisa, por outro lado, têm a função de trabalhar com os outros e assume a responsabilidade por uma parte do todo maior. Também, tradicionalmente, eles estão a serviço de outros Sacerdotes e Sacerdotisas que estão aprendendo e trabalhando sob suas tradições.

Ter Sacerdote ou Sacerdotisa como "responsáveis" significa que Bruxaria é uma religião? Não. A Arte em si não se trata inerentemente de uma religião, embora possa ser para alguns. Bruxaria tem mais a ver com espiritualidade, ou melhor, como alguém se relaciona com o mundo do espírito, e isso será único e individual para cada Bruxa. A Bruxaria também pode ser religiosa em alguns casos, dependendo de como você interpreta a palavra religião. Por exemplo, na tradição em que estou, a Tradição do Fogo Sagrado da Bruxaria, vejo os seus níveis mais elevados como uma religião no sentido de que os Sacerdotes e Sacerdotisas têm linguagem comum, compreensão e interação com os Deuses da nossa tradição em um nível mútuo de compreensão, apesar de respeitar nossas experiências pessoais individuais quando sozinhos. Abordamos os Deuses e os mistérios de uma forma prescrita para que estejamos todos no mesmo ponto e no mesmo estado de onda quando trabalhamos juntos como um grupo. Por ter um modelo teológico, filosófico e cosmológico comum que compartilhamos, pode-se ver isso como um modelo religioso. Também nos vemos como ministros dos Deuses e Deusas de nossa tradição, agindo como intermediários entre eles e nosso povo.

Exercício 56

Autopossessão: Invocando o Eu Superior

O Eu Superior pode ser invocado para aprender sua missão, propósito de vida e Verdadeira Vontade nesta vida, e também para se comunicar com divindades e entidades angélicas. Eu o invoco quando me sinto perdido e preciso de orientação divina na vida. O Eu Superior também pode ser alinhado com o propósito de crescimento e de desenvolvimento como feiticeiro, um ser psíquico ou mesmo um ser humano. E pode ser invocado, também, quando estamos lidando com entidades ou situações perigosas e precisamos de um poder de autoridade mais forte. Quanto mais você conhece o seu Eu Superior e aprende a incorporá-lo, mais autoridade terá sobre as energias e entidades desequilibradas. A energia tende a querer se ajustar a outras energias que são mais dominantes ou predominantes na área, isso à medida que a sua energia busca se conformar em ressonância com outra energia. Uma ressonância vibracional alta e equilibrada fará com que a energia inferior fuja ou a equilibrará em harmonia.

Comece Sintonizando. Traga sua atenção para o Caldeirão Superior. Continue respirando e concentre sua atenção em uma centelha de chama branca, opalescente e prismática, que refrata todas as cores do arco-íris em sua brancura, logo acima de sua cabeça. Este é o seu Eu Superior, o aspecto sagrado indestrutível de sua divindade. Comece a derramar a luz no Caldeirão Superior, enchendo-o e transbordando, derramando ao redor e dentro de você. Solidifique a experiência com a invocação do Eu Superior, dizendo:

> *Eu Superior, o Santo, feito de luz e respiração,*
> *Centelha Divina, não nascido, jamais conhecendo a morte,*
> *Alma Seráfica, papel angélico, brilhando nos céus,*
> *Ascensionado, Iluminado, Mestre da Quintessência,*
> *Não confinado, mentor, doador da Verdadeira Vontade,*
> *Aquele que entende, mão oculta, o motor do moinho.*
> *Eu lhe chamo para descer agora, como uma parte sagrada de mim!*
> *Eu lhe chamo para descer agora, iluminando-me!*

Para voltar à sua autoconsciência média normal, basta realizar os exercícios de encerramento.

Sincronicidade

Sincronicidade é um conceito desenvolvido por Carl Jung definido como um fenômeno significativo pelo qual uma ligação entre dois eventos, sem uma explicação de causa e efeito, parece ser uma coincidência superficial, embora tenha grande significado.[35] Jung acreditava que o Universo, através do Inconsciente Coletivo, estava constantemente tentando falar conosco por meio da sincronicidade. Tanto os médiuns quanto as Bruxas sabem que o Universo não é aleatório, mas que, em vez disso, tem padrões, ciclos, estrutura e, acima de tudo, significado.

Um exemplo de sincronicidade foi há vários anos, quando eu morava na Califórnia. Na época, eu trabalhava com meu pai em seu próprio negócio de encanamentos. Uma noite tive uma experiência intensa com um espírito que assumia a forma de uma coruja. A experiência foi tão surreal, mas tão vívida, que me perguntei se tive um sonho de experimentar o espírito de uma coruja ou se foi algum tipo de criação da minha própria imaginação. No dia seguinte, quando nos aproximamos da porta do primeiro cliente, percebi que o capacho era uma coruja. Achei que era uma coincidência interessante.

No entanto, conforme o dia se desenrolava, cada casa que visitávamos tinha uma estátua de coruja, um capacho, um carrilhão de vento, uma placa ou alguma outra representação de uma coruja. Fiquei muito surpreso e percebi que isso era um sinal do Universo de que a experiência era real. Enquanto pensava em como era estranho que cada casa tivesse algum tipo de coruja, voltei ao meu apartamento e havia um folheto de anúncio na minha porta com a ilustração de uma coruja. Ao longo dos anos, esse espírito tem sido meu contato espiritual mais próximo e aliado.

---

35. Eugene Pascal, *Jung to Live By: A Guide to the Practical Application of Jungian Principles for Everyday Life* (New York, NY: Warner Books, 1992), 201.

Como Bruxas e Médiuns Psíquicos, é importante estar atentos e abertos a momentos de sincronicidade. É igualmente importante não forçar conscientemente o significado sincronístico das coisas. Por exemplo, há muitas pessoas que acreditam que 11:11 é um sinal celestial, o que talvez seja. No entanto, também vi que muitas pessoas que acreditam nisso estão constantemente procurando pelo 11:11. Por volta das 11h00 ou 23h00 eles começam a olhar repetidamente para seus relógios até 11h11 e então interpretam isso como uma espécie de sinal. A sincronicidade é mais espontânea e inesperada do que buscar ativamente padrões onde pode não haver nenhum.

Exercício 57

Meditação de Sincronicidade da Verdadeira Vontade

Nesta meditação guiada, você se encontrará com seu Eu Superior para receber um símbolo que usará em sua vida diária, através da sincronicidade, para mostrar seu alinhamento com sua Verdadeira Vontade, e outro símbolo como forma de alerta para quando estiver extraviando muito sua intenção.

Sintonize. Invoque seu Eu Superior. Feche os olhos e imagine que uma forte névoa começa a preencher a área. A névoa começa a obscurecer tudo ao seu redor e depois se desvanece, revelando um castelo diante dos seus olhos. Reserve um momento para realmente apreciar a aparência do castelo. De que material ele é feito? Com o que ele se parece? O castelo é incrivelmente bonito e vagamente familiar, embora você não consiga localizá-lo, mas tem ciência de que o dono do local é um indivíduo poderoso.

Você dá um passo à frente em direção às enormes portas do castelo. Conforme se aproxima, as portas começam a se abrir, revelando-se um convite para entrar. Dentro do castelo há um grande salão com belos e enormes vitrais em todas as paredes, vazando luz colorida em todos os lugares. Há um tapete vermelho majestoso que leva ao fundo do salão e, no final, está um trono magnífico. Bem acima do trono está um espelho suspenso no ar e coberto com tecido de seda. Abaixo do trono estão entidades compostas de luz. Esses são seus aliados e guias espirituais, alguns podem ser conhecidos, outros não.

Você se aproxima do trono, que é confortável e vibra com poder, e se senta nele.

Lentamente, o trono começa a levitar com você sobre ele, subindo cada vez mais alto até estar posicionado diretamente em frente ao espelho coberto de seda que está suspenso no ar. Ao olhar para o espelho, o pano de seda cai e você vê seu reflexo, mas em vez de ver o rosto ao qual está acostumado, vê o reflexo de seu Eu Superior em sua imagem. Reserve um momento para ver como o seu Eu Superior está se apresentando a você neste momento.

Agora peça ao reflexo de seu Eu Superior para lhe dar um símbolo que vai lhe mostrar quando estiver em alinhamento com o caminho de sua Verdadeira Vontade. O reflexo no espelho muda e é mostrado um símbolo. O que é isso? Este é o símbolo que seu Eu Superior irá lhe mostrar através da sincronicidade, em sua vida diária, de que você está no caminho correto.

Agradeça ao seu Eu Superior e peça agora um símbolo para mostrar que se afastou muito de sua Verdadeira Vontade. Mais uma vez, o espelho se desloca, muda e é mostrado outro símbolo. Reserve um momento para observar este símbolo. É um sinal de advertência de que seu Eu Superior irá mostrar-lhe, através da sincronicidade em sua vida diária, que você está se afastando de sua Verdadeira Vontade. Agradeça ao seu Eu Superior por este símbolo. Ao fazer isso, o pano de seda cobre o espelho e você se encontra em seu trono, descendo de volta ao chão.

Levante-se e caminhe de volta pelo tapete vermelho real e saia pelas portas do castelo. Mais uma vez, uma névoa começa a girar ao seu redor, obscurecendo tudo à vista e você se encontra de volta ao ponto em que começou esta meditação. Abra os olhos e escreva suas experiências em seu diário.

Exercício 58

Feitiço para transmutar bloqueios à Verdadeira Vontade

Neste feitiço, estamos usando magia simpática (às vezes também chamada de magia imitativa). Magia simpática é quando você está usando itens de feitiço para representar metaforicamente outra coisa. Essa é uma das práticas mágicas mais antigas e alguns acreditam que um exemplo disso remonta aos primórdios da pintura de imagens de caça bem-sucedida em paredes de cavernas, para garantir uma caça abundante.

Para este feitiço, tudo o que precisa é de uma tigela pequena, uma pequena vela e cerca de quatro cubos de gelo. Vamos usar o gelo para representar os bloqueios em sua vida, aquilo que está impedindo você de estar em alinhamento com sua Verdadeira Vontade. A vela representa você e a luz vai representar a intervenção do seu Eu Superior, não apenas para remover os obstáculos e os bloqueios, mas para transmutar essa energia e ajudá-lo a entrar em alinhamento com o seu caminho. Toda energia pode ser transmutada de acordo com o Princípio Hermético de Vibração, que afirma que toda energia tem potencial e capacidade de ser alterada.

Sintonize. Invoque seu Eu Superior. Coloque a vela no centro da tigela e os quatro cubos de gelo ao redor, dentro da tigela, para envolvê-la.

Concentre-se na luz divina ao seu redor a partir de sua invocação do Eu Superior e fale com firmeza:

Eu acendo esta vela com o poder do meu Eu Superior.

Acenda a vela, sentindo o acender do seu Eu Superior infundindo a chama. Sinta a autoridade divina de seu Eu Superior e coloque suas mãos sobre a tigela, declarando com firmeza:

Conforme a luz derrete o gelo, a magia começa,
Transmuta bloqueios externos e internos,
Ajuda-me a superar para cumprir agora,
O desdobramento divino de minha sagrada Verdadeira Vontade.

Conforme o gelo derrete, a luz deve subir mais e mais até que seja suportada por todos os bloqueios anteriores. Quando o gelo derreter, despeje a água no solo para que a terra possa se nutrir dela e quebrar e transmutar esses bloqueios ainda mais.

Exercício 59

Unidade Universal

Esta meditação ajudará a fortalecer seus poderes espirituais, conectando-o mais fortemente com tudo no Universo e ajudando-o a aprender a se identificar e se relacionar com ele. Isso permitirá que seus poderes psíquicos fluam mais facilmente conforme você percebe que há um aspecto comum que compartilha com tudo e todos. Isso o ajudará com sua magia, pois o fará entender a sua interconexão com tudo o mais, como o Eu e sua habilidade de alterá-la como faria com seu corpo. Pense neste exercício como um ótimo treino para ajudar a construir todos os músculos espirituais para serem fortes e eficazes.

Sintonize. Invoque seu Eu Superior. Feche os olhos e foque na luz branca prismática acima de sua cabeça, iluminando seu corpo físico. Concentre-se em tudo dentro da luz do *Halo* do seu Eu Superior, que é uma parte da Fonte. Todos vocês também fazem parte dessa Fonte: seu corpo, suas emoções e seus pensamentos. Reserve um momento para se abrir para o Amor Divino da Fonte, um sentimento de amor incondicional por existir, um amor sem julgamento, apenas existente. Mentalmente, pense consigo mesmo: "Este sou eu e eu sou aquele – poderoso, divino e unido no amor."

Sinta o Amor Divino fortalecer a auréola iluminada do Eu Superior. A luz fica mais brilhante e abrange uma área além do seu corpo – um metro e meio em todas as direções. Repita o processo de absorver mentalmente tudo o que existe dentro de tudo que a luz toca e repita para si mesmo: "Este sou eu e eu sou aquele – poderoso, divino e unido no amor." Continue repetindo este processo, estendendo sua luz mais e mais em todas as direções em incrementos cada vez maiores enquanto recita a afirmação. Continue expandindo até que ele ilumine todo o seu espaço, seu País, seu Continente, o Planeta, o Sistema Solar, a Galáxia, o Universo e o Todo, pelo tempo que você puder imaginar. Quando ela chega ao ponto mais distante, você pode imaginar a realidade e sentir a luz voltar ao seu brilho normal ao redor do seu corpo. Quando estiver pronto, abra os olhos.

Capítulo 9
A CHAMA DAS ALMAS DA BRUXA

Por que trabalhar com as três almas é importante para a habilidade psíquica ou mágica? Ao trabalhar com o modelo das Três Almas, recebemos diferentes lentes para ver a realidade. Pense nisso como um microscópio para o Eu Inferior, um telescópio para o Eu Superior e um par de óculos de leitura para o Eu Médio. Trabalhando com cada alma, ganhamos diferentes pontos de vista a partir dos quais interpretar as informações psíquicas que nos são fornecidas. Da mesma forma, isso também nos dá diferentes camadas de realidade para trabalhar e manipular em um contexto mágico. Se estivermos apenas olhando através de um conjunto de lentes, digamos que de óculos de leitura, não podemos ver o que está acontecendo no nível microscópico e, da mesma forma, o que está acontecendo no nível macroscópico, além de nossa visão, como podemos com um telescópio. Na mesma linha, trabalhamos com diferentes partes de nossas almas durante diferentes tempos e práticas para fins específicos.

No entanto, às vezes precisamos que eles se alinhem para que possamos operar de um ponto de estarmos completamente alinhados em nosso poder divino, trabalhando em vários níveis, simultaneamente. A maioria das pessoas está desalinhada com suas três almas. Como Bruxos, estarmos alinhados com as três almas capacita o nosso Eu a estar sempre completamente conectado com todas as partes de nós mesmos. Quando em um estado de alinhamento, estamos conscientes de nossa realidade multidimensional, estando em sintonia com todos os três reinos e as energias que esses reinos possuem. O que nos permite quebrar as barreiras da ilusão da realidade e ver essa realidade de forma multidimensional, como ela verdadeiramente é, além de ver aqueles que a compõem. Isso tudo aumenta a capacidade de levantar o véu entre os mundos e perscrutar.

A Trindade da Alma

Existem duas metáforas da cultura pop que gosto de usar para explicar o Alinhamento da Alma. A primeira foi sugerida por Danielle Dionne, que é uma Bruxa Psíquica, além de uma Médium incrivelmente talentosa. Ela comparou o Alinhamento da Alma ao game show Legends of the Hidden Temple[36], que foi ao ar na Nickelodeon na década de 1990. No programa, equipes de crianças participavam de competições físicas e mentais com temas do folclore e da mitologia. Havia uma parte do desafio que era chamada de "Santuário do Macaco Prateado", onde essencialmente eles se depararam com três seções de um quebra-cabeça de uma divindade macaco. Essas seções eram a cabeça, o tronco e a parte inferior do animal. Eles tinham que montar a imagem do macaco na ordem certa para ativá-lo e seguir em frente. Primeiro, eles tiveram que colocar a base no santuário, depois o torso e depois a cabeça. Este é um excelente exemplo de Alinhamento da Alma e do processo – entrar em alinhamento com o Eu Inferior, o Eu Médio e o Eu Superior – após o qual você ativou seu Fogo da Bruxa.

A segunda metáfora da cultura pop que gosto de usar é ainda mais tola. É do Mighty Morphin Power Rangers[37], que eu amava quando era criança. No show, cada Power Ranger tem um robô dinossauro gigante, chamados de *Zords*, que eles operam. Na batalha final de cada show, os *Zords* todos se unem para fazer um *Megazord*, que é um robô enorme feito de todos os robôs individuais. Gosto particularmente deste exemplo porque cada um dos *Zords* opera de forma autônoma, mas também

---

36. Em tradução livre, Lendas do Templo Oculto. (N. T.)

37. No Brasil, o título foi traduzido simplesmente como Power Rangers, trata-se de uma série infanto-juvenil norte-americana, de super-heróis, feita para televisão, que estreou em 28 de agosto de 1993, na Fox Kids. (N. T.)

pode se unir aos outros para se tornarem um robô unificado muito mais poderoso. Uma ideia de cultura pop semelhante que é paralela e anterior a isso é o desenho animado Voltron – O Defensor Lendário, onde cinco leões-robôs individuais se unem para criar um robô gigante chamado *Voltron*.

O alinhamento de nossas três almas sincroniza sua energia em um fluxo. Vamos pensar na ideia de batidas binaurais. Se pensarmos nisso tudo como ideia de frequência, em vez de duas frequências teremos três. Três almas estão criando algo aparentemente novo ou, mais precisamente, revelando algo novo de seu alinhamento harmônico.

O Fogo da Bruxa

Quando nossas três almas estão alinhadas, ocorre um fenômeno chamado *Fogo da Bruxa*, que é o elixir energético de todas as três almas funcionando como uma energia unificada. Quando alinhamos nossas três almas, entramos em nossa divindade e em nosso pleno potencial. O Fogo da Bruxa é frequentemente experimentado como um estado extático de Gnose, Poder e Amor Divino, sentido como ágape, que é o amor incondicional por toda a humanidade, visto como uma qualidade divina. Ágape é reconhecer a divindade dentro de todas as pessoas e desejar o bem-estar para elas, muitas vezes por meio do serviço voluntário, seja por meio de palavras, seja por atos, seja por magia.

Conforme exploramos, as Bruxas são os Sacerdotes e as Sacerdotisas de suas próprias almas e, como tais, são suas próprias autoridades em suas próprias vidas, quando em alinhamento com sua Verdadeira Vontade. A ocultista Nema escreveu que "o Sacerdócio é a condição de uma alma em chamas de amor. Um modo de vida exigido por certo nível de responsabilidade espiritual, que focaliza a ação e a não ação em direção à iluminação universal."[38] Uma famosa citação do *Livro da Lei*,

---

38. Nema, *The Priesthood: Parameters and Responsibilities* (Cincinnati, OH: Back Moon Publishing, 2008), 1.

de Aleister Crowley, afirma que "o amor é a lei, amor sob a vontade".[39] Os thelemitas interpretam isso como "amor", referindo-se a ágape, e "vontade" relacionada a Thelema (Verdadeira Vontade).

O Fogo da Bruxa também é conhecido como Chama da Bruxa, Chama Trina e, às vezes, até mesmo como Fogo do Espírito Santo. E é visto em um tom de azul-elétrico, tendo uma consistência que parece um pouco com fogo, um pouco com eletricidade, embora também se mova de forma fluida. Esse fogo permeia tanto a Bruxa como tudo ao seu redor. É o próprio poder de criação; uma amostra de si mesmo em estado deificado enquanto está vivo, é o poder da Vontade do Espírito correndo através de você para seu uso na cocriação da realidade por meio de magia. Aqui, gostaria de enfatizar a *natureza* da cocriação, e não dominar ou abusar desse poder. Em verdade, estamos buscamos *poder com* e não *poder sobre*. Aqueles que o fizeram enquanto trabalhavam com o Fogo da Bruxa são conhecidos por ter sérias repercussões. Portanto, certifique-se de que seus motivos estão corretos pouco antes de abraçar este poder. Quando em Alinhamento de Alma o nosso Fogo da Bruxa é ativado, é dito que estamos em nosso estado divino, como filhos do Grande Deus e da Grande Deusa. O Fogo da Bruxa alinha o poder da Bruxa com o poder da própria criação.

Exercício 60

Alinhamento da Alma e o Fogo da Bruxa

Comece Sintonizando. Preste atenção à sua respiração conforme ela entra e sai, dando atenção especial às pausas entre cada inspiração e expiração. Visualize seus pensamentos e sua percepção de si mesmo como a chama âmbar do Eu Médio no chacra do coração, o Caldeirão do Meio. Traga sua atenção aqui conforme a chama cresce e se estabiliza a cada respiração. Mantenha o foco até que a chama cresça e preencha seu corpo lentamente.

---

39. Aleister Crowley, *The Book of the Law* (San Francisco, CA: Weiser, 1976), 9.

Invoque seu Eu Inferior e traga sua atenção para um ponto logo abaixo do umbigo em seu Caldeirão Inferior, concentre-se em uma chama cor de rubi, do Eu Inferior, representando todos os seus desejos, emoções e sombras primordiais. A chama cresce e se estabiliza com cada respiração, lentamente, preenchendo e envolvendo seu corpo, transformando a chama âmbar em uma chama vermelha-rubi.

Invoque o seu Eu Superior e continue respirando, concentre sua atenção em uma centelha de chama branca prismática e opalescente, que refrata todas as cores do arco-íris em sua brancura, logo acima de sua cabeça. Este é o seu Eu Superior, o aspecto sagrado indestrutível de sua divindade.

Conforme você respira, essa chama branca começa a se derramar no Caldeirão Superior de sua cabeça, onde começa a transbordar energia, derramando um fogo branco para baixo e ao redor de você, como um fogo líquido luminoso, transmutando a chama vermelho-rubi em uma chama de fogo azul-elétrico. Este é o seu Fogo da Bruxa, a união de três partes dentro de você, que agora estão trabalhando juntas como uma.

Sinta o poder de seu Fogo da Bruxa por alguns momentos permeando cada célula de seu corpo, correndo por suas veias e queimando suavemente ao seu redor como uma aura divina. Em seguida, afirme:

Pela divindade, ego e desejo
Alinhado com uma de três partes.
Agora pelo poder do Fogo da Bruxa
Estou em sintonia com a arte milenar.
Três em um e um em três
Eu sou eles e eles são eu.

Para voltar à sua autoconsciência média normal, basta realizar os exercícios de Encerramento.

Exercício 61

Cura prática básica

O Fogo da Bruxa é o poder do alinhamento: o poder do seu Eu Superior, do seu Eu Inferior e do seu Eu Médio entrando em harmonia. É ele que traz equilíbrio e o ajuda a se sintonizar em diferentes níveis do seu ser, incluindo seu bem-estar emocional, mental, físico e espiritual. Como tal, também podemos usá-lo para ajudar a equilibrar outras pessoas e auxiliá-las na cura. Para isso, você não precisa estar sintonizado com nenhuma linhagem de cura energética, como o Reiki, por exemplo. Através do Alinhamento da Alma, você já está sintonizado com a frequência do poder da Bruxa Ancestral.

Para este exercício, garanta que não estará tocando a pessoa com muita firmeza; use um toque suave e gentil. Quanto mais pressionar, mais fraco será o fluxo de transferência de energia. Garanta, também, que não tenha nenhum tipo de tecnologia ou joias em seus pulsos ou mãos, como anéis, pulseiras ou relógios. Isso pode alterar a frequência da energia enviada, quer absorvendo parte dessa energia, quer misturando sua energia com a energia que você está enviando. Para um método básico de cura, queremos contar apenas com o poder do nosso Fogo da Bruxa.

É útil que a pessoa em quem você está realizando uma cura energética esteja o mais relaxada possível, para garantir que ela seja mais receptiva à energia e não bloqueie inconscientemente o fluxo com dúvidas, preocupações ou estresse. Da mesma forma, você já deve estar relaxado e alinhado ao realizar esta técnica de cura, pois já deve estar Sintonizado e Alinhado.

Comece Sintonizando. Faça um Alinhamento da Alma. Concentre-se na sensação do seu Fogo ao seu redor e passando por você. Lembre-se do fluxo de energia acima e abaixo de você no exercício de Sintonia e Criando um Circuito (exercício 15). Garanta que nunca está usando suas próprias reservas pessoais de energia ao curar outra pessoa, mas, sim, as energias celestiais e terrestres que está circulando através de seu corpo e campo de energia. Pense nas energias celestiais e terrestres como um suprimento de combustível para o seu Fogo Bruxo, para garantir que você não se esgote neste processo. Defina suas intenções de que tanto o seu Eu Superior, Inferior e Médio como o da pessoa, vão trabalhar juntos neste processo.

Desperte os centros de energia em suas mãos (exercício 30). Agora coloque delicadamente suas mãos sobre a pessoa. Pense na dor, desconforto ou doença que eles estão passando. Comece a Respiração Solar e pense nela como um fole que adiciona oxigênio ao seu Fogo de Bruxa. Sinta a energia fluindo de suas mãos para a pessoa que você está curando. Veja o fogo azul movendo-se pelo seu corpo e entrando no corpo e no campo de energia da pessoa. Concentre seus pensamentos e sentimentos nas ideias de bem-estar, cura e equilíbrio. Retorne sua respiração ao normal enquanto mantém este fluxo canalizado de energia. Sintonize a pessoa que você está curando e confie no processo, sabendo que seu Eu Superior está guiando quanta energia enviar e quando parar.

Quando terminar, peça à pessoa que beba um copo de água e oriente-a através do Aterramento de qualquer excesso de energia, caso ela esteja se sentindo avoada ou tonta.

Capítulo 10
ENTRE OS MUNDOS

A ntes de prosseguirmos para a criação de um Espaço Sagrado, gostaria de explorar algumas ideias que o cercam, com o propósito de que, ao compreender conscientemente algumas das teorias por trás dele, você possa convocá-lo conscientemente de forma mais eficaz. O Espaço Sagrado é um elemento crucial quando se trata de realizar magia. Ao criar esse espaço, estamos limpando as energias etéricas e criando um recipiente etérico para a energia gerada dentro dele. Trabalhar com a energia etérica é o primeiro passo para mover a energia além do nível físico da realidade. Visto que o nível etérico está intimamente ligado ao material, podemos usar a energia física e mental para trabalhar neste nível. Em outras palavras, podemos realizar ações físicas que tenham plena consciência por trás delas para trabalhar no etérico.

O Espaço Sagrado tem muitas funções. Quando criamos um Espaço Sagrado, estamos limpando todas as influências físicas e energéticas que são contrárias às nossas intenções e criando um espaço de proteção contra elas. Dentro do Espaço Sagrado, estamos reconhecendo que há uma sacralidade e divindade inerente à área e criando uma "bolsa" na realidade, que transcende o tempo e o espaço. É neste espaço que criamos um recipiente dentro desta bolsa, para preencher com as energias que estamos elevando ao unir todos os níveis de realidade para se fundir como uma singularidade.

Não se trata, portanto, de apenas um lugar externo. É um lugar interno também. O físico e o mental servem para criar, moldar e manipular o etérico, de onde podemos criar um recipiente para outros níveis de energia, como a energia astral, por exemplo. Nosso Espaço Sagrado interno serve como um lugar de quietude e vazio no qual podemos realizar magia, assim como o Espaço Sagrado externo. É um lugar de reconhecimento de nossa divindade inerente e, portanto, de nosso potencial ilimitado de possibilidades. Quando estamos em um Espaço Sagrado, estamos encenando um mito da criação de nosso desejo. Este é o estado de realidade frequentemente citado nos mitos da criação como "No início...".

Quando lançamos nosso Espaço Sagrado, estamos criando um tempo e um espaço que não é garantido por alinhamento. Abraçamos o axioma hermético de "Assim como é acima, é abaixo", o que significa que reconhecemos que os eventos que ocorrem no macrocosmo, que é o Universo maior, afetam os eventos que ocorrem no microcosmo, que significa o Universo menor. Por exemplo, o espaço sideral é o macrocosmo e nosso mundo é um microcosmo. Nosso mundo, por sua vez, é um macrocosmo do microcosmo de nossos corpos. Nossos corpos são o macrocosmo do microcosmo de nossas células e do nosso DNA. Todos os níveis de realidade estão ligados e a causa em um nível afeta o outro nível.

O Efeito Borboleta

Isso está ligado à ideia do Efeito Borboleta, um termo cunhado por Edward Lorenz, um matemático e pioneiro da teoria do caos. A ideia por trás do Efeito Borboleta é que pequenas causas podem representar resultados mais substanciais. A ilustração dada para a metáfora é a menor das borboletas batendo suas asas em uma parte do mundo. Esse bater de asas move o vento, e esse movimento do vento acaba levando a um tornado em outra parte do mundo, por meio de uma série infinita de causas e efeitos. Nessa noção, uma pequena mudança no nível de escala menor cria uma mudança drástica em uma escala mais ampla.

Da mesma forma, o que fazemos internamente afeta o mundo ao nosso redor, e o mundo ao nosso redor afeta nosso mundo interno. Visto desta maneira, nada é separado e nosso mundo interno e externo estão intimamente ligados um ao outro. Isso abrange a próxima parte do axioma "Como acima, é abaixo", que é "Como dentro, assim também é fora". No livro *O Caibalion*, que popularizou esses conceitos e axiomas herméticos, afirma-se que a natureza do Universo físico é composta de pensamentos que emanam do Todo, ou a Mente Universal da Fonte. Esta noção sugere que nós, como humanos, tendo a habilidade de pensar, conjurar, manter e controlar ideias, somos também capazes de influenciar e criar a realidade, que é o que chamamos de magia.

Sabemos que quando diminuímos o zoom olhando as imagens do espaço sideral por satélites, o Universo tende a se mover em espirais e em sistemas orbitais, como os sistemas solares, por exemplo. Também sabemos que, quando ampliamos profundamente com microscópios poderosos, os átomos se movem em sistemas orbitais, como os elétrons que circulam um núcleo. Como acima, abaixo. Isso implica que o Universo é fractal, que é quando uma imagem maior pode ser dividida em pedaços menores e ainda conter a planta e o modelo do todo dentro dela. Uma única célula contém dentro de si todas as informações do que a célula faz parte, dentro de seu DNA.

Realidade holográfica

Quando associamos a ideia de que o Universo é mental e de que os pensamentos estão dentro da Mente Universal, temos a noção de que o Universo é holográfico. Um holograma também é fractal, com cada parte contendo a imagem maior. A cosmologia fractal parece estar alinhada com essa ideia. Trata-se de uma teoria dos físicos de que o Universo inerentemente é fractal e, às vezes, acredita-se que seja autogerado por meio dessa natureza. O conceito central a ser lembrado é que cada partícula de matéria contém o projeto de todo o Universo, desde o Big Bang. Isso implica fortemente que a informação de todo o Universo está dentro de nós.

O que difere sobre os hologramas, em poucas palavras, é que a ilusão tridimensional de um holograma é formada pela luz, e a imagem que está sendo projetada é não local. Nossos cérebros funcionam de forma semelhante. Todas as imagens que vemos, os sons que ouvimos e outras informações sensoriais, originam-se inicialmente de algum lugar fora de nossas cabeças. No entanto, o cérebro pega essas informações externas e as processa, permitindo-nos perceber o mundo. A mente também pode ser enganada, percebendo coisas que não estão lá como se estivessem lá. Isso é demonstrado tanto com alucinações quanto com sugestões hipnóticas, indicando que a realidade é mais baseada na percepção subjetiva do que objetivamente concreta e real.

Muitos filósofos e teólogos têm se debatido com a questão de saber se a realidade é um sonho e se somos o sonhador ou o elemento sonhado. Na filosofia hermética, ambas as respostas são certas. Somos apenas os sonhos e pensamentos da Mente Infinita, mas como microcosmos da Mente Infinita, também somos sonhadores. Se pudermos focalizar nossa atenção tanto no espaço interno microcósmico da mente quanto no espaço externo macrocósmico da realidade física, poderemos criar níveis profundos de Espaço Sagrado.

O Círculo Mágico

A forma mais comum de Espaço Sagrado para a Bruxa é o Círculo Mágico, um símbolo do infinito e do finito. É tudo e nada. É o *Ouroboros*, a serpente comendo sua própria cauda, símbolo do ciclo sem fim de criação e de destruição, nascimento e morte, um símbolo do cosmos, sem começo ou fim.

Existem quatro propósitos principais para o Círculo Mágico: proteção, contenção, liminaridade e paradoxo. Mesmo que a maioria das Bruxas lance um Círculo Mágico, é importante notar que nem todas o fazem. Algumas Bruxas vão lançar um círculo para cada trabalho que fazem, outras só o farão quando acharem apropriado. Embora esta seja uma escolha pessoal de discernimento, sinto que qualquer um que comece trabalhando com magia é bem servido por sempre lançar um Círculo Mágico.

Criado para colocar uma barreira entre você e tudo o mais em seu ambiente, ao lançar um Círculo Mágico a ideia é criar um campo de força onde nenhuma energia ou entidade possa entrar sem o seu convite explícito. Alguns praticantes de magia veem o Círculo Mágico como uma extensão de sua própria aura, e o ato de expandi-lo é apenas o que você permite em seu próprio campo pessoal de energia, tudo o mais deve ser mantido de fora.

Como um recipiente para energia, o Círculo Mágico serve para armazenar toda a energia que você está levantando e chamando para o Espaço Sagrado, onde pode então se fundir através de sua vontade e intenção de gerar o feitiço em si. A metáfora que mais gosto para isso é a ideia de um caldeirão: você está adicionando diversos ingredientes e, dentro do caldeirão, todos eles se fundem para criar algo totalmente diferente. Podemos pensar nisso também como o equivalente de uma moderna panela de barro, onde adicionamos a quantidade certa de ingredientes diferentes e permitimos que cozinhe, reunindo tudo para criar um alimento específico, que não existia antes de cada item ser adicionado e aquecido juntos.

"No meio e entre" é uma frase tradicional da Bruxaria para o estado de liminaridade no qual a Bruxa opera. O Círculo Mágico serve como a criação de um espaço liminar que é o limiar de não estar nem aqui nem lá, nem agora nem depois. Para a Bruxa, o liminar é um estado de ser de puro potencial. É o ponto de ligação para onde a energia bruta converge. É por isso que certos lugares são considerados poderosos em relação à Bruxaria, como na encruzilhada, onde dois caminhos se fundem, mas não são os mesmos, ou a costa onde o oceano deságua na terra. Momentos como a meia-noite são de natureza liminar; à meia-noite é conhecida como a "Hora das Bruxas" e é vista como um momento poderoso para criar magia. Em espaços liminais, você não precisa decidir estar neste mundo ou no Outromundo. Você está simultaneamente em ambos, sem estar em nenhum deles.

Muitas vezes penso no círculo de magia fundido como a "Madeira entre os mundos" em *O Sobrinho do Mago*, de C. S. Lewis, a primeira história das *Crônicas de Nárnia*. Quando eu era uma criança muito pequena, esta era uma das minhas séries de livros favoritas e, embora existam temas cristãos muito fortes nas histórias, também há muita magia e influências pagãs também. Na história, a Madeira entre os Mundos é um lugar de quietude e atemporalidade. Não é um mundo em si, mas tem seu próprio direito, não é apenas um lugar que não é um lugar, mas também um tempo de atemporalidade. Nele, o tempo não existe. Há apenas um momento eterno agora, enquanto eras podem passar nos mundos fora dele. Sempre achei interessante e divertido que, para chegar a este lugar, os personagens usassem anéis mágicos, que são nada mais que círculos.

Existe uma natureza paradoxal do Círculo Mágico. Um paradoxo é um conceito que tem uma natureza autocontraditória, embora tenha maior significado quando analisado do que sua aparência superficial. Como o *Ouroboros*, um círculo também é nosso símbolo do nada, o número zero que é, simultaneamente, nada e tudo. O zero é infinito, mas finito em sua natureza. Quando criamos um Espaço Sagrado, estamos santificando o espaço, o que significa que o estamos reservando para ser sagrado. Na feitiçaria, não há nada que não seja sagrado na existência, mas ainda estamos santificando o espaço, colocando-o de lado como Espaço Sagrado, algo que pareceria paradoxal se tudo já fosse sagrado.

Dentro do Círculo Mágico, símbolo do infinito, há um espaço seccionado sendo contido. Dentro do Círculo estamos reconhecendo a realidade infinita da qual fazemos parte e da qual não podemos nos separar. Quando lançamos um Círculo, estamos dividindo a nós mesmos e o nosso espaço, separando-o do tempo e do lugar e criando um recipiente para a energia. Estamos estabelecendo limites firmes ao recriar a infinitude. Estamos protegendo a nós mesmos e nossas operações mágicas ao nos cercarmos de uma infinidade.

Figura 8: Ouroboros

O paradoxo está no cerne dos mistérios da Bruxaria. Eu acredito que esse paradoxo é o que permite as condições para a Bruxa criar magia. Ao criar um paradoxo, basicamente sobrecarregamos o processamento da realidade, quebrando as regras. De certa forma, estamos bloqueando o sistema, como jogar uma chave inglesa nas engrenagens, onde podemos inserir nossos próprios códigos para quando terminarmos e o sistema e seus processos de realidade forem retomados. Ao lançar um Círculo, frases como "um espaço além do espaço" e "um tempo além do tempo" costumam ser usadas. Estamos essencialmente hackeando a natureza da realidade por meio do lançamento de círculos. Estamos centralizando nossa energia em um nível mais profundo. A principal diferença entre centrar-se, como mencionado anteriormente, e lançar o Círculo, é que não estamos apenas concentrando nossa consciência e nossas energias internas, agora estamos criando uma matriz energética de consciência expandida para operar do lado de dentro. Não se trata apenas de um Círculo bidimensional, mas, sim, uma esfera tridimensional, uma bolha de realidade, semelhante à aura.

Exercício 62

Pintando com Luz

Pintar o ar com luz é um componente importante do lançamento de círculos, que o levará de uma experiência *noir* a uma experiência de clarividência. É também um aspecto importante do uso de pentagramas de Invocação e Banimento, que veremos mais tarde. Depois de dominar a capacidade de pintar com a luz no ar, você pode usar esta técnica para outras situações também, pois não se limita somente ao uso para trabalhos mágicos em si. Você pode usá-lo para marcar seu espaço energético pessoal, escrevendo seu nome nas quatro direções do lugar em que está. Ou para desenhar sigilos e glifos de poder no ar, para canalizar sua influência, por exemplo.

Sintonize. Comece a usar a Respiração Elementar, mas vamos adicionar mais algumas etapas. Uma vez que foi adquirido um ritmo, comece a atrair energia através de si mesmo, desde os pés até a coroa, ao inalar. Ao fazer uma pausa na respiração antes de expirar, veja a energia subindo em espiral ao redor do corpo. Na expiração, faça descer energia do alto da cabeça e, através de você, até os pés. Ao fazer uma pausa na respiração antes da inalação, veja a energia espiralando para baixo ao redor do seu corpo. Cante mentalmente "Terra, Ar, Fogo, Água", quando sentir que energia o suficiente foi acumulada, respire normalmente.

Faça o exercício de proteção. Quando terminar, use o dedo indicador de sua mão projetiva, a mão com a qual você escreve e pretende direcionar a energia que acumulou através do seu dedo. Use suas habilidades de visualização com os olhos abertos e, com forte intenção, desenhe um "O" de luz do tamanho de um pé à sua frente, feito de uma luz azul e branca. Isso seria semelhante a ter um bastão luminoso no escuro e o mover rapidamente, deixando um rastro de luz colorida. No entanto, procure manter o foco e visualizar a faixa de luz restante.

Mova sua outra mão (receptiva) como se fosse um vácuo sobre o "O" de luz que você desenhou a sua frente, sugando-o de volta para seu campo de energia e ainda mantendo os olhos abertos. Alterne este exercício, fazendo-o com os olhos fechados e depois abertos. Quando sentir que realmente dominou isso, você pode prosseguir para lançar o Círculo.

Exercício 63

Lançando e liberando o círculo

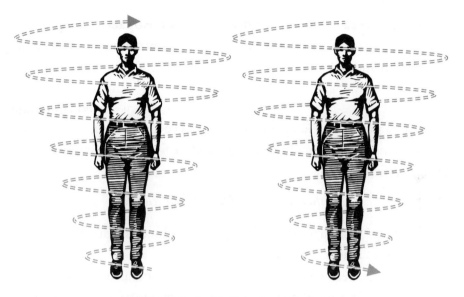

Figura 9: Espiral de Energia ao seu Redor

Sintonize. Realize um Alinhamento de Alma. Fique de frente para o Norte e, com o braço projetivo estendido, aponte o dedo para fora. Assim como no exercício anterior, comece a pintar o ar com o Fogo da Bruxa. Enquanto você caminha ou se vira, dependendo do seu espaço, diga em voz alta:

Eu lancei este Círculo para criar um espaço além do espaço,
e um tempo além do tempo.

Continue a desenhar no ar com o dedo, crie um anel em torno de você com essa energia azul até finalmente alcançar o Norte novamente. Continue outra rodada, afirmando:

Eu lancei este Círculo para bloquear quaisquer energias
e espíritos que não sejam meus aliados.

Ao chegar ao Norte novamente, execute uma última passagem ao redor e diga:

*Eu lancei este Círculo para que todas as energias
levantadas aqui sejam confinadas.*

Voltado para o Norte, levante a palma da mão para o céu. Ao fazer isso, veja o anel do Círculo se expandindo para formar uma cúpula acima de você. Afirme:

Como acima!

Vire a palma da mão para baixo e comece a abaixá-la, empurrando para baixo o anel do Círculo para se expandir e formar uma cúpula abaixo de você. Afirme:

Então, abaixo! O Círculo está selado!

Bata o pé com firmeza no chão ou bata palmas, afirmando sua força de vontade ao lançar o Círculo.

Depois de realizar sua magia, o correto é liberar o Círculo. Pegue sua mão receptiva e estenda-a para fora, movendo-se no sentido anti-horário, começando no Norte e empurrando o anel de luz para longe com sua mão, como se estivesse abrindo uma cortina pesada ao seu redor e, simultaneamente, visualizando-o entrando na palma de sua mão. O Círculo agora está aberto. Sinta toda a energia de sua magia correndo para o Universo para começar a se manifestar.

Entre os Mundos ❖ 197

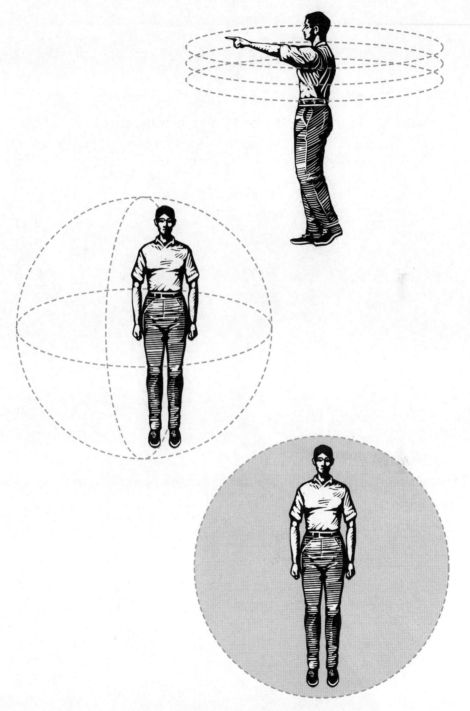

Figura 10: Lançando o Círculo Mágico

Capítulo 11
AS FORÇAS ELEMENTARES

Nós melhoramos o Espaço Sagrado com o propósito de magia, trazendo as energias das forças elementares para nos ajudar a criar uma área que está além do tempo e do espaço. Os poderes elementares são os blocos energéticos de construção da criação, a Bruxa convoca essas forças elementares através de portais de dentro do Espaço Sagrado. Se pensarmos nesses espaços como recipientes de energia, os portais elementares são o que mantêm, fortalecem e trazem a energia bruta da qual o Universo é composto.

No entanto, a energia elementar que passa por esses portais pode ser muito intensa ou muito suave para o espaço que estamos tentando criar. A Bruxa alivia isso chamando um guardião de cada força elementar. Cada elemento tem um guardião que é considerado um mestre desse tipo de energia e, como tal, é chamado a controlar o fluxo de entrada da energia elementar, de forma que seja suficiente para o trabalho que estamos fazendo. O guardião elementar também serve como um protetor daquele portal, para garantir que nada além de energia elementar bruta entre no espaço.

Um dos primeiros conceitos que geralmente encontramos na feitiçaria é o dos quatro elementos mais um – o quinto elemento. Costumo descobrir que os livros que discutem o verdadeiro cerne dos quatro elementos não fazem um trabalho completo para o iniciante. Os quatro elementos são Terra, Ar, Fogo e Água, e o quinto elemento é o Espírito. Esses elementos foram definidos por antigos filósofos e alquimistas gregos, embora ideias semelhantes também tenham sido usadas na antiga teologia indiana e egípcia. Mais tarde, os alquimistas medievais expandiram esses quatro elementos, subdividindo-os em outros elementos, como o enxofre, o mercúrio, o chumbo, o fósforo, etc. A alquimia foi o ancestral da química e, como tal, deu origem à tabela periódica elementar.

O que é importante entender sobre esses elementos é que seus nomes são simbólicos e metafóricos. Eles não são literalmente terra, ar, fogo ou água – nem o espírito que governa essas coisas. Em vez disso, são nomes para os diferentes tipos de energia. A tabela periódica pegou as metáforas mais definidas e articuladas dos quatro elementos e examinou a composição puramente química dessas ideias. O metafórico tornou-se literal. Isso causou muita confusão em torno do conceito de elementos nos tempos modernos. Como pode ser confuso falar sobre a força elementar versus seu símbolo físico, costumamos colocar a primeira letra de uma força elementar em maiúscula ao falar sobre ela.

Blocos Elementares de Construção

A palavra elemento denota os blocos de construção que compõem e existem dentro de todas as coisas deste Universo. Portanto, se você pegasse um pedaço de solo, ele não seria apenas terra. Em vez disso, o solo contém todos os quatro elementos dentro dele. O mesmo é verdade para água, ar e fogo. Essas qualidades de energia que compõem todas as coisas foram descritas pelos antigos com esses quatro nomes porque a energia atua e se move de maneira muito semelhante energeticamente à sua contraparte física.

Como mencionei antes, nós, como humanos, não temos uma maneira exata de descrever a energia como a percebemos, pois nosso vocabulário para ela é muito subdesenvolvido. Com a ideia hermética de "assim como é acima, é embaixo", podemos ter uma ideia de como funcionam as forças invisíveis, observando as forças que podemos experimentar com nossos cinco sentidos. Então, apontando para a contraparte metafórica do elemento, podemos começar a entender sua natureza e qualidade um pouco mais facilmente, podendo descrever e discutir com outras pessoas, fazendo com que saibam do que estamos falando.

Compreender que os nomes elementares são simbólicos é difícil de entender, a menos que possamos experimentá-los psiquicamente. Por exemplo, o elemento Água é uma energia relativamente mais leve e fria, muito úmida, e tem uma sensação fluída por natureza, tende a ter uma qualidade fluída nela. Geralmente é percebida como uma temperatura fria. Portanto, a água é uma excelente metáfora para tal elemento. O elemento Terra tem uma energia muito lenta e estável; é percebido como temperatura fria, é seco e muito denso. O elemento Fogo, por outro lado, é uma energia mais leve e de flutuação constante, instabilidade e rápida mudança. É percebido como tendo uma temperatura muito alta; é seco e geralmente dá uma sensação de formigamento. O elemento Ar é uma energia mais rápida, percebida como mais quente, úmida e tem uma energia fluindo, semelhante a uma rajada de vento constante.

Poderíamos facilmente chamar a Água de "energia fria e úmida", a Terra poderia ser chamada de "energia fria e seca", o Fogo poderia ser chamado de "energia quente e seca" e o Ar poderia ser chamado de "energia quente e úmida". No entanto, isso não denota totalmente o que é a natureza essencial e inerente da energia, mas, sim, como ela age e se sente quando experimentada. O problema também surge quando sabemos que o "frescor" da Água e o "frescor" da Terra também são experiências diferentes. Isso também é verdade com a estabilidade do Ar e a estabilidade da Terra, duas sensações muito diferentes. É por isso que os elementos são muito mais fáceis de usar como descritores dessas energias. Além disso, por ter uma metáfora para esses tipos de energia, temos uma maneira muito mais fácil de discernir, interagir e convocá-los. Ao trabalhar com o simbolismo, estamos trabalhando conscientemente com o subconsciente e a linguagem universal do Inconsciente Coletivo.

Quintessência

O Espírito, que é o quinto elemento, é um pouco paradoxal em si mesmo e também fractal. Este é o melhor dos elementos, compondo cada um dos quatro elementos, contendo todos em si. Cada elemento contém o Espírito, e cada um dos quatro elementos são mantidos dentro do Espírito em um estado de equilíbrio perfeito. Esta é a quintessência dos elementos. É a energia bruta quintessencial que une todas as coisas e que inclui todas as coisas, embora seja a base da qual tudo é composto.

Por esta razão, o Espírito, assim como o Círculo Mágico ou o Ouroboros, é frequentemente simbolizado pelo círculo paradoxal.

Os elementos também possuem qualidades que correspondem a estados de existência física. A Água tem uma qualidade emocional. A Terra tem uma qualidade crescente e, como o elemento de vibração mais lenta, é o mais sólido ou tangível. O Ar tem certa condição mental e intelectual e o Fogo tem uma qualidade animadora, na maioria das vezes comparada a essa centelha divina interior. O sistema elemental nos dá a melhor maneira de começar a categorizar a energia e, como a energia compõe todas as coisas, ela também compõe os blocos de construção da realidade. Portanto, se estamos reencenando um mito da criação dentro de nosso Círculo Mágico, a próxima coisa que vamos querer fazer é ter uma paleta desses blocos de construção mágicos de energia para trabalhar.

Uma vez que os elementos representam os componentes energéticos mais básicos da realidade, também tende a ser um sistema de categorização popular para vários conceitos, virtudes, desafios e atributos. Tende até mesmo a ser um dos principais sistemas de correspondência que as Bruxas usam. Correspondência, em sua definição mais básica, é quando algo tem uma ressonância energética distintamente forte com uma assinatura de energia arquetípica específica, como um elemento ou um planeta. Exploraremos as correspondências e os planetas com mais detalhes em breve, mas por agora é suficiente explicar que certas coisas parecem ter uma ressonância energética mais forte com um elemento do que outras, apesar de conter todos os blocos de construção elementares de energia dentro deles. Isso não se limita apenas a forças físicas, mas também a conceitos, estados de ser e experiências mais abstratas. Cada elemento também corresponde a um dos três mundos. À medida que exploramos ou falamos sobre os elementos, tente pensar menos literalmente e mais simbolicamente. Isso ajudará a desvendar os mistérios das forças elementares.

Elemento Terra

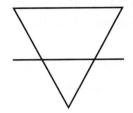

Figura 11: O Elemento Terra

Este é o elemento da forma, da estabilidade, da quietude e do crescimento. Está intimamente ligado às coisas físicas, sendo a mais lenta e a mais densa das quatro energias elementares. Assim como o homônimo deste elemento, as qualidades da Terra como um todo são enraizamento, estabilidade, abundância, força, crescimento, estrutura, nascimento e detalhes. É uma energia de estrutura, formação, geometria e cristalização.

A Terra é o elemento ligado aos mistérios da "tumba e do útero", da criação e do retorno. Isso é compreendido por meio do símbolo do solo. As plantas crescem e festejam no solo, absorvendo nutrientes. Animais, pessoas e insetos comem essas plantas. No entanto, todas as coisas colocadas dentro do solo, da terra, serão eventualmente consumidas por decomposição e retornarão a ela, incluindo nós, até que o ciclo comece novamente.

Reconhecemos o elemento Terra dentro de nós como nosso corpo físico e saúde física. Nós nos conectamos com a Terra por meio do crescimento, exercícios, segurança física e financeira, estrutura, organização e aterramento. A Terra fornece a capacidade de as coisas serem experimentadas como físicas. E está relacionada ao sentido do tato e à experiência psíquica de claritangência (sentimento claro).

Como um estado da matéria, é representada pelo estado sólido, com moléculas de vibração lenta criando uma cristalização da forma. É quase universalmente associado à direção do Norte. Os tipos de inteligência conectados com a Terra são chamados de Gnomos, que são concebidos como figuras humanoides curtas e robustas, associadas tanto à jardinagem quanto ao cultivo de plantas, bem como à escavação e mineração de minerais e pedras preciosas de dentro da terra. O glifo da Terra é um triângulo para baixo, indicando que é energia passiva com uma carga negativa e uma linha que o atravessa para denotar que é uma força geradora.

Elemento Água

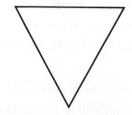

Figura 12: O Elemento Água

Este é o elemento da expressão, da capacidade de resposta, da síntese e do magnetismo. Está intimamente ligado a coisas de natureza emocional e intuitiva. A água se expressa de muitas maneiras e de muitas formas, desde o lago tranquilo e o riacho que se move suavemente, até às ondas furiosas que se chocam umas contra as outras no mar. É o elemento que assume a forma de qualquer recipiente em que é colocado e é sintetizado e se mistura com qualquer líquido adicional que encontrar. Pode ser sutil como uma névoa ou intenso como uma cachoeira.

Reconhecemos o elemento Água dentro de nós como nossa natureza emocional, onírica e intuitiva. Conectamo-nos com a Água por meio dos sonhos, honrando nossas emoções, nutrindo relacionamentos, desenvolvendo nossa adaptabilidade e aprimorando nossas visões psíquicas, projeção astral e autocuidado. Experimentamos a água como alimento, cura, fluxo, empatia, sensibilidade, intensidade, misticismo e profundidade. A água se move em ciclos, como a vazante e o fluxo das marés, ou a Lua que move essas marés e tem seu próprio ciclo de aumento e diminuição. A água está relacionada ao sentido do paladar e à experiência psíquica de clarigustação (sabor claro), bem como clariempatia (emoção clara), sendo que ambos são atos de captar e absorver energia.

Como um estado da matéria, é representada pelo estado líquido, cujas moléculas estão vibrando em um estado estacionário, tornando-o muito lento para ser gasoso e muito rápido para ser sólido. É quase universalmente associado à direção do Oeste. As formas de inteligência conectadas com a Água são chamadas de Ondinas, que são retratadas como pequenos tritões compostos de água. O glifo da Água é um triângulo para baixo, indicando que é energia passiva com carga negativa. Não há nenhuma linha passando por este elemento como com o glifo da Terra, porque é uma força gerada, assim como a água borbulha de poços subterrâneos ou emerge através da liquefação de um elemento sólido.

Elemento Ar

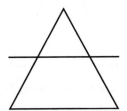

Figura 13: O Elemento Ar

Este é o elemento do espaço e do movimento. Conhecemos melhor o elemento Ar, não por vê-lo, mas, sim, por experimentar o que ele está distribuindo. Identificamos o elemento Ar através dos cheiros que viajam pelas brisas e pelos sons que são transportados por ele; sentimos as temperaturas que o vento move e carrega; vemos as folhas e a poeira que giram e dançam em seus redemoinhos.

Reconhecemos o elemento Ar dentro de nós como nossa natureza mental e intelectual. O Ar é a extensão de quietude da qual a inteligência, o intelecto, a análise, a comunicação, o som, a criatividade, a consciência e o movimento emergem e se movem. Conectamo-nos com o Ar por meio de esforços intelectuais, da meditação, visualização, concentração, imaginação, fala, canto e escuta. O ar está relacionado com o sentido do olfato e da audição e as experiências psíquicas de clariodor (cheiro claro) e clariaudiência (audição clara).

As representações simbólicas naturais do Ar são ventos, brisas, tornados, fumaça e trovões. Como estado da matéria, é expresso como gás, que também é informe, leve e quente. É mais comumente associado à direção do Leste. As formas de inteligência conectadas com o Ar são chamadas de Sílfides, que são retratadas como criaturas delgadas semelhantes às fadas. O glifo do Ar é um triângulo para cima indicando que é energia ativa com uma carga positiva e uma linha que o atravessa para denotar que é uma força geradora.

Elemento Fogo

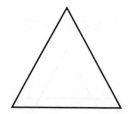

Figura 14: O Elemento Fogo

Este é o elemento ligado a coisas de natureza apaixonante e transformadora. É uma força cinética que existe por meio do movimento e da ação. Se parasse de se mover, perderia seu poder, assim como em um incêndio florestal, parece ter uma força de vontade própria determinada e agressiva. O Fogo é transformacional, uma energia que transmuta tudo o que passa por ele, assim como o fogo se transforma em carbonização e cinzas em tudo que encontra.

As qualidades do Fogo como um todo são paixão, impulso, força de vontade, transformação, calor e poder. Conhecemos o fogo como nosso próprio espírito. Conectamo-nos com o Fogo dentro de nós mesmos através da sexualidade, ambição, intensidade, determinação e coragem. É a centelha de potencial que cria um fogo totalmente animado. É o poder do magma irrompendo e superando tudo que se depara com ele. É a luz aparentemente eterna e o brilho do Sol e das estrelas, impondo sua própria vontade sobre nosso Planeta e nossa vida. O Fogo está relacionado ao sentido da visão e à experiência psíquica de clarividência (visão clara).

Como um estado da matéria, é expresso como plasma, que é instável, sempre mutável, leve e perigoso, assim como seu símbolo terreno de fogo.

O relâmpago é plasma, assim como as estrelas. O plasma ocorre quando o gás absorveu tanta energia que os elétrons se separam de seus núcleos. Esses elétrons tornam-se ionizados e elétricos, criando luz e radiação eletromagnética. Na verdade, em alguns casos, se o fogo for suficientemente quente, os gases que ele emite se tornarão plasma.

É mais comumente associado à direção do Sul. As formas de inteligência ligadas ao Fogo são chamadas de Salamandras, que são retratadas como pequenos lagartos compostos de fogo. O glifo do Fogo é um triângulo para cima indicando que é energia ativa com uma carga positiva. Não há nenhuma linha passando por ele como com o glifo do Ar, porque o fogo é uma força gerada. O Fogo é sustentado pelo Ar da mesma forma que o plasma é gerado pelo gás.

O pentagrama

Figura 15: O Pentagrama e os Elementos

Não há outros símbolos mais intimamente ligados à Bruxaria do que o pentagrama e o pentáculo. A palavra pentagrama vem da palavra grega *pentagrammon*, que significa "cinco linhas". Assim, os pentagramas são estrelas geométricas de cinco pontas e os pentáculos são pentagramas com um círculo ao redor deles. Nenhum dos símbolos é um sinal do mal ou da adoração ao diabo, esteja do lado certo para cima ou de cabeça para baixo. O pentagrama tem uma história difícil de identificar, mas o encontramos em quase todas as tradições religiosas e místicas, incluindo as gregas, babilônicas, célticas, egípcias, chinesas, druidas, cabalísticas e cristãs.

As Bruxas veem os pentagramas como um símbolo de equilíbrio, proteção e divindade. O pentagrama representa os quatro elementos com o ponto superior sendo o quinto elemento da quintessência ou divindade. Um pentagrama vertical representa o material ascendendo ao espiritual, enquanto um pentagrama invertido representa o espírito descendo para a matéria. Se um pentagrama está vertical, indo no sentido horário a partir do ponto superior da quintessência do Espírito, temos o elemento Água no ponto superior direito, Fogo no ponto inferior direito, Terra no ponto inferior esquerdo e Ar no ponto superior esquerdo.

Bruxas e mágicos cerimoniais frequentemente usam pentagramas desenhados no ar com energia direcionada como chaves para abrir e fechar portais elementais de energia. Quando o pentagrama está sendo usado para abrir um portal de energia elemental, é chamado de "Pentagrama de Invocação", e quando está sendo usado para fechar um portal, é chamado de "Pentagrama de Banimento".

Os pentagramas de invocação e banimento vêm das tradições cerimoniais para trazer uma força elemental para o Círculo ou trabalho. Nas tradições da Bruxaria, não chamaríamos isso de invocação; em vez disso, chamaríamos de evocação, porque não estamos chamando essa energia para o nosso corpo, mas, sim, para o nosso Círculo Mágico. Na Bruxaria, a palavra invocação geralmente se refere a chamar algo para o seu corpo ou objeto, enquanto a palavra evocação é usada para chamar algo para o seu espaço. Nas tradições cerimoniais eles veem o Círculo como uma extensão de seu corpo. Portanto, quando estão chamando algo para o Círculo, eles o estão invocando. Da mesma forma, uma vez que algumas Bruxas veem o Círculo Mágico como uma extensão de sua aura, ele, definitivamente, pode ser visto como uma invocação. Os pentagramas de invocação e banimento podem ser vistos como "chaves", mas eu os vejo mais como portais, pois eles abrem um portal para uma energia elemental específica passar. Já os pentagramas de banimento fecham o fluxo de portal de uma energia elemental específica.

As Forças Elementares ✦ 209

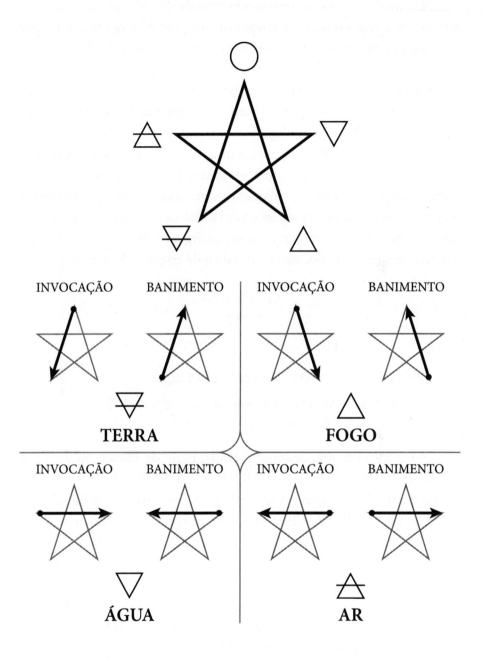

Figura 16: Os Pentagramas de Invocação e Banimento

No ritual, esses pentagramas são desenhados ao invocar guardiões elementares, que estarão encarregados dos portais e controlando, por meio de seu discernimento, quanta energia é permitida através desse portal, com base em sua experiência daquele elemento e do próprio funcionamento. Esses pentagramas também podem ser usados sem chamar um guardião se você não estiver realizando um ritual para controlar as energias elementares de um lugar ou objeto.

Antes de invocar um pentagrama, é essencial se conectar com cada elemento primeiro, em um nível profundo, e entender como é essa energia. Depois de estar devidamente sintonizado com esse elemento, você pode convocar esse sentimento de dentro de si mesmo e canalizá-lo, concentrando-se nele enquanto pinta a energia no ar da mesma maneira que faria em um Círculo, mas com o foco da energia elemental.

Exercício 64

Sintonizando os Elementos

Comece Sintonizando. Respire fundo e diga:

Pretendo vibrar em ressonância com o elemento Terra, para que possa conhecê-lo.

No ar à sua frente, desenhe o Pentagrama de Invocação da Terra em Fogo da Bruxa. Sinta a energia da Terra emanando do portal do pentagrama. Sinta a energia do elemento Terra ao seu redor. Faça o exercício de Respiração Elemental, mas concentre-se apenas na Terra a cada contagem. Continue repetindo a Terra até quatro contagens de cada parte do processo de respiração. Pegue esta energia, deixe-a carregar e preencher você. Traga sua respiração e consciência para encher cada caldeirão, um por um, com esta energia. Encha-o no Caldeirão Inferior, no Caldeirão do Meio e no Caldeirão Superior. Qual é a sensação? Com o que se parece? Qual é o cheiro? Como isso soa? Qual é o gosto? Quando terminar, execute o Pentagrama de Banimento da Terra.

Continue isso com os outros elementos (Ar, Fogo, Água e Espírito) com seus pentagramas de invocação e banimento apropriados.

Exercício 65

Conjurando Energia Elemental para Carregar e Enviar

Comece Sintonizando. Ative os centros de energia da palma da mão. Decida qual elemento você deseja conjurar. Desenhe o Pentagrama de Invocação desse elemento com os dedos da mão projetiva na palma da mão receptiva. Comece a se concentrar na sensação do elemento específico, com base nas experiências do exercício anterior. Mantenha as mãos separadas. Encha cada um de seus caldeirões internos com a energia elemental e depois visualize-os fluindo para cada mão, criando um orbe de energia formada exclusivamente por esse elemento. Visualize o símbolo elemental em seu orbe.

Você pode usar essa energia para carregar objetos com um elemento específico. Por exemplo, se eu quisesse carregar uma vela com o elemento Ar, pegaria a energia elemental do ar em minhas mãos e a colocaria ao redor da vela, visualizando toda essa energia elemental preenchendo e ativando a vela. Você também pode enviar este orbe de energia para outra pessoa, a distância. Concentre-se exclusivamente na esfera de energia dentro de suas mãos, pense no destinatário e respire fundo. Expire com força, visualizando que está soprando a esfera de energia elemental para seu destino.

Exercício 66

Chamando os Quadrantes

Os Quadrantes são os quatro pontos direcionais dentro de um Círculo onde presidem os espíritos guardiões dos quatro elementos.

Comece Sintonizando e realizando um Alinhamento da Alma. Começando no Norte, desenhe o Pentagrama de Invocação de seu elemento correspondente diante de você, na luz azul do Fogo da Bruxa. Chame o guardião daquele elemento enquanto visualiza o guardião se aproximando e levantando sua mão receptiva. Comece no Norte e mova no sentido horário em seu Círculo:

> *Salve o Guardião da Torre de Vigia da [Direção],*
> *Pelo poder do [Elemento] e da Luz Astral,*
> *Eu [seu nome] convoco, agito e chamo você neste Círculo,*
> *Para testemunhar, guardar e participar neste rito,*
> *Ó Ancião, venha e tome o seu lugar,*
> *Traga seu poder e abra seus portões,*
> *Posicione sua moeda neste Espaço Sagrado.*
> *Salve e seja bem-vindo!*

Espere até sentir a presença deles. Então, partindo do centro do seu pentagrama, trace uma linha na luz azul do Fogo da Bruxa até o próximo quarto de ponto, movendo-se do Norte/Terra, para o Leste/Ar, para o Sul/Fogo, para o Oeste/Água e finalizando conectando seu rastro de luz do Oeste para o pentáculo do Norte.

Exercício 67

Dispensando os Quadrantes

Este processo é semelhante a Chamando os Quadrantes, mas feito ao contrário. Para dispensar os quadrantes, você se move no sentido anti-horário do Oeste para o Norte e desenha o Pentagrama de Banimento do elemento apropriado diante de você, na luz azul do Fogo da Bruxa. Chame o guardião do elemento enquanto visualiza o guardião saindo do espaço, enquanto levanta sua mão projetiva:

> *Salve o Guardião da Torre de Vigia da [Direção],*
> *Pelo poder do [Elemento] e da Luz Astral,*
> *Agradeço sua presença e ajuda,*
> *Ao guardar e proteger este rito,*
> *Fique se quiser e saia se precisar,*
> *Que sempre haja paz entre nós,*
> *Em perfeito amor e em perfeita confiança.*
> *Salve e adeus!*

Ande no sentido anti-horário repetindo este processo para dispensar cada Quadrante com seu guardião.

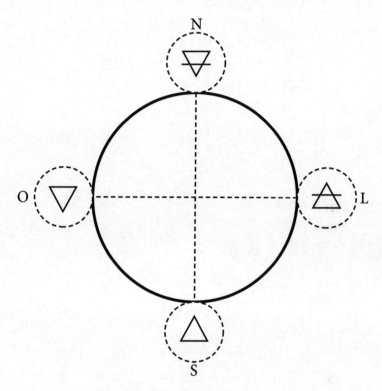

Figura 17: Invocando a Torre de Vigia dos Quadrantes Elementares

Capítulo 12
ENERGIA TERRESTRE

As Bruxas tendem a ser animistas. A palavra "animista" refere-se a quem adere ao conceito de animismo, que é derivado das palavras latinas *anima* e *animus*, relacionadas à alma, inteligência e a ter uma natureza viva. Aos olhos da Bruxa, tudo está vivo e qualquer coisa com matéria física contém força vital e inteligência. As rochas, a água, o vento, os animais, as plantas, as estrelas, os planetas e todas as coisas que podemos perceber como existentes no Universo material.

Como todas as coisas são imbuídas da quintessência do Espírito, todas são sagradas e vivas por si mesmas – e qualquer coisa que tenha uma existência física contém em si uma personalidade, energia e expressão única do Espírito. Em Fogo Sagrado, chamamos esse Espírito Universal de Deusa Estelar, o espírito do próprio Universo, e frequentemente usaremos os termos Deusa Estelar e Universo de forma intercambiável. A Deusa Estelar, como um aspecto primário do Espírito, permeia tudo o que existe de forma perceptível e imperceptível dentro do Universo.

Antes de começarmos a olhar para fora, para as energias de diferentes planetas e estrelas, vamos começar com o nosso próprio planeta, aquele em que vivemos. Assim como os humanos têm expressões individuais de identidade, mas estão conectados a um Inconsciente Coletivo da humanidade, que por sua vez os conecta como espécie em um nível espiritual, o mesmo ocorre com a natureza. Uma planta carrega a memória coletiva de sua espécie e cada planta tem seu próprio espírito individual. O mesmo é verdade para cristais, animais e outras expressões da natureza.

Assim como os humanos podem acessar o Inconsciente Coletivo e sua sabedoria e história, como um rio de sangue ancestral, o mesmo acontece com outras formas de vida. Por exemplo, uma coruja é um animal individual com sua consciência, mas também está conectada à Consciência Coletiva mais ampla de todas as corujas. Uma roseira tem sua própria personalidade individual e, no entanto, faz parte da memória e do espírito mais amplos das rosas. Cada pedaço de ametista tem sua própria identidade e também faz parte da memória da ametista maior.

A Terra está viva

As Bruxas entendem que o próprio Planeta está vivo. A ideia de que a Terra está viva não é apenas um conceito espiritual. O químico James Lovelock e a microbiologista Lynn Margulis propuseram a ideia de que a Terra está viva e chamaram isso de Teoria de Gaia.[40] Para evitar confusão com o elemento Terra, irei me referir ao Planeta Terra como um ser, como Gaia, que deriva do nome *Gaea*, o antigo nome grego para o espírito de nosso Planeta. A ideia principal por trás da Teoria de Gaia é que nosso Planeta Terra atua como um único sistema inteligente de autorregularão, bem como um organismo e, por sua vez, toda a vida no Planeta Terra é apenas parte de uma rede mais extensa. Isso é algo que as Bruxas sempre souberam; Gaia está viva! E nós, como humanos, assim como o resto da natureza, somos apenas partes microcósmicas que são codependentes do Planeta. Isso é semelhante a como nós, como seres humanos, temos toneladas de micro-organismos e bactérias dentro de nós que nos permitem viver, digerir e curar a nós mesmos. Como tal, as Bruxas costumam ser reverentes à Gaia e se veem como tendo a missão divina de ser zeladoras, protetoras e administradores de nosso Planeta.

Raven Grimassi discute um conceito fascinante que ele chama de "A Memória Orgânica da Terra", no qual todas as coisas se decompõem e se tornam parte da própria terra.[41] Como já mencionei, nosso sangue contém as memórias genéticas de nossos ancestrais. As experiências, memórias, sabedoria e história de toda a matéria biológica são absorvidas de volta

---

40. James Lovelock, *Gaia, a New Look at Life on Earth* (Oxford, NY: Oxford University Press, 1995).

41. Raven Grimassi, *Grimoire of the Thorn-Blooded Witch: Mastering the Five Arts of Old World Witchery* (San Francisco, CA: Weiser, 2014) xvii–xix.

em Gaia quando morremos e nos decompomos dentro dela, ou quando nossas cinzas são espalhadas. Gaia mantém toda essa sabedoria dentro dela. Grimassi compara isso aos Registros Akáshicos do pensamento oriental, mas sendo independente dele e residindo dentro de Gaia.

Bruxas, xamãs e místicos sabem há muito tempo que os cristais não só estão vivos com energias específicas, mas também gravam a memória. Na verdade, usamos cristais para operar a maior parte de nossa tecnologia de computador devido à sua capacidade de receber, reter e projetar informações. Quando ampliamos a sujeira com microscópios poderosos, o que vemos? Que ela é feito de minúsculos organismos, decompondo matéria vegetal e animal, minerais e cristais. Esses cristais estão gravando todas as informações do que está sendo devorado por Gaia e a terra contém as memórias de tudo o que existiu nela, dos dinossauros aos nossos ancestrais.

Sincronizando com a imaginação da Terra

Mas Gaia tem consciência? A superfície do Planeta Terra e a ionosfera trabalham juntas para criar pulsos rítmicos eletromagnéticos produzidos pela atividade de raios dentro de uma cavidade. Nosso mundo emite um pulso eletromagnético de 7,83 ciclos *hertz* (embora possa aumentar às vezes) e foi comparado por muitos pesquisadores à atividade cerebral de humanos e de todos os outros animais que tenha cérebro. Esse misterioso ciclo pulsante eletromagnético é conhecido como Ressonância de Schumann, em homenagem ao físico Winfried Otto Schumann, que foi o primeiro a prever esse fenômeno matematicamente.[42]

De forma independente, o físico nuclear Robert Beck examinou os estados de ondas cerebrais de Bruxas, médiuns, curandeiros cristãos, xamãs e outros curandeiros e descobriu que a maioria deles exibe o padrão de ondas cerebrais de 7,8-8 ciclos de *hertz* durante a cura ou entrando em estado alterado de consciência.[43]

---

42. James L. Oschman, *Energy Medicine: The Scientific Basis* (Dover, NH: Elsevier, 2016), 257–263.

43. Barbara Brennan, *Light Emerging: The Journey of Personal Healing* (Broadway, NY: Bantam, 1993), 17–18.

Já exploramos esse estado de ondas cerebrais anteriormente; trata-se do estado de *ondas cerebrais alfa* (7,5-13 *hertz*), vinculado à capacidade psíquica, meditação, devaneio e visualização. Então, se a Ressonância de Schumann é a mente de Gaia. Isso nos levaria a concluir que a consciência de Gaia está em *alfa* e que, talvez, ao entrarmos em estado *alfa*, estejamos nos alinhando com a consciência, sonhos, imaginação e memórias da própria Gaia. Esse estado de consciência alterado pelo sonho está associado ao astral. Como tal, somos influenciados por Gaia e Gaia é afetada por nós.

Exercício 68

Conectando-se a Gaia

Encontre um lugar na natureza onde você não seja incomodado. Comece Sintonizando e invocando seu Eu Inferior – já que o Eu Inferior é a parte de nós que está conectada com a Terra. Sente-se em uma posição confortável no chão e coloque as mãos sobre a terra. Do fundo do seu coração e espírito, chame Gaia, vendo esta chamada como um impulso energético de ondas que se movem através do seu corpo e descem pelas suas mãos, alcançando o coração de Gaia. Afirme verbal ou mentalmente:

Mão no chão
Osso para pedra
Sangue para lama
Para a mente de Gaia
Eu estou alinhado.
Estou alinhado
Para a mente de Gaia
Lama para sangue
Pedra com osso
Terra em mãos.

Espere por uma resposta de Gaia. Isso será diferente para cada indivíduo. Preste atenção a todos os seus sentidos claros internos. Normalmente, começo a receber isso como uma sensação claritangente, antes que uma imagem dela apareça em meu Olho de Bruxa. Quando você obtiver uma resposta, sinta-se à vontade para iniciar uma conversa com Gaia, fazendo perguntas, pedindo conselhos ou perguntando se há alguma mensagem dela para você. Eu recomendo construir um relacionamento com Gaia por muitas razões, a principal é que ela é a rainha e mãe do reino terreno. Nessa função, ela pode ajudar no trabalho que envolve o Espírito do Lugar ou Espíritos da Natureza, quando necessário, isso se você se conectar com ela dessa maneira e pedir sua ajuda. Quando terminar, simplesmente faça o Fechamento para retornar à consciência do Eu Médio.

O Espírito do Lugar

Embora Gaia tenha consciência própria, diferentes locais, assim como os próprios edifícios, também têm suas próprias formas de consciência. Isso geralmente é chamado de Espírito do Lugar, onde pode haver plantas, animais, minerais e outros espíritos que o habitam e têm suas próprias formas individuais de consciência – assim como existem ecossistemas físicos de plantas e animais coexistindo e criando sistemas complexos de comunidade. Uma feiticeira psíquica deve aprender a se conectar não apenas com a própria Gaia, mas também com os Espíritos do Lugar e os espíritos dentro dos lugares.

Fazer amizade com o Espírito do Lugar é importante. Ao tornar-se amigo do Espírito do Lugar, qualquer esforço mágico que você realizar naquele local – podendo ser em uma floresta, praia, casa ou até em um jardim – terá a bênção desse espírito, garantindo maiores resultados em sua magia e fornecendo proteção e menos resistência dos espíritos que podem estar morando lá. Pense nisso. Você não gostaria que alguém invadisse sua casa e fizesse rituais estranhos, certo? Provavelmente não.

Ao envolver um Espírito do Lugar, existem alguns fatores importantes a serem considerados. Peça sempre permissão. Preste atenção e respeite a resposta, especialmente se for um não. Se for visitante, faça sempre uma oferta, que vai variar de acordo com o local onde mora e os costumes do lugar. Tente pesquisar diferentes costumes religiosos, indígenas, xamânicos e folclóricos quando se trata de ofertas de terras – isso lhe dará uma ideia forte do que a terra gosta.

Aqui na Nova Inglaterra, onde moro, é costume oferecer fubá, tabaco, água doce ou uma mecha de seu cabelo – especialmente se você estiver forrageando ou colhendo coisas nesse local. Nunca tire da natureza sem dar algo em troca. Há um velho ditado que diz "um presente exige um presente". Isso mantém a troca e a reverência iguais pela natureza, para que você não esteja apenas pegando e perturbando o Espírito do Lugar. À medida que você desenvolve um vínculo com esse espírito, pode perguntar de que tipo de ofertas ele gosta.

Exercício 69

Conectando-se ao Espírito do Lugar

No limiar do local com o qual você está procurando se conectar, como a borda de uma floresta ou fora da porta de uma casa, por exemplo, comece a entrar em sintonia e invocar seu Eu Inferior. Faça o último exercício (Conectando-se a Gaia), chamando e conectando-se com ela. Coloque as mãos no chão da barreira de qualquer local em que você esteja. Faça uma oferta enquanto a chama verbalmente ou mentalmente. Pode ser mais ou menos assim:

Eu invoco o Espírito deste lugar, eu [nome] trago uma oferta de [oferta] para honrar e me conectar a você. Peço sua permissão e sua bênção para [explique qual é o seu propósito para se conectar com o lugar. Diga se está querendo realizar magia, meditar ou algo mais. Deixe o Espírito do Lugar saber]. Tenho sua permissão e bênção para prosseguir?

Aguarde uma resposta, semelhante ao último exercício (Conectando-se a Gaia). O Espírito do Lugar assume uma forma em seu Olho de Bruxa? Verifique com todos os seus sentidos de claridade. Eles se sentem convidativos e acolhedores ou se sentem hostis? Às vezes, o Espírito do Lugar negará seu pedido naquele momento sem parecer hostil. Respeite tudo o que receber. Caso receba um sinal de positivo do Espírito do Lugar para prosseguir, tente se envolver em uma conversa psíquica com ele, faça perguntas sobre ele e sua história.

Exercício 70

Vidência com a natureza

Uma técnica clássica entre muitas Bruxas e Pagãos, além de ser uma das mais fáceis que existe, é a de adivinhar a natureza. A vidência é o ato de obter informações clarividentes por meio da observação meditativa de um objeto, mas, nesta técnica, ela é realizada com a natureza como um todo, normalmente durante um passeio casual pela natureza ou sentado em um local específico ao ar livre. Antes de começar, procure ter uma única pergunta em mente – está tudo bem se essa pergunta for simplesmente "O que eu preciso saber agora?"

Certifique-se de estar em estado relaxado e meditativo. Você pode ativar sua solicitação psíquica ou realizar todo o exercício de Sintonia ou pode optar por realizar os dois últimos exercícios se o lugar for novo ou desconhecido. Esteja você caminhando ou sentado em um lugar, observe o que está ao seu redor de maneira passiva.

Se o Espírito transmitisse uma resposta à sua pergunta por meio de imagens metafóricas da natureza, qual seria a mensagem? Que animais, insetos ou plantas você vê? Qual é o seu comportamento? Os arbustos, copas das árvores ou nuvens trazem imagens ou rostos? Como isso se relacionaria com a sua pergunta?

Quando estiver em casa, procure saber qual é o significado espiritual de qualquer animal, inseto, planta ou símbolo que chamou sua atenção para uma camada mais profunda de compreensão.

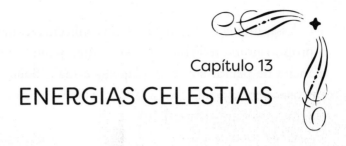

Capítulo 13
ENERGIAS CELESTIAIS

Os ocultistas antigos não apenas reconheciam a influência de Gaia, entendo que, se ela estava viva, certamente os outros planetas também estavam, como entendiam que esses planetas tinham efeitos sobre nós. Ao longo da história humana, as pessoas rastrearam as estrelas e planetas e registraram sua influência sobre a humanidade, reconhecendo a energia arquetípica que essas estrelas e planetas mantinham e percebendo que sua influência poderia ser alinhada e aproveitada em esforços mágicos. Os antigos consideravam sete planetas como tendo as fortes principais influências, que hoje reconhecemos como o Sol, a Lua, Vênus, Mercúrio, Marte, Júpiter e Saturno. Observe que eles viam o Sol e a Lua como planetas, algo que não fazemos hoje, e se referem a eles como luminárias. Mas a definição de planeta nos tempos antigos era diferente.

A palavra "planeta" vem da palavra grega *plantas*, que significa "andarilho". Os planetas foram definidos como um dos sete principais objetos que vagavam em nosso céu. Os gregos nomearam os planetas por causa de seus poderes arquetípicos e em homenagem a seus Deuses. É importante não ficar muito preso ou confuso sobre os planetas e seus homônimos, eles exercem influências semelhantes a esses Deuses, mas também diferem de muitas maneiras. Os objetos celestes que estão mais perto de nós têm forte influência espiritual sobre nós, enquanto os que estão mais distantes têm influência decrescente. Embora tenha havido mais planetas que foram descobertos desde os planetas gregos originais, os sete errantes são os mais poderosos para trabalhar em termos de magia e será neles que nos concentraremos.

Essas influências planetárias são conhecidas como influências astrais, o próprio nome referindo-se aos reinos planetários celestiais. Outra maneira de pensar sobre os planetas e sua influência e como eles nos afetam, é pensar no sistema solar como um ser macrocósmico, sendo cada objeto celeste uma parte do todo.

Cada planeta possui um glifo que é composto por combinações dos três principais elementos visuais da cruz, do círculo e do crescente. O círculo representa o espírito e está relacionado ao Eu Superior, a cruz representa a matéria e está conectada ao Eu Médio e o crescente representa a alma que está ligada ao Eu Inferior.[44]

Correspondências planetárias e a doutrina das assinaturas

Após os quatro elementos, agora veremos que os livros sobre Bruxaria usam os poderes planetários como a próxima forma primária de correspondência. Vamos ver listas de muitas plantas e cristais que correspondem a diferentes energias planetárias. Este sistema de correspondências veio da Doutrina das Assinaturas, que examina a forma, a cor, a aparência e o número de folhas e pétalas de uma planta para determinar o que ela faz pelo corpo ou como interage com o ambiente. Um claro exemplo comum é a Pulmonária, que medicinalmente ajuda a aliviar problemas respiratórios e tem folhas em forma de pulmão.

O conceito de correspondências é baseado no axioma hermético de "Como acima, é abaixo. Tanto dentro, como fora." Na Era Comum do primeiro século, Dioscórides escreveu *De Materia Medica* usando esse conceito e aplicando-o às plantas. Cerca de cem anos depois, as obras de Galeno abraçaram as noções apresentadas na obra *De Materia Medica*, e tem sido uma das principais influências históricas da medicina e da saúde modernas.

---

44. Ivo Dominguez Jr., *Practical Astrology for Witches and Pagans: Using the Planets and the Stars for Effective Spellwork, Rituals, and Magickal Work* (San Francisco, CA: Weiser, 2016), 27–28.

Na década de 1400, Paracelso expandiu e aprimorou a ideia de correspondências quando ele e outros alquimistas e ocultistas viram que as propriedades de uma planta, baseadas na Doutrina das Assinaturas, eram governadas por poderes planetários específicos. Portanto, pensava-se que a natureza imbuída no espírito da planta tinha a assinatura ou a correspondência com esse poder planetário e poderia ajudar em empreendimentos mágicos em torno de coisas que precisavam desse poder específico, pois já estavam conectados a ele.

Laurie Cabot explica isso lindamente, afirmando que "A natureza é particularmente boa em manter uma luz e uma vibração puras. Tanto os humanos quanto todo o resto são facilmente influenciados pelos planetas e as estrelas. Porém, ervas, madeiras, pedras, metais e animais têm consciência e aura muito puras, e são capazes de ancorar vibrações específicas de um ou dois planetas diferentes. Dizemos que cada ingrediente mágico é 'governado' por um planeta ou signo particular."[45]

Quanto aos aspectos de gênero usados em listas de correspondência e gráficos mais antigos, essas ideias não estão relacionadas ao nosso entendimento moderno de gênero e cresceram em desacordo com outros termos tradicionais, como "quente" e "frio", que retratam melhor o que os termos estavam tentando transmitir sem as conotações sexistas mais antigas. Por exemplo, estimulante, agressivo, elétrico ou positivo é considerado "quente" (anteriormente masculino). Se uma planta ou erva é relaxante, passiva, magnética ou negativa, é considerada "fria" (anteriormente feminina). Estes detalhes são usados para determinar o "gênero" da associação de uma planta. Vemos essa mudança até mesmo no tempo de Cunningham; em um livro de ervas ele usa gênero e, em seguida, no próximo, ele usa "quente" e "frio" e discute por que está evitando os termos de gênero a partir de então.

As correspondências também são baseadas em como as plantas interagem com o corpo ou com o ambiente. Por exemplo, o absinto é útil para dissipar parasitas no corpo, então também é bom para dissipar seres

---

45. Laurie Cabot com Penny Cabot e Christopher Penczak, *Laurie Cabot's Book of Spells & Enchantments* (Salem, NH: Copper Cauldron, 2014), 39–40.

inferiores fora do corpo e da aura; essa é uma energia muito arquetípica de Marte. Já a artemísia, medicinalmente, acalma e promove o sono, que por sua vez são efeitos que estimulam a glândula pineal a produzir melatonina que, por sua vez, promove mais capacidade psíquica; isso tudo remete a uma energia arquetípica da Lua. Usando a Doutrina das Assinaturas, podemos entender qual é o poder planetário arquetípico central de uma planta ou cristal com base em sua aparência, o que nos dá insights sobre sua correspondência medicinalmente. Essas propriedades medicinais sugerem o que eles fazem magicamente e espiritualmente.[46]

O principal benefício a se tirar disso é que tudo em nosso Planeta corresponde a uma energia planetária, assim como as plantas fazem, e mostra que há raciocínio por trás dessas correspondências. Ao aprender o que é esse poder planetário, você pode se sintonizar com ele por meios psíquicos e ainda ativar suas propriedades e poderes mágicos para trabalhar seus benefícios em um nível mais profundo. Veja como nos dois próximos exercícios deste capítulo.

O Sol

Dia da semana: *domingo*

Símbolo do Eu Superior, o Sol é o poder do espírito representado em nosso sistema solar. Seu poder está ligado ao senso de identidade e a si mesmo. Ele governa o bem-estar em todas as áreas do Eu, incluindo saúde, riqueza, felicidade e prosperidade. O glifo do Sol é um círculo de espírito com um ponto no meio. Ivo Dominguez refere-se a isso como um símbolo da relação entre o microcosmo e o macrocosmo e do espírito se manifestando.[47]

O glifo do Sol também pode ser visto como uma representação simbólica do próprio Sol, que também é uma estrela e, como tal, o objeto

---

46. Christopher Penczak, *The Plant Spirit Familiar: Green Totems, Teachers & Healers on the Path of the Witch* (Salem, NH: Copper Cauldron, 2011), 71–73.

47. Ivo Dominguez Jr., *Practical Astrology for Witches and Pagans: Using the Planets and the Stars for Effective Spellwork, Rituals, and Magickal Work* (San Francisco, CA: Weiser, 2016), 28.

planetário mais divino em nosso sistema solar, sendo uma manifestação direta da Deusa Estelar.

Use a energia do Sol para empreendimentos mágicos relacionados a ambição, confiança, criatividade, domínio, egoísmo, expressão, fama, paternidade, amizade, ganância, crescimento, avanços, felicidade, cura, saúde, iluminação, individualidade, alegria, liderança, vida, manifestação, motivação, masculinidade, personalidade, poder pessoal, poder em geral, orgulho, prosperidade, renome, autoestima, senso de identidade, força, sucesso, vitalidade e riqueza.

A Lua
Dia da semana: *segunda-feira*

Símbolo do Eu Inferior, a Lua é o poder da alma representado em nosso sistema solar. Seu poder está ligado ao reino do oculto, como habilidades psíquicas, proezas mágicas, emoções, instinto, glamour e ilusão. A Lua é um dos corpos celestes mais intrinsecamente conectado à Bruxaria, além da própria Terra. As Bruxas trabalham com diferentes fases da Lua para auxiliar em diferentes empreendimentos mágicos. A fase da Lua crescente é usada para magia de manifestação e a Lua minguante é usada para magia de banimento.

O glifo da Lua é a imagem de uma Lua crescente. Chocante, hein? A energia da Lua pode se manifestar e banir energias dentro de nós e situações em nossas vidas, através de seu aumento e diminuição.

Use a energia da Lua para empreendimentos mágicos relacionados à compaixão, trabalho astral, nascimento, adivinhação, sonhos, emoções, empatia, feminilidade, glamour, gratidão, família, casa, ilusões, imaginação, intuição, habilidade mágica, maternidade, paciência, habilidade psíquica, mudança de forma, espiritualidade, sutileza, transformação.

Mercúrio
Dia da semana: *quarta-feira*

O poder de Mercúrio está ligado ao reino do pensamento, velocidade, movimento, comunicação, processamento, negócios e comércio. As palavras inglesas mercenário e comerciante são derivadas do latim *Merx*, que é a mesma raiz da palavra latina para Mercúrio, *Mercurius*. A palavra *mercurial* é qualquer coisa que se relacione com o planeta Mercúrio, mas também se relaciona com a ideia de mudar rapidamente a postura, as perspectivas ou a mente de alguém.

O glifo para o Mercúrio é o crescente da alma coroando o círculo do espírito acima da cruz da matéria. O glifo também pode ser visto como uma representação simbólica do cajado do caduceu do Deus romano Mercúrio.

Use a energia de Mercúrio para empreendimentos mágicos relacionados à comunicação, negócios, engano, flexibilidade, cura, insight, intelecto, conhecimento, lógica, magia, memória, processos mentais, música, percepção, poesia, proteção, processamento, ciência, fala, estudo, tecnologia, roubo, pensamento, comércio, viagem, trapaça e a escrita.

Vênus
Dia da semana: *sexta-feira*

Vênus é o poder da beleza, receptividade, atração e fertilidade. Embora tenda a ser associado ao amor e à beleza, Vênus também está ligado ao reino da fertilidade, da natureza e também tem um lado mais sombrio. Muitas palavras são derivadas de Vênus, como *venefica*, que significa "envenenamento", vinculando-se à ideia de envenenamento por plantas e ervas, o mesmo valendo para a palavra veneno. "Venéreo" diz respeito ao conceito de amor e prazer, como as doenças venéreas, que são sexualmente transmissíveis. Quando adoramos ou amamos muito alguém, nós os veneramos. Há também a ligação entre vinhos e vinhas e Vênus, derivada de uma raiz proto-indo-europeia *wen*, unindo as ideias de prazer, intoxicação e a Terra.

O glifo de Vênus é o círculo do espírito acima da cruz da matéria. O glifo também pode ser visto como o espelho de mão de Vênus ou como uma flor.

Aproveite a energia de Vênus para empreendimentos mágicos relacionados à atração, acordos, afeto, arte, beleza, cooperação, cultura, emoções, fertilidade, amizade, graça, glamour, inspiração, ciúme, amor, sedução, luxo, paixão, paz, prazer, relacionamentos, romance, autoconfiança, sensualidade, sexo, sexualidade, sociabilidade e objetos de valor.

Marte
Dia da semana: *terça-feira*

Marte é o poder da força, da energia bruta e da força física, mas também da resistência, de batalhas, confrontos, forças armadas, luta, autodefesa e potência sexual. A energia de Marte pode ser benéfica quando você precisa de ajuda para quebrar coisas ou atravessá-las. A palavra "marcial" pertence a qualquer coisa relacionada ao planeta Marte, mas também é usada para descrever coisas pertencentes aos militares, como a lei marcial ou as artes marciais.

O glifo de Marte é o círculo do espírito com uma flecha de força dirigida, o único glifo a quebrar as regras formuladas. O glifo de Marte também pode ser visto como um escudo e uma lança.

Use a energia de Marte para empreendimentos mágicos relacionados à agressão, raiva, batalhas, limites, conflitos, confrontos, coragem, defesa, disputas, energia, luxúria, motivação, paixão, força física, proteção, energia bruta, liberação da escravidão, desejo sexual, potência sexual, resistência, força, vingança, vigor, vitalidade e guerra.

Júpiter
Dia da semana: *quinta-feira*

Júpiter é o poder da verdade e justiça superiores, liderança, sabedoria, religião, fé e expansão. A palavra Jupteriano se refere a qualquer coisa relacionada à ambição, liderança e religião. Júpiter também está relacionado à ideia de bênçãos divinas e, como tal, palavras como "jovial" (*Jove* sendo uma variante do nome de Júpiter) referem-se à ideia de ter uma boa natureza e ser divertido ou satisfatório. Quando estamos em alinhamento com nosso Eu Superior, somos expansivos e algumas áreas de nossas vidas começam a ser preenchidas com as bênçãos da sabedoria, justiça e prosperidade.

O glifo de Júpiter é o crescente da alma e a cruz da matéria. Também pode ser visto como o trono de Júpiter.

Use a energia de Júpiter para empreendimentos mágicos relacionados à abundância, ascendência, autoridade, devoção, entusiasmo, ética, expansão, fortuna, crescimento, propósito superior, consciência superior, honra, humor, justiça, lei, sistema legal, caminho de vida, sorte, otimismo, filosofia, moralidade, política, prosperidade, religião, responsabilidade, regras, governo, espiritualidade, verdadeira vontade, verdade, riqueza e sabedoria.

Saturno

Dia da semana: *sábado*

Saturno é o poder das regras, restrição, contração, blindagem, proteção, limites, evolução, finais e lições cármicas. A palavra Saturnino se relaciona a tudo que é escuro e sombrio. Enquanto Júpiter expande áreas da vida, Saturno as restringe. Enquanto Júpiter cresce, Saturno colhe. Enquanto Marte é mais agressivo em sua energia, Saturno é mais defensivo.

O glifo de Saturno é a cruz da matéria com o crescente da alma, mas também pode ser visto como a foice de Saturno de cabeça para baixo, indicando a foice que está sendo usada.

Ligue-se à energia de Saturno para empreendimentos mágicos relacionados à agricultura, austeridade, ligações, limites, morte, envelhecimento, destruição, dever, equilíbrio, medo, formação, história, iniciação, intimidação, carma, ciclo de vida, lições de vida, limitação, paciência, perseverança, praticidade, proteção, prudência, responsabilidade, restrição, sacrifício, autodisciplina, trabalho de sombra, ensino, tempo e sabedoria.

Exercício 71

Sintonizando as energias planetárias

Comece Sintonizando e realizando um Alinhamento da Alma. Respire fundo e diga:

Pretendo vibrar em ressonância com o poder do [planeta],
para que eu possa lhe conhecer.

No ar à sua frente, desenhe o glifo daquele planeta em Fogo da Bruxa e desenhe um círculo no sentido horário ao redor dele. Sinta a energia desse elemento emanando de seu portal planetário. Sinta a energia do poder planetário ao seu redor. Faça o exercício de Respiração Lunar, mas concentre-se apenas no planeta que você está chamando para substituir a Lua neste exercício – a menos, é claro, que você esteja chamando a Lua.

Pegue a energia planetária e deixe-a carregar e preencher você. Visualize o glifo aparecendo em seu peito e veja seu corpo brilhando com essa energia. Veja seu corpo e aura se enchendo com essa energia. Qual é a sensação? Com o que se parece? Qual é o cheiro? Como isso soa? Qual é o gosto? Faça isso para cada planeta, começando com o Sol, passando pela Lua, Mercúrio, Vênus, Marte, Júpiter e Saturno, até que você se familiarize com todos eles.

Exercício 72

Conjurando energia planetária para carregar e enviar

Comece Sintonizando. Ative os centros de energia da palma da mão. Decida qual planeta você deseja conjurar. Desenhe o glifo planetário com os dedos da mão projetiva na palma da mão receptiva e desenhe um círculo no sentido horário ao redor dele. Comece a se concentrar em como é a energia planetária específica, com base em suas experiências do exercício anterior. Mantenha as mãos separadas. Visualize o glifo aparecendo em seu peito e seu corpo brilhando com essa energia, enchendo seu corpo e aura com seu poder e, em seguida, visualize-os fluindo para cada mão, criando um orbe de energia formada exclusivamente por esse elemento.

Você pode usar essa energia para carregar objetos com um planeta específico. Por exemplo, se eu quisesse carregar um cristal com o poder planetário de Mercúrio, pegaria a energia planetária desse planeta em minhas mãos e a colocaria ao redor do cristal, visualizando toda essa energia elemental preenchendo e ativando o cristal. Você também pode enviar este orbe de energia para outra pessoa, a distância. Concentre-se exclusivamente na esfera de energia dentro de suas mãos, pense no destinatário e respire fundo. Expire com força, visualizando que você está soprando a esfera de energia elemental para seu destino.

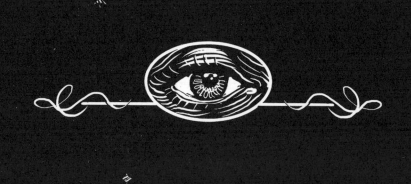

Capítulo 14
MANIFESTAÇÃO MULTIDIMENSIONAL

Uma aura é um campo de energia que envolve todos os objetos, pessoas e entidades. Quanto mais complexo o ser, mais complexa será sua aura. Por esse motivo, os objetos inanimados tendem a ter auras muito básicas. As rochas terão auras menos complicadas do que as plantas, que por sua vez terão auras menos complexas do que os animais. Já os animais tendem a ter auras menos complexas do que as dos seres humanos. A aura aparece como um campo de luz colorida que nos transmite informações psíquicas e podem nos dizer sobre o estado emocional, o humor, os pensamentos, a saúde e a espiritualidade de uma pessoa.

De origem latina, a palavra *aura* significa "brisa". Na mitologia greco-romana, quatro Deuses personificavam os quatro ventos cardeais. Esses Deuses eram chamados de Anemoi e tiveram como filhas as Auras, as ninfas das brisas. A principal Deusa da brisa se chamava Aurae e foi retratada na arte clássica, ao lado de uma das Auras, com um *velifactio*, que era um pedaço de tecido de forma oval, que ondulava com a brisa atrás delas, formando, aos olhos de quem via, uma aparência de aura.

O *velifactio* representava a energia celestial, ou o que poderíamos chamar de *energia astral* nos tempos modernos, pois a palavra astral é derivada da palavra latina *astrum*, que significa "conectado às estrelas". Mais tarde, o *velifactio* seria retratado na arte visto por trás da realeza e de pessoas de certa qualidade de poder mundano, semelhante aos halos usados para ilustrar uma pessoa sagrada, que também é uma referência à aura de uma pessoa. Você já deve ter ouvido a expressão de que determinada pessoa tem um certo "ar sobre ela". Essa expressão aponta para a ideia de aura que a pessoa possui.

A palavra *aura* é muito semelhante à palavra "aurora". Aurora era a Deusa do amanhecer, seu nome significa *luz da manhã* ou *amanhecer*. Aurora e Aura foram combinadas por escritores romanos como Ovídio em *A Metamorfose*, o que dá outro significado ao motivo pelo qual usamos a palavra aura para o campo de energia. Portanto, não é apenas um "ar" não físico sobre uma pessoa que aparece em camadas, mas também uma luz colorida. Assim como o céu do amanhecer é preenchido com várias luzes coloridas, todas se mesclando umas nas outras, é a aura ao redor de uma pessoa.

Os caldeirões e o campo áurico

Os três caldeirões espirituais são nossos portais internos de nosso campo áurico. Assim como a imagem do caldeirão de uma Bruxa clássica é preenchida com um líquido que, por sua vez, ferve e borbulha, também nossos caldeirões continuamente absorvem energia de diferentes reinos da realidade que, quando filtrados por nós mesmos, são expressos como um campo áurico ao redor. A função é semelhante à respiração. Estamos sempre recebendo informações de nosso ambiente energético multidimensional e filtrando-as através de nossos caldeirões internos e liberando-as como campos áuricos ao nosso redor. Cada caldeirão processa duas faixas dimensionais diferentes de nossa realidade. O Caldeirão do Aquecimento, como um ponto focal de nosso Eu Inferior, processa as energias etéricas e astrais. O Caldeirão do Movimento, como um ponto focal de nosso Eu Médio, processa as energias mentais e emocionais. E o Caldeirão da Sabedoria, como um ponto focal de nosso Eu Superior, processa as energias psíquicas e divinas.

Esses campos áuricos atuam como nossos outros corpos em nossa realidade multidimensional. Embora nosso foco esteja predominantemente em nossos corpos físicos, temos seis outros corpos também existindo dentro de sua própria faixa dimensional de realidade. Pense nas faixas dimensionais da realidade como canais de energia, todos existindo no mesmo espaço. Assim como as ondas de rádio, elas são aparentemente invisíveis e imperceptíveis, mas se você usar um rádio e sintonizar a estação certa, voltando para a banda de frequência de rádio, uma estação de rádio específica surge. Trabalhando com nossos caldeirões espirituais, podemos aprender a sintonizar essas faixas dimensionais em diferentes graus.

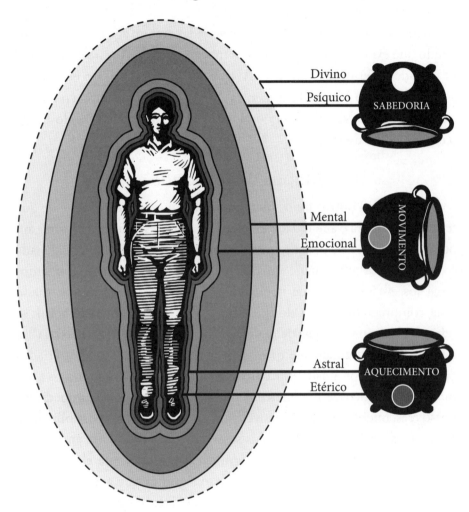

Figura 18: A Aura em Relação aos Três Caldeirões

Portanto, o corpo físico é nosso corpo dentro do plano físico. Nosso corpo etérico é nosso corpo na faixa de frequência etérica. Nosso corpo astral é nosso corpo na faixa de frequência astral. Nosso corpo emocional é o corpo dentro da faixa de frequência emocional. Nosso corpo mental é o corpo dentro da banda de frequência mental. Nosso corpo psíquico é nosso corpo na faixa de frequência psíquica, e nosso corpo divino é nosso corpo dentro da faixa de frequência divina. Todos eles existem simultaneamente, e nosso corpo físico é o nexo que une e mantém esses corpos juntos, como uma espiral mortal.

Essas bandas de frequência estão alojadas em um agrupamento mais amplo que experimentamos como os três mundos na Árvore do Mundo. O Mundo Inferior das raízes da Árvore do Mundo abriga o etérico e o astral. O Mundo Médio do tronco da Árvore do Mundo abriga o mental e o emocional. O Mundo Superior dos ramos da Árvore do Mundo abriga o espiritual e o divino.

Mapas da realidade

Se você leu outros livros metafísicos, há uma grande chance de que tenha visto a aura e a realidade explicadas ou representadas de forma um pouco diferente. Isso porque, quando se trata do reino do espiritual, nada é concreto, portanto, não é uma ciência precisa. No entanto, podemos traçá-los em modelos que nos ajudam a navegar nesses reinos, tendo uma compreensão básica do que está lá fora. Christopher Penczak se refere a eles como "mapas de realidade" no Templo da Alta Bruxaria[48], e é importante entender que os mapas de realidade são modelos criados para servir a um propósito específico. Quando ficamos muito presos a um modelo específico de nós mesmos ou da própria realidade, impedimos nosso crescimento, o que é acessível para nós e para nossas possibilidades. Da mesma forma, eu discuti quais seres você provavelmente encontrará nesses planos de realidade; isso significa que é aqui que eles existem concretamente? Absolutamente não. Isso significa que aqui será muito provavelmente apropriado entrar em um canal de ressonância simpático e ser capaz de experimentá-los.

Então, por que os campos áuricos são representados da maneira que são se eles coexistem no mesmo espaço? Por que essa divisão dos campos áuricos está representada no arranjo de camadas que eles são? A primeira

---

48. Christopher Penczak, *The Temple of High Witchcraft: Ceremonies, Spheres and the Witches' Qabalah* (Woodbury, MN: Llewellyn Publications, 2014), 69–75.

resposta é que a percepção psíquica de cada pessoa é diferente. Pense em cada médium como tendo um nível diferente de foco ampliado. Quando um médium olha para a aura, ele pode ver as camadas reorganizadas de maneiras diferentes e também pode perceber distinções mais sutis ou corpos áuricos mais generalizados. A segunda razão é que este mapa da realidade em particular nos ajuda a entender quais energias estão ligadas a quais partes da Árvore do Mundo, assossiado ao nosso Modelo de Três Almas e Três Caldeirões. A razão mais importante, entretanto, é que esta ordem de camadas áuricas e níveis de realidade nos ajuda a entender a mecânica da magia. Ele traça claramente os passos que tomamos ao lançar magia, como indo da nossa realidade física para a divina, quais passos damos para receber a manifestação, e como essa magia é devolvida como resultados do divino para a nossa realidade física.

Magia Multidimensional

Para realizar magia com sucesso, começamos a atuar no plano físico. Podemos reunir ingredientes físicos, como velas, ervas, bonecos, cristais, etc. Podemos até manter nosso gesto físico imediato de cruzar os dedos. Assim se inicia o trabalho de energia. Em seguida, criamos um recipiente energético no etérico, abrindo espaço para a magia. É como limpar a mente e entrar em estado alterado, reservando um tempo para realizar a magia, lançando um Círculo ou criando um Espaço Sagrado. Ao fazer isso, estamos preparando o cenário para a criação. Em seguida, empurramos esse recipiente de magia, com o que está contido nele, que muitas vezes é referido como forma-pensamento para o astral, preenchendo-o com nossa força de vontade e desejando que nossas intenções se manifestem.

A próxima etapa é empurrar essa forma-pensamento para o emocional, conjurando e alinhando com a energia que desejamos manifestar e direcionando-a para o feitiço. Mágicos são conhecidos por tocar blues clássico e jazz, o que evoca o poder emocional do trabalho que estão fazendo em segundo plano, enquanto realizam sua magia. Se você está criando magia para manifestar amor, vai evocar sentimentos internos de amor e de felicidade para serem apegados à sua forma de pensamento. Em seguida, movemos a forma-pensamento para o mental, expressando nosso desejo claramente. Isso é feito afirmando mental ou verbalmente o que você deseja, escrevendo uma petição, falando as palavras de um feitiço, ecoando ou cantando.

No próximo estágio de nossa magia, empurramos a forma-pensamento para o psíquico, visualizando claramente o resultado que desejamos e como esse desejo pode ser manifestado. O último passo em nossa fórmula para lançar um feitiço é enviarmos para o Divino nossa intenção, pedindo à divindade que intervenha em nosso nome. Isso pode ser expresso como Bruxas erguendo o Cone de Poder e enviando a forma-pensamento para o cosmos. Entregamos a forma-pensamento aos níveis mais elevados de realidade e liberamos nosso apego a ela.

Uma vez que isso é feito e o lançamento da magia real está terminado, tudo retorna para nós como um bumerangue. A magia nos é devolvida garantindo que toda a nossa energia esteja alinhada com o que buscamos obter. Quando cada parte de nós mesmos está alinhada com nossa magia, tornamo-nos essa magia, e é quase impossível para essa energia não se tornar uma realidade. Honramos o Divino e nos alinhamos com nossa Vontade Superior para agirmos em serviço aos outros, o que inicia a manifestação de volta em nossas vidas. Do Divino passamos para o psíquico, que é quando visualizamos que o feitiço já se manifestou e aconteceu e nos recusamos a visualizar qualquer resultado que contradiga nosso desejo.

Do psíquico, entramos no mental, agora sabemos que o desejo já está sendo realizado e não permitiremos que os nossos pensamentos, que contradizem o nosso desejo, anulem nossa manifestação. Em seguida vem a fase emocional, que nos permite sentir o que está acontecendo e garante que estamos emocionalmente otimistas quanto à sua manifestação. E só então essa forma-pensamento é trazida para o astral, permanecendo totalmente constante em nossa força de vontade e recusando qualquer coisa menos do que resultados. Aqui, essa energia começa a se ancorar no etérico, quando criamos um espaço em nossas vidas para que ele se manifeste.

A magia se torna uma realidade física quando tomamos a iniciativa de ação, que é um elemento essencial, mas muitas vezes esquecido, no lançamento de feitiços. A atividade física é como criar uma saída para que toda essa energia flua para o plano físico. Por exemplo, você não vai manifestar o relacionamento perfeito se não estiver ativamente se colocando em situações sociais em que possa conhecer alguém. Se você executou todas essas etapas, não adianta ficar sentado no sofá, pois há uma grande chance de que nada vai mudar. Sua alma gêmea não vai brotar pela parede.

O etérico

A primeira camada da aura é chamada de corpo etérico, a parte mais acessível de se ver. Geralmente é essa camada o que as pessoas veem quando começam a ver auras. A aura aparece como um contorno ao redor de uma pessoa, variando de alguns centímetros de largura. A princípio, e o que é mais comum, ela se parecerá com uma substância transparente, como o calor subindo de um pavimento quente, ou como uma névoa branca ou acinzentada ao redor de uma pessoa. Com o tempo e o desenvolvimento, a aura começa a ser percebida em seu corpo etérico e em cores.

A palavra "éter" vem da frase latina *aethr*, que se traduz como "o ar puro e brilhante superior", com raízes etimológicas nas palavras gregas *āth*, que significa "queimar, brilhar" e *aithr*, que significa "ar superior". Éter, na mitologia grega, era uma divindade primordial que encarnava a substância que preenchia as regiões superiores das moradas dos Deuses e que, da mesma forma que os humanos, respirava e dependia do ar. Isso nos dá uma pista da natureza deste campo, como energia metafísica. Em sua obra *Timeu*, Platão escreveu que: "existe o tipo mais translúcido, que é chamado pelo nome de éter".

No entanto, o insight mais significativo sobre a natureza deste campo é obtido ao compreender que seu nome vem das antigas ciências alquímicas gregas. *Aethr* era o nome dado à quinta força elemental que compõe a realidade, também conhecida como "quintessência" em latim, e mais comumente hoje, vindo do inglês, como "Espírito", que é a força elemental divina que permeia e compõe cada um dos quatro elementos. É por essas razões que acredito que este campo é chamado de etérico. Tudo o que existe na realidade física tem uma forma etérica. Isso porque é a matriz energética sobre a qual a realidade física toma formas. O corpo etérico penetra cada partícula que cria matéria e é a força que atua como um recipiente para manter tudo unido em um contorno semelhante a uma grade.

O reino etérico é simultaneamente o primeiro passo da manifestação do físico e o último estágio da manifestação antes de atingir o físico. Uma ótima maneira de pensar sobre isso é compará-lo à fotografia tradicional. Ao capturarmos a imagem, ela é impressa no filme da câmera como um negativo. Este processo ocorre a partir do filme, captando a luz em sua estrutura cristalina e registrando-a. Este negativo é semelhante ao reino etérico no sentido de que, a partir dele, a fotografia real é revelada, mas até que isso aconteça ele é apenas um projeto transparente que se assemelha, mas não exatamente, à imagem antes de passar pelo processo de exposição. Assim como um rolo de filme que absorve luz para ser registrado em uma imagem, o campo etérico também possui uma qualidade magnética e, em nossa metáfora, é o último local de atração antes de recebermos os resultados desejados. Pense no processo de enviar e receber uma manifestação como se você fosse tirar uma foto. Nesta metáfora, pense na câmera como se tivesse um rolo de filme dentro. Você aponta a câmera na direção do objeto que deseja capturar e clica no botão do obturador. Em seguida, ele absorve a luz em si mesmo para gravar uma imagem a ser revelada posteriormente.

O corpo etérico existe dentro do reino etérico, sendo que ambos atuam como uma ponte liminar entre as energias físicas e espirituais sutis, traduzindo informações de um lado para outro. O etérico, entretanto, não é apenas dependente ou interconectado com o material. Em casos raros em que um espírito está assumindo uma forma totalmente visível diante de seus olhos, ele está manifestando um corpo etérico para interagir com o reino físico de forma mais concreta, sendo isso o mais próximo que pode chegar do físico sem a casca da matéria física. Da mesma forma, ele é o veículo energético que podemos fabricar para manter todos os outros ingredientes energéticos no Universo ao lançar um feitiço.

Por isso, gosto de pensar que o etérico está ligado à ideia de Espaço Sagrado. Quando lançamos um feitiço, a primeira coisa que fazemos é criar um Espaço Sagrado para trabalhar dentro. Um velho truque metafísico para receber a manifestação é limpar o espaço físico em sua vida para que a manifestação se ancore na realidade física. Se todos os objetos físicos tivessem um campo etérico faria sentido dizer que, ao eliminar o excesso de desordem física, estaríamos permitindo um espaço para uma nova manifestação etérica se desenvolver, pois teria menos campos etéricos no caminho. Por exemplo, se você está tentando manifestar um trabalho, é preciso criar a sala em sua programação para que ele seja cumprido. Ou, no meu caso, no processo de manifestação deste livro, eu liberei espaço em minha programação para poder criar esta obra.

O astral

A segunda camada da aura é chamada de corpo astral, local que ainda retém uma forma áspera do corpo físico, sendo a próxima camada fora do corpo etérico, que é o que mantém a matriz energética da forma. O corpo astral é geralmente visto psiquicamente como cores rodopiantes, parecendo nuvens de luz nebulosas. No entanto, estando próximo ao corpo emocional, ele também pode mudar de forma e tem a habilidade única de criar um duplo astral de si mesmo, ou partes de si mesmo, e se desligar do resto dos corpos energéticos.

O corpo astral também é conhecido como "a busca". Às vezes, a busca pode se referir amplamente ao Eu Inferior. Às vezes, o termo "buscar" pode ser aplicado a um espírito servidor artificial que alguém criou para cumprir suas ordens, criado a partir de seu próprio campo de energia. Mas a busca pode se referir também ao "vaso" que o Eu Inferior assume quando muda de forma para um animal enquanto viaja em outros reinos, particularmente em viagens extáticas e experiências fora do corpo. O corpo astral pode se mover através dos reinos interno e externo de nossa realidade e é a ponte entre os reinos físico e espiritual, sem qualquer conceito concreto de tempo e espaço.

O corpo astral está profundamente conectado à energia emocional, estando próximo ao corpo emocional; no entanto, essas são emoções que não são necessariamente lógicas ou baseadas no pensamento, mas, sim, em um mecanismo de segurança inconsciente de lutar ou fugir. Pense nos sentimentos de uma criança muito jovem ou de um pequeno animal e você estará chegando perto da ideia. Este é também o próprio corpo que está relacionado aos desejos, necessidades, vontades e impulsos. Portanto, também está associado à força de vontade. O corpo astral é a parte de nós que sonha, e a paisagem dos sonhos e o plano astral da realidade são muito difíceis de distinguir, se é que existe alguma distinção entre eles. Quando sonhamos, estamos representando e interagindo com nossos desejos, necessidades, vontades, impulsos, tensões e medos. É nossa força de vontade e nossas emoções inconscientes que estão preparando o cenário e nos impulsionando através da paisagem dos sonhos, a menos que nos tornemos sonhadores conscientes e lúcidos dentro do sonho. É essa parte do corpo de energia que entende e experimenta arquétipos, memórias e símbolos do sonho.

O corpo astral é maleável e, muitas vezes, sem canalizar a força de vontade direta, instável. É por isso que nos sonhos geralmente é difícil ver as próprias mãos ou pés ou o reflexo por longos períodos de tempo, se é que são percebidos. Quando o astral se projeta para fora do corpo, uma duplicata é criada. Pense nesta duplicata como um traje de astronauta. Durante uma experiência de projeção astral fora do corpo, a consciência mental se dividirá em duas partes, sendo uma delas o corpo astral ao redor da pessoa e a outra o duplo astral. Isso dura alguns momentos até que geralmente a consciência mental se conecte com o duplo como foco principal.

Uma experiência típica quando alguém está prestes a se projetar no astral, mas algo sai errado, é que a consciência mental da pessoa em seu corpo astral, conectada ao seu físico, acorda enquanto o corpo ainda está dormindo e não se conecta a este duplo astral. É como se ao invés de escolher o duplo como foco principal, ele decidisse permanecer com a pessoa. Este fenômeno é chamado de paralisia do sono, uma vez que o corpo físico está completamente paralisado, pois nem toda vez que dormimos realizamos fisicamente nossos sonhos.

Um relato comum de paralisia do sono é que geralmente há uma figura escura e sombreada na sala. Às vezes, isso é relatado como uma Bruxa, um monstro, um alienígena ou uma entidade demoníaca. Minha crença pessoal é que não é nenhuma dessas coisas, mas, sim, que este é o duplo astral. Como o corpo astral está conectado às emoções, aos desejos e aos medos primordiais, ele é instável em sua forma. Quando alguém acorda e encontra seu corpo paralisado e vê uma figura sombria na sala, é uma reação normal ficar com medo e entrar em pânico. Uma vez que o corpo astral que envolve o corpo físico e o duplo do corpo astral estão intrinsecamente ligados – sendo o mesmo corpo energético dividido em dois – nosso duplo astral automaticamente assume nossos medos e pânico, assumindo, assim, uma forma horrível.

Se você já se viu nessa situação de paralisia do sono, saiba que manter a calma é a melhor coisa que pode fazer. Quanto mais entrar em pânico e resistir, mais aterrorizante será a sua experiência. A partir deste estado, você tem duas opções: reentrar em seus sonhos ou acordar. Se quiser entrar novamente em seus sonhos, tente manter a calma e fechar os olhos enquanto se concentra nos padrões giratórios atrás de suas pálpebras; isso geralmente resolverá o problema. Se, entretanto, você deseja acordar, o método preferido é o de direcionar sua força de vontade para os dedos dos pés e tentar usar toda sua atenção para mexê-los conscientemente, quebrando a paralisia do sono. Um método mais natural seria franzir o rosto como se tivesse cheirado algo podre. A chave é se concentrar em uma pequena parte de seu corpo físico e não em tudo. Outro método para acordar é tentar tossir, que é uma ação que a mente permite que o corpo físico faça enquanto sonha, o que lhe dará um momento para recuperar o controle do corpo.

Acredito que seja a parte do corpo astral da alma que se fragmenta por meio de traumas e é deixada em diferentes lugares no tempo e no espaço. São esses fragmentos astrais que são chamados de volta em um processo conhecido como "recuperação da alma", no qual um praticante de magia está atraindo de volta aspectos de nós mesmos para serem reintegrados para a totalidade. Tendo em mente que o corpo astral é uma parte do Eu Inferior, pense nele como um animal assustado ou ferido ou uma criança que foge para evitar mais dor e abuso. Essas são partes de nós mesmos que estão se escondendo por medo devido a um evento traumático. Assim como um animal ou criança assustado, a Bruxa, realizando um resgate de alma, deve obter esses aspectos fragmentados da confiança de si mesmo e provar que é seguro retornar.

O reino astral é onde experimentamos e processamos informações de uma maneira mais ampla e inconsciente, transcendendo o pensamento consciente. Essa camada de realidade é considerada a camada na qual experimentamos influências astrológicas que afetam nosso humor e interações sem nunca serem processadas conscientemente. Acreditava-se que o reino astral era composto de diferentes energias de influências planetárias e zodiacais que impunham sua vontade sobre as pessoas, e que o astral era o espaço entre o reino superior dos Deuses e os humanos. Essas influências estelares eram chamadas de "esferas celestes" pelos antigos platônicos. É por isso que é chamado de "astral", que deriva do latim *astrum*, que significa "estrela", pois se refere à influência celestial da astrologia. Como tal, é também onde experimentamos outros espaços da realidade como um lugar com o qual interagir.

Quando se trata de manifestação em feitiços, esta camada de realidade está conectada à força de vontade primária. O que quero dizer com isso é que trata-se da camada onde aprimoramos nossos desejos específicos para o feitiço. Esses desejos primitivos são classificados como poderes planetários. Por exemplo, se você deseja lançar um feitiço de amor, deverá se conectar com a energia de Vênus, o poder planetário que governa o amor. Portanto, este estágio é principalmente para escolher com qual energia planetária sua vontade está alinhada para o resultado de seu objetivo e então vibrar em harmonia com esta energia planetária. Quando se trata de receber nossa manifestação, mantemos este desejo primordial de força de vontade e continuamos vibrando de acordo com a energia planetária escolhida. Assim, com a camada etérica, criamos um espaço e um recipiente para a energia do feitiço, e com a camada astral, damos a ela uma carga de nossa vontade planetária e começamos a separá-la de nossos campos de energia para que possa sair no Universo para manifestação.

O emocional

A terceira camada da aura é chamada de corpo emocional e é onde os corpos de energia começam a perder sua forma, sendo ainda mais removidos do corpo etérico, mas perto o suficiente para manter um pouco de forma. Ele se parece muito com o corpo astral, sendo redemoinhos de cores semelhantes a nuvens e luz dentro da aura. O corpo emocional é a ponte entre o corpo mental e o corpo astral. É também a ponte entre o Eu Inferior e o Eu Médio. Como tal, o corpo emocional pode retransmitir as informações sobre as energias sutis e influências que o corpo astral detecta e expressar isso como sentimentos de intuição, por meio de sensações físicas e emocionais que o corpo mental pode então traduzir em compreensão.

Por outro lado, muitas de nossas emoções são afetadas por nossos pensamentos. O corpo emocional processa isso e o traduz para o corpo astral. O corpo emocional está em constante mudança à medida que passamos por várias emoções ao longo do dia. As emoções que sentimos continuamente, sem mudá-las para outro estado, como a depressão, por exemplo, começam a se imprimir no corpo astral e se tornam mais profundamente enraizadas. No caso de trauma, uma experiência mental processada através do corpo emocional é enviada para o corpo astral, que pode fraturá-lo e estilhaçá-lo.

O corpo emocional pode ser treinado e trabalhado através do corpo mental. Podemos aprender a usar nossos pensamentos para condicionar nossos sentimentos, a exemplo das afirmações. Também podemos criar estados de dor e sofrimento emocional por meio de pensamentos negativos repetidos, medos do futuro e arrependimentos do passado. Sendo uma parte da alma do Eu Médio, o corpo emocional entende o tempo e o espaço e pode experimentar e refletir essas percepções. Com a limpeza regular de nossos corpos emocionais do Eu Médio, podemos limpar nosso corpo astral do Eu Inferior.

Na Tradição de Bruxaria Faery/Feri, os praticantes realizam um ritual de limpeza chamado *Kala*, que se origina da tradição espiritual chamada *Huna*. Durante o Kala, a água (que tem ressonância com o corpo astral) é usada como recíproca para a energia emocional que queremos limpar. Sentimentos considerados mais negativos por natureza – como raiva, vergonha, arrependimento ou pesar – são transferidos para a água e o divino é invocado para purificar e transmutar como cura. A Bruxa então bebe a água como um remédio para as feridas mais profundas que o Eu Inferior do corpo astral está segurando, para ajudar a curar e liberar as emoções estagnadas que afetam como interagimos, sentimos e pensamos.

O corpo emocional é onde nos conectamos com os outros por meio de relacionamentos, é como nos sentimos com os outros. Este é o aspecto da encarnação da aranha do Eu Médio, que nos conecta através de fios emocionais chamados *Fios de Huna*. Esses fios estão conectando duas ou mais pessoas através do corpo emocional. É também no corpo energético que encontramos cordões e ganchos energéticos quando há relacionamentos mais tóxicos. Esta é a parte do Eu da qual os vampiros emocionais drenam energia, criando um cordão com o corpo emocional e o corpo mental e manipulando os dois para obter seu sustento. Às vezes, o vampirismo emocional é inconsciente, mas em raros casos ele pode ser consciente.

Quando se trata de manifestação em feitiços, essa camada de realidade está conectada a como nos sentimos emocionalmente. Primeiro que é como queremos que nossa manifestação desejada se sinta em um nível emocional quando a recebemos. Nesses termos, dividimos as emoções em dois aspectos principais – positivos e negativos. Embora isso possa parecer uma simplificação excessiva do espectro de emoções que podem ser sentidas, é basicamente nisso que este processo de feitiço está focado. Por exemplo, se estamos lançando um feitiço para encontrar um novo emprego, queremos estar bem sobre esse feitiço e não duvidar, entristecer ou nos preocupar.

Então, energeticamente falando, criamos um contêiner para essa energia e nos alinhamos com nossa força de vontade, conectando-nos a um poder planetário. Separando o nosso campo de energia, estamos dizendo ao feitiço se queremos que a manifestação atue com esse poder planetário positiva ou negativamente. Na maioria das vezes, a menos que você esteja trabalhando com algo maléfico ou com um feitiço de amarração, seu desejo será de "carregar" essa energia para ser positiva e para receber resultados benéficos. Ao receber a manifestação, queremos nos colocar em um estado de emoção que acreditamos que sentiremos quando ela acontecer. Por exemplo, se você estiver almejando um emprego, deve se sentir animado, feliz, grato e aliviado, assim como imagina que vai ficar quando o conseguir.

O mental

A quarta camada da aura é chamada de corpo mental. Agora a camada perde sua forma e aparece de forma oval em torno de uma pessoa. O corpo mental não é percebido como cores em movimento, mas, sim, como uma luz fraca, geralmente com um tom dourado ou amarelo-claro. Formas geométricas são criadas dentro da luz do corpo mental à medida que a mente tem pensamentos diferentes. Com uma maneira prolongada de pensar, essas formas podem se cristalizar no corpo mental como "formas-pensamento" no campo áurico. Como tal, esses pensamentos podem nos ajudar ou atrapalhar.

É através do corpo mental que podemos nos expressar e libertar nossas identidades únicas. É o orador e o ouvinte. É a parte de nós que tem crenças, ideias, sonhos para nós e para o futuro, posturas éticas e afiliações a grupos. O corpo mental é a parte de nós com a qual mais nos compreendemos e a que mais nos identifica com a alma do Eu Médio. Na verdade, é essa voz, agora dentro da sua cabeça, que está narrando o texto que você está lendo e criando imagens com base nisso. O mental se entende como um indivíduo a parte dos outros e tem um conceito de si mesmo por meio do ego. É a verdadeira ponte entre o Eu Superior e o Eu Inferior. É a camada que pode traduzir impulsos emocionais enviados do corpo astral como intuição e pode traduzir pulsos divinos transmitidos pelo psíquico para serem compreendidos pela mente consciente. É ele que compreende totalmente o conceito de tempo e espaço e pode relembrar o passado, planejar o futuro, processar informações na linguagem e manter pensamentos e filosofias abstratos.

O corpo mental, como aranha, conecta diferentes ideias e pensamentos para obter uma visão mais ampla. Ele também pode apresentar detalhes e conectar pessoas com outras distintas, por meio de palavras e pensamentos, transmitindo não apenas informações sobre a realidade física para outra pessoa, mas também a inteligência emocional do Eu Inferior, bem como as ideias abstratas e filosofias do Eu Superior. É esta parte do nosso corpo energético que pode manipular e mover as coisas através das diferentes partes da Árvore do Mundo e que une as três almas de uma pessoa. O corpo mental pode programar e curar nossas emoções e, assim, manipular o corpo astral e o Eu Inferior. Também pode dirigir meditações, visões e trabalho de jornada mentalmente para controlar os corpos divino e psíquico.

O termo que os teosofistas chamavam de corpo mental era o corpo causal, que significa literalmente envolver causalidade. Causação é o ato ou jeito de produzir um efeito. Aponta para a ideia de que o corpo mental pode expressar, indicar e criar a causa e, por sua vez, devolver o efeito à vida de alguém. O corpo mental é visto como o véu da ilusão, que nos separa dos corpos áuricos do Eu Superior que entendem sua interconexão e unidade com todas as coisas. Também era visto como a sede da alma, o lugar onde nosso foco consciente se senta predominantemente e está conectado às faculdades e processos físico-mentais do cérebro. É por essa razão que tanto o lobo frontal, que controla o raciocínio, o autocontrole e a tomada de decisões (que eu identifico com o corpo mental), quanto a glândula pineal dentro de nosso cérebro (que eu identifico com o corpo psíquico e que recebe informações psíquicas e divinas) foram referidos historicamente como a sede da alma.

Quando se trata de manifestação em feitiços, essa camada de realidade é onde damos instruções e especificamos com clareza o que queremos. É como dizemos ao feitiço o que queremos que ele faça. Então, se criamos um contêiner energético para nossa energia e o carregamos com nosso desejo de poder planetário, separando-o do nosso próprio campo e lhe atribuindo uma carga positiva ou negativa, o nível mental é onde programamos toda esta energia bruta para ter instruções. Fazemos isso especificando explicitamente o que queremos manifestar por meio de palavras escritas e faladas, escolhidas cuidadosamente.

Por exemplo, se queremos manifestar dinheiro em nossas vidas, não pretendemos apenas "ter dinheiro". Lembre-se, a intenção não é tudo, e é aqui que transformamos a intenção em um comando direto de força de vontade. Se lançarmos um feitiço para receber dinheiro, podemos encontrar cinco reais no bolso de algum jeans velho. Isso pode não ser o que você realmente queria ou precisava. É por meio da linguagem e do pensamento que poderíamos esclarecer: "Desejo ter dinheiro suficiente para pagar meu aluguel e minhas contas e ainda ter um montante restante" (especifique o valor desejado).

Ao receber a manifestação, mantemo-nos em um estado positivo de saber que o feitiço funcionou e que nosso desejo se manifestará para cumprir nosso pedido. Mantemos nosso pensamento positivo e não questionamos ou duvidamos do funcionamento, em vez disso, mantemos um estado de espírito de fé e conhecimento.

O psíquico

A quinta camada da aura é chamada de corpo psíquico e tem forma ovalada em torno de uma pessoa, geralmente percebida como um fundo índigo profundo, semelhante ao céu noturno. Este campo é mais bem pensado como um espelho que reflete informações do corpo divino. Esses fragmentos de informação são vistos psiquicamente como fluxos de luz prismática fluindo por esta parte da aura contra o céu noturno, agindo como um espelho da vontade do corpo divino. O conceito de luz sendo informação é quase universal, isso em todos os tempos e entre os místicos de todo o mundo.

Do corpo psíquico, o corpo mental pode tirar esses "*downloads*" recebidos e é capaz de processá-los. Pense nele como se o corpo divino tivesse informações que deseja enviar ao corpo mental. O corpo psíquico é onde essa informação é compactada como um arquivo zip, como um pacote de informações que está disponível para download pelo corpo mental, que por sua vez descompacta o zip para processar todos os arquivos individuais. Mas o corpo psíquico não transmite informações apenas em uma direção. Por meio de visualização, feitiço e oração, ele também carrega informações.

A função do corpo psíquico e a contraparte física é a glândula pineal. Lembra-se de que antes, ao discutir os estados de ondas cerebrais, eu disse que Laurie Cabot acredita que a informação psíquica é luz invisível e que a glândula pineal recebe essa informação e a interpreta? Esta é a luz que está recebendo, aqueles fluxos de luz fluindo do corpo divino para o corpo psíquico. A glândula pineal recebe a informação e o resto do cérebro a processa. Depois de processada, a informação se move para o corpo mental de percepção e compreensão.

O corpo psíquico não se diferencia entre si e os outros como os corpos mental e emocional fazem. É a primeira parte de nós mesmos que está conectada a um senso de unificação com o tecido da existência, sendo a primeira camada que compõe a alma do Eu Superior. Como tal, pode receber informações sobre potencialmente qualquer coisa que alguém queira. No entanto, uma vez que tem menos percepção de limites, bem como de tempo e espaço, nem sempre retransmite informações nesses termos concretos, deixando a mente racional tendo que juntar as informações de forma linear com o melhor de sua capacidade.

A palavra "psíquico" vem da palavra grega *psukhikos*, que significa "relativo à alma, espírito e mente". Isso nos dá uma pista da função desse corpo de energia. É onde o espírito ou a alma do Eu Superior ou corpo divino interage com o corpo mental. O nome teosófico para este corpo de energia é *corpo búdico*. Isso nos dá ainda mais insights sobre a natureza deste corpo de energia. A palavra *búdico* tem o nome de Buda e se relaciona com a ideia de estados superiores de sabedoria e amor universal, em um estado de unidade e desapego do ego do corpo mental e do Eu Médio.

Quando se trata de manifestação em feitiços, esta camada de realidade é onde visualizamos o que queremos com clareza em um estado alterado de consciência. Nós vemos isso em nosso Olho de Bruxa e damos uma imagem dos resultados possíveis do feitiço. Então, se criamos um recipiente energético para nossa energia, o carregamos com nosso desejo de poder planetário e o separamos de nosso próprio campo, dando-lhe uma carga positiva ou negativa, e então o programamos com instruções, é aqui que visualizamos como essa manifestação pode olhar e elevar nossa consciência e vibração para carregá-lo para o corpo divino.

O divino

A sexta e última camada da aura é chamada de corpo divino, que é psiquicamente percebido como pura luz que envolve a pessoa e emana de seu corpo. Esta luz é emitida pela estrela da alma do Eu Superior. Em algumas tradições de Feri/Faery, o Eu Superior é descrito como uma pomba descendo e evoca imagens do Espírito Santo. Se você observar as representações da pomba do Espírito Santo descendo sobre uma pessoa ou lugar, verá a luz emanar dela e envolver a pessoa. Esta é a representação perfeita do corpo divino, a radiação da alma do Eu Superior.

O corpo divino também é conhecido como Modelo Ketherico. A palavra *Ketheric* refere-se a *Kether*, um termo cabalístico usado por mágicos cerimoniais em seu mapa de consciência, divindade e realidade chamado de Árvore da Vida. *Kether* significa "a coroa" em hebraico e se refere à manifestação mais elevada de consciência que a humanidade pode compreender intelectualmente. É o brilho puro do Divino, bem como nossa conexão com a divindade. O corpo divino mantém o modelo divino de nossa Verdadeira Vontade, quer escolhamos cumpri-lo ou não em nossa vida, bem como nossos acordos e contratos de alma que fazemos antes da encarnação. É a camada que contém a Sabedoria Divina e tem o modelo para o caminho de nossa vida. De muitas maneiras, é nosso eu divino individual e pessoal que está guiando nosso caminho, nunca tendo sido separado da própria Fonte.

O corpo divino também é conhecido como Corpo Átmico, que se relaciona com a palavra sânscrita *tmán*, tendo como significado "alma; auto; essência; respiração." Esta é uma grande pista para a natureza deste corpo de energia e sua função. O conceito de Atman no Bhagavad Gita é simultaneamente a essência mais íntima da alma verdadeira, bem como uma força onipresente que é eterna e nunca encarnou. Isso se relaciona com a ideia do Não Nascido na tradição oculta de Thelema. O Não Nascido é o aspecto do Eu Superior que não encarnou nem deixou a Fonte. Em nosso modelo, a pomba ou a coruja seria o Não Nascido, e os raios emitidos seriam nosso corpo divino que é nossa conexão com o Eu Superior.

Este conceito pode ser resumido pelo fundador da Tradição da Bruxaria Feri/Faery, Victor Anderson, que afirmou: "Deus é o eu, o eu é Deus e Deus é uma pessoa como eu".[49] Da mesma forma, o profeta de Thelema, Aleister Crowley, escreveu em seu *Ritual da Missa Gnóstica*: "Não há nenhuma parte de mim que não seja dos Deuses!"[50] Ou talvez seja melhor resumido em Rogue One: Uma história Star Wars, onde o

---

49. T. Thorn Coyle, *Evolutionary Witchcraft* (New York, NY: Tarcher/Penguin, 2004), 43.
50. Lon Milo DuQuette, *The Magick of Aleister Crowley: A Handbook of the Rituals of Thelema* (York Beach, ME: Weiser Books, 2003), 241.

monge Jedi cego, Chirrut Îmwe, canta o mantra "Eu sou um com a força, e a força está comigo". Todas essas declarações mostram a conexão e a unidade da divindade do eu e do Deus que o transcende.

Quando se trata de manifestação em feitiços, essa camada de realidade é onde enviamos a intenção para o Universo. Então, se criamos um recipiente energético para nossa energia, carregamos ele com nosso desejo e o separamos de nosso próprio campo, dando-lhe uma carga positiva ou negativa, depois o programamos com instruções, visualizamos o resultado e aumentamos nossa energia e nossa vibração, é nesta fase que agora alinhamos nossa divindade interior com nossa divindade superior ou com a ajuda de Deuses externos (que estão interconectados conosco através do Eu Superior) e entregamos nosso desejo totalmente. Se pensarmos no feitiço tradicional, onde alguém está direcionando e mirando o Cone de Poder que eles levantaram, que é o reservatório giratório de energia gerada dentro de um trabalho mágico, esta etapa no processo de manifestação é a de liberá-lo para o Universo ser preenchido. Ao receber a manifestação, nossas chances aumentam ainda mais quando honramos o divino em nós e o divino em todos os outros e estamos em alinhamento com nossa Verdadeira Vontade.

Figura 19: Os níveis multidimensionais de realidade

Exercício 73

Magia da mente multidimensional

Sintonize e execute um Alinhamento de Alma. Crie um orbe de energia. Vibre em harmonia com a energia elemental que é apropriada para o desejo do seu feitiço e preencha seu globo com essa energia. Vibre em harmonia com a energia planetária que é apropriada para o desejo do seu feitiço e preencha seu orbe com essa energia. Conjure a energia emocional que é apropriada para o desejo do seu feitiço e encha sua bola com essa energia. Faça uma declaração mental clara do propósito do feitiço, visualizando o orbe tomando isso como um comando. Visualize como o feitiço ficará quando se manifestar e direcione essa imagem para o orbe, imaginando-o com uma cena curta brincando dentro dele como uma bola de cristal em filmes antigos. Concentre-se no orbe de energia dentro de suas mãos e em tudo o que está programado. Expire com força, visualizando que você está soprando a esfera mágica para o Universo para se manifestar.

Por exemplo, se estou lançando um feitiço psíquico rápido para enviar cura para alguém chamada Samantha, que está com gripe, começo Sintonizando e Alinhando minhas almas. Eu crio um orbe de energia em minhas mãos e me concentro na energia elemental da Terra, e permito que ela preencha meu corpo para a cura física e infunda essa energia em meu orbe. Em seguida, concentro-me no poder planetário e no glifo do Sol, que rege a saúde, e permito que preencha meu corpo e infunda essa energia e a imagem do glifo no orbe. Em seguida, faço uma declaração mental ou verbal clara, como "É minha vontade que Samantha se cure da gripe para o bem maior de todos". Eu vejo as palavras vibrarem como uma onda sonora e entrarem no orbe. Depois disso, visualizo Samantha em perfeita saúde e visualizo essa imagem acontecendo dentro da esfera. Eu levo um momento para sentir e visualizar o fortalecimento da energia em minhas mãos e exalo com força, soprando o feitiço para o Universo, sabendo que ele se manifestará.

Exercício 74

Realizando um Ritual Completo de Feitiço Mágico

Este exercício pode ser executado fisicamente ou você pode visualizar tudo dentro de seu Olho de Bruxa. De qualquer maneira, o procedimento é o mesmo.

A fórmula do feitiço é a seguinte:

1. Sintonize
2. Alinhe suas almas
3. Realize uma limpeza energética do espaço físico
4. Lance o Círculo
5. Chame os Quadrantes
6. Conjure a energia elemental que você está usando para o feitiço
7. Conjure a energia planetária que você está usando para o feitiço
8. Sinta a emoção que você deseja que o feitiço tenha
9. Faça sua declaração de intenção para o feitiço
10. Execute o feitiço ou trabalho[51]
11. Visualize como serão os resultados
12. Libere os Quadrantes
13. Solte o Círculo
14. Feche

Deixe-me dar um exemplo para ajudar a trazer isso para nossa realidade. Digamos que estou fazendo um feitiço para garantir que tenho dinheiro suficiente para pagar todas as minhas contas. Começo como sempre Sintonizando e Alinhando minhas almas. Certifico-me de que a área em que estou realizando a magia está fisicamente limpa e arrumada antes de realizar uma limpeza energética no espaço. Lanço

---

[51]. Veja o próximo capítulo para exemplos de feitiços.

o Círculo, chamo os Quadrantes e então me concentro no elemento Terra, para abundância, e me preencho com sua energia, imaginando-o preenchendo o Círculo. Em seguida, invoco o poder planetário de Júpiter para obter riqueza, abundância e expansão, e me preencho com sua energia e a imagino preenchendo o Círculo. Eu evoco as emoções de quão aliviado e seguro me sentirei quando o feitiço se manifestar como se já tivesse se manifestado.

Faço minha declaração de intenções, dizendo "Desejo ter dinheiro suficiente para pagar meu aluguel e minhas contas e sobrar R$ 1.000". Em seguida, procuro realizar o feitiço. Quando o feitiço é concluído, paro um momento para visualizar como será minha conta bancária com aquela quantia em dinheiro e preenchendo cheques com o valor para pagar meu aluguel e minhas contas. Eu então libero os Quadrantes.

Eu tendo a pensar no Círculo Mágico como um caldeirão gigante de energia. Uma versão muito maior do trabalho do orbe de energia, onde estou infundindo ingredientes e comandos energéticos. Meu Círculo Mágico agora está preenchido com toda a magia que criei, então é hora de liberá-la para o Universo. Eu liberto o Círculo e, ao fazê-lo, digo:

> *Eu lancei este círculo para o Universo. Como acima, abaixo.*
> *Tanto dentro como fora. Está feito. Assim seja!*

Enquanto digo isso, imagino toda a magia correndo para o Universo como uma esfera gigante. E então o fecho, colocando ênfase extra no Aterramento.

Capítulo 15

FEITIÇOS PSÍQUICOS E TRUQUES MÁGICOS

É minha firme convicção de que a magia pode ser utilizada em quase qualquer momento se realizada por meio de nossas faculdades psíquicas e força de vontade, contanto que a pessoa tenha uma compreensão firme dos elementos necessários. Nem sempre temos acesso aos nossos altares, ferramentas ou lugares de poder. Às vezes, precisamos de magia naquele momento. A seguir estão alguns dos feitiços psíquicos e truques de magia que eu realizo com bastante regularidade, para lhe dar uma ideia de como tudo neste livro se junta para criar uma base e, assim, aumentar sua magia através de sua habilidade psíquica, mas também para aumentar sua habilidade psíquica através da magia e pela união dos dois.

Vamos presumir que agora você já conheça os outros exercícios e entenda o que significa entrar em Sintonia (o que já deve ter conseguido usando seu comando psíquico), como Conectar e Invocar cada alma ou realizar um Alinhamento da Alma, e como se Sintonizar com um poder planetário. Se o feitiço indica que é o Eu Médio sendo sintonizado, você não precisa fazer nada especial, pois é considerado nossa configuração padrão. Se por algum motivo você não entender essas etapas preliminares, volte, leia e revise essas etapas completamente se quiser que os feitiços psíquicos funcionem de forma eficaz. Cada feitiço indicará qual(is) alma(s) você estará invocando e se conectando e com qual poder planetário se sintonizar antes de começar. Veja também quais habilidades psíquicas estão sendo utilizadas no feitiço em si.

Exercício 75

Absorvendo e imprimindo energia em um objeto

Comando Psíquico: Eu Inferior
Poder Planetário: Vênus
Habilidade Psíquica: Claritangência

Você já desejou poder "reprimir" alguma emoção ou energia? Uma maneira simples de armazenar energia é despertar suas mãos e, em seguida, segurar um objeto em sua mão projetiva que deseja usar como recipiente para essa energia, como um cristal ou amuleto, e usar sua mão receptiva para evocar a sensação de que há um redemoinho em sua palma, que está sugando a energia ou emoção que você deseja conter. Atraia essa energia para a sua mão receptiva, suba pelo braço receptivo e desça pelo braço projetivo, imprimindo no objeto da mão projetiva. Sinta o objeto recebendo uma aura da energia que você está "engarrafando". Isso é extremamente útil quando você precisa de um rápido impulso de energia, como amor ou autoestima ou quando está se sentindo deprimido.

Exercício 76

Aumentando as ofertas

Comando Psíquico: Alinhamento da Alma
Poder Planetário: Júpiter
Habilidade Psíquica: Clarividência

Esta é uma técnica que uso para reforçar as oferendas que faço para terra ou para agradar ainda mais os espíritos, os ancestrais e os Deuses. Essencialmente, o que você quer fazer é imaginar que tudo o que está oferecendo tem uma energia semelhante à fumaça que está subindo no ar, esteja você queimando incenso ou oferecendo outro objeto como comida ou água. Tudo o que você precisa fazer para aumentar a oferta e torná-la mais agradável é imaginar itens que o espírito desfruta como oferendas ou que são sagrados para ele subindo na fumaça. Por exemplo, digamos que estou dando uma oferta para Hécate, eu vou colocar minhas mãos acima da oferta e visualizar a energia subindo, levando coisas que são sagradas para ela. Então, no caso dessa divindade, eu imagino chaves mestras, açafrão, alho e jarras de vinho subindo naquela energia de fumaça para ela.

Exercício 77

Limpando a Multidão

Comando Psíquico: Eu Médio
Poder Planetário: Marte
Habilidade Psíquica: Clarividência

Você quer limpar um espaço, mas não quer ser rude? Talvez seus convidados fiquem um pouco mais do que você gostaria ou haja pessoas indesejáveis em seu ambiente? Este é meu truque secreto. A beleza disso é que você nunca precisa parecer rude ou que não quer as pessoas ao seu redor, e ninguém saberá o que você está fazendo dentro da sua cabeça.

Mostrei isso uma vez a um colega de trabalho, com o intuito de convencê-lo de como é eficaz. Foi durante o mês de outubro, em Salem, e a loja de Bruxas em que eu estava realizando leituras estava começando a fechar. Já era quase meia-noite, quando, de repente, cerca de quinze pessoas altamente embriagadas entraram na loja e começaram a se espalhar, zombando de tudo sem intenção de comprar nada. Peguei meu colega de trabalho e fui para o fundo da loja e perguntei a ele se tinha visto o filme O Labirinto, de Jim Henson, e se ele se lembrava da cena em que Sarah e Hoggle estão correndo por um túnel tentando escapar de uma broca horrível que ocupou todo o espaço. Ele acenou com a cabeça e perguntou onde eu queria chegar com aquilo.

Sendo meio exibicionista no momento, sorri e disse a ele para observar. Eu me Sintonizei com Marte e comecei a imaginar a broca vindo de onde estávamos, da parte de trás até a entrada da loja. Enquanto eu projetava isso, por onde quer que o exercício imaginado passava, os visitantes bêbados se afastavam em um movimento constante, até que estivessem fora da loja.

Se você não está familiarizado com Labirinto (o que é uma pena), outra boa visualização seria a de Guerra nas Estrelas: Uma Nova Esperança, onde eles estão no compactador de lixo e as paredes estão avançando em ambos os lados para esmagar os personagens. No entanto, em vez de visualizar as paredes avançando em ambas as extremidades de uma sala, apenas imagine uma vindo dos fundos, tornando a sala cada vez menor e empurrando os indesejados para fora.

Exercício 78

Comunicando claramente

Comando Psíquico: Eu Médio
Poder Planetário: Mercúrio
Habilidade Psíquica: Clarigustação

Falar com clareza às vezes pode ser difícil, especialmente se estivermos compartilhando algo com grande carga emocional, ou falando na frente de multidões, fazendo uma entrevista para um emprego ou ainda se somos um pouco tímido. Tudo o que você precisa fazer depois de Sintonizar com Mercúrio é começar a evocar o gosto de mel quente e macio em sua boca enquanto fala. Você pode até querer solidificar essa memória do sabor a evocar provando o mel aquecido antes de sair para falar.

Exercício 79

Pensamento Criativo

Comando Psíquico: Alinhamento da Alma
Poder Planetário: Mercúrio
Habilidade Psíquica: Clarividência

Este exercício é particularmente útil para o *brainstorming* de ideias e para as epifanias e revelações de natureza criativa. Depois de realizar o Alinhamento da sua Alma e Sintonizar Mercúrio, sente-se e feche os olhos. Imagine que você está usando um chapéu. Alguns gostam de imaginar isso como um chapéu *steampunk* com engrenagens e coisas do gênero, enquanto outros optam por um chapéu mais *cyberpunk*, que tem mais a sensação de um computador *sci-fi*, já alguns apenas gostam de imaginar uma cartola simples. Independentemente do que você escolher, certifique-se de que a visão evoque uma sensação de impulsionar seus processos mentais. Visualize no topo do seu chapéu uma lâmpada acesa que está atraindo novas ideias. Passe um pouco em meditação contemplativa com foco no que está pensando, sabendo que novas ideias criativas estão chegando até você.

Exercício 80

Desenhando algo para você

Comando Psíquico: Eu Inferior
Poder Planetário: Vênus
Habilidade Psíquica: Clarividência

Este exercício pode ajudar a impulsionar qualquer tipo de feitiço de manifestação que se tenha lançado ou trabalho e que você esteja realizando enquanto está fora de casa. É melhor executado no início do dia, todos os dias até que você alcance sua manifestação. Visualize um símbolo para representar seu objetivo. Digamos que você esteja tentando manifestar uma nova casa. Sintonize seu Eu Inferior, sintonize-se com Vênus e imagine que você tenha um lançador de arpões de prata. Veja o símbolo a distância e atire nele com seu lançador de arpões, imaginando um cordão de prata entre você e ele e vendo-o lentamente sendo puxado em sua direção.

Exercício 81

Atraindo outras pessoas

Comando Psíquico: Eu Inferior
Poder Planetário: Vênus
Habilidade Psíquica: Clariaudiência

Isso é perfeito se você está procurando um encontro ou apenas quer que as pessoas se sintam confortáveis com você em geral. Depois de entrar em sintonia com seu Eu Inferior e em Vênus, apenas evoque o som de um gato ronronando extremamente alto. Ouça aquele ronronar envolvendo toda a sua aura e sinta aquela energia de relaxamento e prazer associada ao ronronar de um gato. Você vai descobrir rapidamente quantas pessoas são atraídas para você, seja romanticamente ou não.

Exercício 82

Aprimorando Feitiços de Vela

Comando Psíquico: Alinhamento da Alma
Poder Planetário: Vênus
Habilidade Psíquica: Clarividência

Esta é uma maneira simples de aprimorar as velas que uso no feitiço. Tudo o que você precisa fazer depois de Alinhar suas Almas e se Sintonizar com Vênus é olhar para a vela com a qual está trabalhando e adicionar uma visualização à própria vela. Por exemplo, se você está fazendo um feitiço de amor, imagine lindas rosas saindo da vela e desabrochando. Se estiver realizando uma cura, talvez queira visualizar uma aura de cura e uma aureola ao redor dela. Se o feitiço que está lançando é para ganhar dinheiro, imagine moedas de ouro saindo dela. As possibilidades são infinitas, mas esta simples adição de clarividência à magia da vela realmente fortalece o feitiço que você está realizando.

Exercício 83

Encontrando Objetos Perdidos

Comando Psíquico: Eu Médio
Poder Planetário: Vênus
Habilidade Psíquica: Clarividência

Este é um exercício que eu faço com frequência, porque estou sempre perdendo coisas. Se você está enlouquecendo ao tentar encontrar algo que perdeu, apenas respire fundo e relaxe. Sintonize Vênus e mantenha uma imagem do objeto em seu Olho de Bruxa. Em sua mente, chame:

[Nome do item perdido], por você eu anseio. Sem hesitação, agora volte.

Visualize o item brilhando, subindo e flutuando em sua direção. Você também pode prestar atenção ao cenário de onde o objeto está quando começar a brilhar e subir em seu Olho de Bruxa. Muitas vezes, isso pode ser uma pista de onde o item está, se não a localização exata. Se você não conseguir encontrar o item em dez minutos de pesquisa, basta repetir o processo até encontrá-lo. A chave para este exercício é garantir que você esteja relaxado e não estressado por perder o item. O estresse bloqueia a percepção psíquica.

Exercício 84

Bênção de Boa Sorte

Comando Psíquico: Eu Médio
Poder Planetário: Júpiter
Habilidade Psíquica: Clarividência

Precisa de um impulso extra de sorte? Experimente fazer este exercício da próxima vez que for aos cassinos ou comprar um bilhete de raspadinha. Não há indiscutivelmente nenhum símbolo associado à sorte mais do que o trevo de quatro folhas, que supostamente atrai boa sorte para seu dono. Sintonize-se com Júpiter (que governa a sorte) e visualize um trevo mágico de quatro folhas com uma aura de arco-íris. Visualize o trevo de quatro folhas girando em torno de você, deixando um rastro de arco-íris que está aprimorando sua aura com boa sorte. Declare mental ou verbalmente:

Para cima e para baixo, ao redor e ao longe.
Boa sorte vem para mim como um trevo de quatro folhas.

Exercício 85

Receptividade Psíquica Elevada

Comando Psíquico: Eu Superior
Poder Planetário: Lua
Habilidade Psíquica: Clarividência

Este exercício é útil para quem quer se aprofundar em sua sessão psíquica com resultados mais claros. Isso é particularmente útil se você estiver realizando mediunidade ou qualquer tipo de canalização. Invoque seu Eu Superior e sintonize-se com as energias planetárias da Lua. Visualize que sua mente é um lago cristalino, completamente intocado e parado. Veja a Lua cheia acima de sua cabeça em seu Olho de Bruxa e visualize sua luz e seu reflexo aparecendo no lago de cristal de sua mente, sabendo que sua receptividade e clareza psíquicas estão aumentando.

Exercício 86

Capa de invisibilidade

Comando Psíquico: Eu Inferior
Poder Planetário: Lua
Habilidade Psíquica: Clarividência

O exercício não vai fazer você literalmente desaparecer diante dos olhos de alguém, ao invés disso, vai torná-lo menos perceptível. Pense mais como uma camuflagem e um defletor. Isso é ótimo para quando você está em uma multidão e não quer ser notado. Eu originalmente aprendi algo semelhante com um amigo quando estávamos visitando um cemitério, à noite, perto de uma área residencial e não queríamos chamar atenção para nós mesmos. Tudo o que você precisa fazer para este exercício, depois de se Sintonizar com a Lua e o Eu Inferior, é imaginar que está vestindo uma capa cinza composta de névoa. Mantenha em sua mente o manto cinza de névoa que o cobre da cabeça aos pés. Segure em seu Olho de Bruxa que a capa está refratando toda a luz e a cor ao seu redor e se mesclando com o que a rodeia.

Exercício 87

Detector de mentiras

Comando Psíquico: Eu Inferior
Poder Planetário: Júpiter
Habilidade Psíquica: Clarividência e Claritangência

Este exercício exigirá alguns experimentos com outra pessoa para ajustar o seu detector, podendo ser cara a cara, por meio de bate-papo online ou ao telefone. O que você vai fazer é imaginar que a pessoa tem os dedos em um detector de mentiras do polígrafo e definir sua intenção de sentir uma sensação corporal sempre que ela mentir. Normalmente sinto uma leve sensação de zumbido ou formigamento quando faço isso, mas você pode experimentar algo um pouco diferente. Peça para que a pessoa lhe diga dez coisas, metade das quais são falsas. Certifique-se de que as respostas não sejam muito óbvias.

Depois de cada afirmação, preveja se ela é verdadeira ou falsa e peça para que a pessoa lhe confirmem antes de passar para a próxima afirmação. Independentemente de qual foi sua previsão, evoque a sensação programada de zumbido ou formigamento em seu corpo sempre que disserem que foi uma mentira. É assim que você ajustará seu detector de mentiras. Continue repetindo este exercício e vai notar que pode detectar quando alguém está mentindo sempre que mantiver seu Comando Psíquico, conectar-se com seu Eu Inferior e visualizar os dedos da pessoa conectados à máquina de polígrafo.

Exercício 88

Multiplicador de ímã de dinheiro

Comando Psíquico: Eu Médio
Poder Planetário: Júpiter
Habilidade Psíquica: Clarividência

Para este exercício, você precisará de uma nota de um dólar (ou algo equivalente, dependendo do seu país). Em uma quinta-feira, durante a Lua crescente, Sintonize com Júpiter, segure a nota de dinheiro em sua mão e imagine-a se tornando magnética. Desenhe o glifo de Júpiter em algum lugar da nota e segure-a em suas mãos, visualizando o dinheiro em todas as formas que você possa imaginar e sendo atraído por ele. Veja o dinheiro em todas as denominações, moedas, cheques, ouro, joias, números cada vez maiores de contas bancárias ou qualquer coisa que possa imaginar, tudo sendo atraído para a nota que está em sua mão. Agora, dobre a nota e coloque-a em algum lugar de sua carteira ou bolsa, onde você não a gaste, perto, mas separada de seu outro dinheiro.

Em seu Olho de Bruxa, visualize cada nota em sua carteira sendo cobrada por esse ímã de dinheiro. Saiba que cada valor que você gastar será devolvido a você aumentado. Sugiro que não gaste todo o seu dinheiro em algo frívolo. Certifique-se de gastar parte do seu dinheiro em coisas que você gosta e que lhe trazem prazer e não apenas em contas, aluguel ou hipoteca. Se você sentir que os efeitos mágicos do Multiplicador do Imã de Dinheiro estão enfraquecendo, retire a nota que você usou para este fim e execute o trabalho novamente, em outra quinta-feira, durante a Lua crescente e desenhe outro glifo de Júpiter na mesma nota. É importante manter o mesmo dinheiro para este trabalho, independentemente de quantos glifos de Júpiter estejam nele.

Exercício 89

Substituições psíquicas para a matéria

Comando Psíquico: Alinhamento da Alma
Poder Planetário: Sol
Habilidade Psíquica: todas

Às vezes, simplesmente não temos um ingrediente que precisamos para um feitiço. Não se preocupe! Nestes casos sempre podemos convocar o espírito da matéria que está faltando. Para isso, Sintonize com o Sol, independentemente da correspondência do item que precisa. Quanto mais familiarizado estiver com o item que está faltando, melhor, e se o item for uma planta, certifique-se de saber seu nome científico.

Por exemplo, digamos que estou criando uma mistura de ervas que requer vários ingredientes, mas não tenho a hortelã, cujo nome científico é *Mentha spicata*. Para substituí-la eu Sintonizo, realizo um Alinhamento da Alma e, em seguida, Sintonizo a energia planetária do Sol e então, chamo o espírito da hortelã, afirmando:

Eu invoco o poder e o espírito da hortelã. Mentha spicata, junte-se ao meu trabalho e empreste seu poder a este feitiço.

Enquanto clamo pelo espírito da hortelã, eu busco por quantos clarividentes psíquico puder. Evoco o sabor, o cheiro, a aparência e a sensação da hortelã entre meus dedos e me imagino colocando o ingrediente na fórmula. Você pode fazer isso com quase qualquer item, podendo ser um cristal, uma resina, pele de animal ou o que for necessário e ao qual você simplesmente não tem acesso.

Exercício 90

Recarregando suas baterias mágicas e psíquicas

Comando Psíquico: Alinhamento da Alma
Poder Planetário: Lua
Habilidade Psíquica: Claritangência

Todos nós temos aqueles momentos em que nos sentimos completamente desligados e até desconectados de nossas habilidades, parece que nada está funcionando direito. É completamente normal e não há nada para se estressar. Aqui está o meu remédio. Para este exercício, você precisará de um corpo de água representando a margem de um lago, oceano ou um riacho. Faça isso durante uma noite quente. Você vai precisar saber em que fase da lua nasceu, o que um astrólogo profissional pode ajudá-lo a descobrir ou você pode descobrir procurando online e inserindo suas informações de nascimento em diferentes sites de astrologia.

A água é condutora e receptiva às energias mágicas e psíquicas e a Lua rege ambas. Enquanto estiver na água rasa durante a fase da lua, realize o Alinhamento da Alma e Sintonize-se com a energia planetária da Lua. Visualize a luz da Lua caindo ao seu redor e abençoando você. Não se preocupe se não conseguir ver a Lua ou se você nasceu durante a Lua escura. Visualize a Lua enviando energia para você. Veja a energia branca com brilhos prateados. Proclame:

Eu me alinho com a Lua nesta noite, para recarregar meu direito mágico de nascença. Eu me alinho com a Lua nesta noite, para recarregar minha Visão de Bruxa. Um e o mesmo, eu e a Lua. Estou totalmente reabastecido com a bênção lunar.

Exercício 91

Removendo uma maldição em um item

Comando Psíquico: Alinhamento da Alma
Poder Planetário: Saturno
Habilidade Psíquica: Clarividência e Claritangência

Remover uma maldição ou uma energia realmente negativa de um item geralmente é menos difícil do que parece, a menos que a pessoa que amaldiçoou o item for uma Bruxa extremamente habilidosa. Simplesmente realize um Alinhamento de Alma e conjure seu Fogo de Bruxa. Sintonize-se com Saturno, segure o item em sua mão e imagine-o sendo envolvido em seu Fogo Bruxo. Agora, em seu Olho de Bruxa, transforme o fogo de sua cor azul-elétrico em um violeta-vibrante. O Fogo de Bruxa violeta queimará todas as maldições, impurezas e energia negativa anexada ao item. Em seu Olho de Bruxa, veja a chama queimando a maldição ao redor do item até se transformar em cinzas. Veja as cinzas sendo reduzidas a nada. Enquanto executa isso, continue repetindo o canto:

A maldição foi retirada, a energia mudou.

Se sentir que o foco da maldição é em você ou em outra pessoa, faça o feitiço em si mesmo ou direcionada a essa pessoa, em vez de um objeto.

Exercício 92

Proteção para ficar sozinho

Comando Psíquico: Eu Inferior
Poder Planetário: Saturno
Habilidade Psíquica: Clariaudiência

Às vezes, por você estar sozinho, precisa parecer ameaçador. Este é um feitiço que ensino as pessoas a usarem ao passar por bairros perigosos ou imprecisos ou quando estão andando em direção aos seus carros, sozinhas, tarde da noite. Em muitos aspectos, esta é a versão reversa de Atraindo Outras Pessoas. Depois de se Sintonizar com o seu Eu Inferior e com Saturno, apenas evoque o som do cão mais cruel rosnando e latindo extremamente alto. Ouça aqueles latidos envolvendo toda a sua aura, Sintonize-se realmente com a sensação de que os outros não devem mexer com você.

Exercício 93

Protegendo um Item

Comando Psíquico: Eu Médio
Poder Planetário: Saturno
Habilidade Psíquica: Clarividência e Claritangência

Não quer que alguém toque em um item específico seu? Talvez seu diário ou Livro das Sombras? Às vezes, proteger um item não é o suficiente. O ideal é fazer com que o objeto pareça realmente desagradável para tocarem nele. Neste caso, é preciso combinar este exercício com o da Senha Psíquica (exercício 47). O truque que eu uso para fazer coisas minhas, que me são importantes, parecerem desagradáveis, é me Sintonizar com Saturno e então segurar o item e conjurar a imagem dele crescendo espinhos ao seu redor, associado à sensação de estar sendo ferido pelos espinhos. Realmente evoque a sensação de como dói tocar no item. Bloqueie este sentimento e imagem com sua Senha Psíquica e use-a para desbloquear a ala.

CONCLUSÃO

Espero sinceramente que este livro tenha fornecido o conhecimento e a experiência necessários para explorar suas habilidades psíquicas e seu poder mágico e que você possa usar ambos a seu favor. Muitas vezes há debates sobre a autenticidade quando se trata de Bruxaria e habilidade psíquica. Alguns, de forma cínica, até zombam de outros por "representarem" essas habilidades, ou dizem que essas Bruxas estão perdidas em sua imaginação. Não ligue para eles. É por isso que o primeiro exercício do livro inclui dramatização e coloca ênfase em mergulhar na própria imaginação – para mostrar quão poderosa é a imaginação animada com força de vontade.

A importância da imaginação foi destacada por Bruxas, Ocultistas, Médiuns e Místicos ao longo de todos os tempos. Ainda assim, em nossa era moderna, onde a imaginação é desaprovada, a ênfase em engajar a imaginação e experimentos em magia está sendo casualmente posta de lado em favor do ateísmo secular, até mesmo na Bruxaria, por práticas dogmáticas. O autor e magíster do *Cultus Sabbati* escreve lindamente que, "A Natureza Interior do Culto das Bruxas é tal que há muito reconheceu a Imaginação como um dos maiores poderes encarnativos do Homem. Essa faculdade, especialmente nos últimos quatro séculos, foi suprimida, algemada, silenciada e agredida na ordem profana; contente em ficar atrofiada na Estação do Macaco, torna-se, assim, em nossa era atual, uma Arte Proibida."[52]

---

52. Daniel Schulke, *Lux Haeresis: The Light Heretical* (Hercules, CA: Xoanan, 2011), 72.

Magia é frequentemente definida como uma ciência e uma arte. O aspecto da ciência reflete os fundamentos mágicos e a mecânica que criam mudanças bem-sucedidas. O aspecto da arte é a interpretação pessoal e a aplicação dessa ciência. Bruxaria nunca é tão simples. Como as receitas de um livro, as receitas mágicas também costumam ser adaptadas aos gostos individuais, desde que a fórmula geral e as etapas sejam compreendidas. Eu o encorajo a experimentar o material deste livro e torná-lo seu. Faça com que ele reflita suas próprias crenças e ideais. Altere-os com base em novas experiências e experimentos. Crie novas técnicas com base nos elementos fornecidos. Sua imaginação é o limite e é o que manterá a Bruxaria sempre evoluindo, à medida que avançamos em direção ao futuro. Sua magia deve ser tão exclusivamente pessoal quanto você como pessoa.

Espero que você tenha adquirido uma nova lente para ver e experimentar o mundo ao seu redor. Não há problema em não ter as soluções ou as ferramentas internas para resolver tudo. O poder está dentro de você e ficará mais forte quanto mais usado for. Por estar ciente disso, você pode começar a alterar sua vida e o ambiente ao seu redor para ficar mais alinhado com a obra-prima que está criando. Sua vida é sua própria grande obra de arte. Ela não será aperfeiçoada se você estiver dormindo. Praticamos magia e Bruxaria, porque a estamos aprimorando e aperfeiçoando, como qualquer talento. As únicas limitações que podem aparecer são aquelas que permite que sejam colocadas sobre você.

BIBLIOGRAFIA

ANÔNIMO. *The Caibalion: Hermetic Philosophy by Three Initiates*. Chicago, IL: The Yogi Publication Society, 1912.

BELANGER, Michelle. *The Psychic Energy Codex: A Manual for Developing Your Subtle Senses*. San Francisco, CA: Weiser, 2007.

BRENNAN, Barbara. *Light Emerging: The Journey of Personal Healing*. Broadway, NY: Bantam, 1993.

BRUCE, Robert. *Astral Dynamics: A New Approach to Out-of-Body Experiences*. Charlottesville, VA: Hampton Roads Publishing, 1999.

CABOT, Laurie, com Penny Cabot and Christopher Penczak. *Laurie Cabot's Book of Shadows*. Salem, NH: Copper Cauldron, 2015.

____. *Laurie Cabot's Book of Spells & Enchantments*. Salem, NH: Copper Cauldron, 2014.

CABOT, Laurie, e Tom Cowan. *Power of the Witch: The Earth, the Moon, and the Magical Path to Enlightenment*. New York, NY: Delta, 1989.

COYLE, T. Thorn. *Evolutionary Witchcraft*. New York, NY: Tarcher/Penguin, 2004.

CROWLEY, Aleister. *The Book of the Law*. San Francisco, CA: Weiser, 1976.

____. *The Book of Thoth*. York Beach, ME: Weiser Books, 2004.

DOMINGUEZ, Ivo, Jr. *Practical Astrology for Witches and Pagans: Using the Planets and the Stars for Effective Spellwork, Rituals, and Magickal Work*. San Francisco, CA: Weiser. 2016.

____. *The Keys to Perception: A Practical Guide to Psychic Development*. Newburyport, MA: Weiser Books, 2017.

DuQuette, Lon Milo. *The Magick of Aleister Crowley: A Handbook of the Rituals of Thelema.* York Beach, ME: Weiser Books, 2003.

Faerywolf, Storm. *Betwixt and Between: Exploring the Faery Tradition of Witchcraft.* Woodbury, MN: Llewellyn Publications, 2017.

_____. *Forbidden Mysteries of Faery Witchcraft.* Woodbury, MN: Llewellyn Publications, 2018.

Foxwood, Orion. *The Candle and the Crossroads: A Book of Appalachian Conjure and Southern Root-Work.* San Francisco, CA: Weiser Books, 2015.

_____. *The Flame in the Cauldron: A Book of Old-Style Witchery.* San Francisco, CA: Weiser Books, 2015.

_____. *Tree of Enchantment: Ancient Wisdom and Magic Practices of the Faery Tradition.* San Francisco, CA: Weiser Books, 2008.

Fries, Jan. *Visual Magick: A Manual of Freestyle Shamanism.* Oxford, UK: Mandrake, 1992.

Gardner, Gerald. *The Meaning of Witchcraft.* York Beach, ME: Weiser Books, 2004.

Gass, George H., e Harold M. Kaplan, eds. *Handbook of Endocrinology, Second Edition, Volume 1.* Boca Raton, NY: CRC Press, 1996.

Grimassi, Raven. *Communing with the Ancestors: Your Spirit Guides, Bloodline Allies, and the Cycle of Reincarnation.* Newburyport, MA: Weiser Books, 2016.

_____. *Encyclopedia of Wicca & Witchcraft.* St. Paul, MN: Llewellyn Publications, 2003.

_____. *Grimoire of the Thorn-Blooded Witch: Mastering the Five Arts of Old World Witchery.* San Francisco, CA: Weiser Books, 2014.

_____. *Old World Witchcraft: Ancient Ways for Modern Days.* San Francisco, CA: Weiser, 2011

Hauck, Dennis William. *The Complete Idiot's Guide to Alchemy.* New York, NY: Alpha Books, 2008.

Hunter, Devin. *The Witch's Book of Mysteries.* Woodbury, MN: Llewellyn Publications, 2019.

_____. *The Witch's Book of Power.* Woodbury, MN: Llewellyn Publications, 2016.

_____. *The Witch's Book of Spirits.* Woodbury, MN: Llewellyn Publications, 2017.

Jung, Carl Gustav. *The Collected Works of C. G. Jung: Volume 9, Part II, AION: Researches into the Phenomenology of the Self.* Princeton, NJ: Princeton University Press, 1959.

_____. *The Collected Works of C.G. Jung: Volume 13: Alchemical Studies*. Princeton, NJ: Princeton University Press, 1983.

KAYE Sawyer, Irma. *The Brightstar Empowerments: Compilation Edition*. Self-published, 2016.

LÉVI, Éliphas. *Transcendental Magic*. York Beach, ME: Weiser Books, 2001.

LOCKLOVE, James. *Gaia, a New Look at Life on Earth*. Oxford, NY: Oxford University Press, 1995.

MILLER, Jason. *The Elements of Spellcrafting: 21 Keys to Successful Sorcery*. Newburyport, MA: Weiser, 2017.

_____. *Protection and Reversal Magick: A Witch's Defense Manual*. Franklin Lakes, NJ: New Page, 2006.

_____. *The Sorcerer's Secrets: Strategies in Practical Magick*. Franklin Lakes, NJ: New Page, 2009.

NEMA. *The Priesthood: Parameters and Responsibilities*. Cincinnati, OH: Back Moon Publishing, 2008.

NIEDERMEYER, Ernst, e Fernando Lopes Da Silva. *Electroencephalography: Basic Principles, Clinical Applications, and Related Fields, Fifth Edition*. Philadelphia, PA: Lippincott Williams & Wilkins, 1996.

ORAPELLO, Christopher, e Tara Love Maguire. *Besom, Stang & Sword: A Guide to Traditional Witchcraft, the Six-Fold Path & the Hidden Landscape*. Newburyport, MA: Weiser Books, 2018.

OSCHMAN, James L. *Energy Medicine: The Scientific Basis*. Dover, NH: Elsevier, 2016.

PASCAL, Eugene. *Jung to Live By: A Guide to the Practical Application of Jungian Principles for Everyday Life*. New York, NY: Warner Books, 1992.

PENCZAK, Christopher. *The Inner Temple of Witchcraft: Magick, Meditation and Psychic Development*. Woodbury, MN: Llewellyn Publications, 2002

_____. *Instant Magick: Ancient Wisdom, Modern Spellcraft*. Woodbury, MN: Llewellyn Publications, 2006.

_____. *The Outer Temple of Witchcraft: Circles, Spells and Rituals*. Woodbury, MN: Llewellyn Publications, 2004.

_____. *The Plant Spirit Familiar: Green Totems, Teachers & Healers On the Path of the Witch*. Salem, NH: Copper Cauldron, 2011.

———. *The Shamanic Temple of Witchcraft: Shadows, Spirits, and the Healing Journey.* Woodbury, MN: Llewellyn Publications, 2005.

———. *The Temple of High Witchcraft: Ceremonies, Spheres and The Witches' Qabalah.* Woodbury, MN: Llewellyn Publications, 2014.

———. *The Three Rays: Power, Love and Wisdom in the Garden of the Gods.* Salem, NH: Copper Cauldron Publishing, 2010.

PLATO. *Phaedrus.* Edited by R. Hackforth. Cambridge: Cambridge University Press, 1972.

RANKINE, David, and Sorita d'Este. *Practical Planetary Magick: Working the Magick of the Classical Planets in the Western Mystery Tradition.* London, UK: Avalonia, 2007.

RAVENWOLF, Silver. *MindLight: Secrets of Energy, Magick & Manifestation.* Woodbury, MN: Llewellyn Publications, 2006.

———. *The Witching Hour: Spells, Powders, Formulas, and Witchy Techniques that Work.* Woodbury, MN: Llewellyn Publications, 2017.

REGARDIE, Israel. *The Golden Dawn: A Complete Course in Practical Ceremonial Magic.* St. Paul, MN: Llewellyn, 2003.

SALISBURY, David. *A Mystic Guide to Cleansing & Clearing.* Winchester, UK: Moon Books, 2016.

SCHULKE, Daniel. *Lux Haeresis: The Light Heretical.* Hercules, CA: Xoanan, 2011.

STARHAWK. *The Spiral Dance: A Rebirth of the Ancient Religion of the Goddess: 20th Anniversary Edition.* New York, NY: HarperCollins, 1999.

WACHTER, Aidan. *Six Ways: Approaches & Entries for Practical Magic.* Albuquerque, NM: Red Temple Press, 2018.

ZAKROFF, Laura Tempest. *Weave the Liminal: Living Modern Traditional Witchcraft.* Woodbury, MN: Llewellyn Publications, 2019.

ÍNDICE REMISSIVO

A

Afirmações 54, 55, 84, 245

Aleister Crowley 154, 155, 167, 182, 251, 274

Alfa 48, 49, 50, 51, 52, 71, 72, 82, 83, 84, 85, 86, 87, 95, 96, 107, 108, 112, 142, 218

Alinhamento da Alma 135, 180, 182, 184, 211, 230, 257, 258, 260, 262, 267, 268, 269

Árvore da Bruxa 130

Árvore do Mundo 130, 133, 138, 150, 167, 236, 237, 247

Astral 62, 154, 187, 204, 218, 227, 233, 235, 236, 237, 238, 241, 242, 243, 244, 245, 247, 248

Aterramento 72, 74, 75, 85, 185, 255

Aura 27, 53, 67, 99, 100, 101, 104, 108, 109, 120, 123, 183, 190, 193, 208, 225, 226, 231, 233, 234, 236, 237, 239, 241, 244, 245, 247, 249, 250, 258, 262, 264, 270

B

Baphomet 21, 153, 154, 155, 156

Beta 48, 107

Blindagem 121, 122, 123, 125, 230

Bruxaria 3, 4, 5, 10, 11, 27, 29, 32, 33, 36, 38, 41, 51, 72, 82, 83, 129, 137, 139, 140, 144, 147, 151, 152, 153, 169, 170, 171, 191, 193, 207, 208, 224, 227, 236, 245, 251, 271, 272

Busca 45, 148, 172, 241

C

Caibalion 153, 188, 273

Caldeirão 130, 137, 150, 157, 166, 167, 172, 182, 183, 210, 234

Caldeirão da Poesia 130, 150, 166

Caldeirão do Meio 182, 210

Caldeirão Inferior 157, 182, 183, 210

Caldeirão Superior 182, 210

Carl Jung 131, 150, 151, 158, 173

Centrando 81, 82

Christopher Penczak 3, 10, 27, 28, 67, 82, 87, 127, 137, 153, 166, 171, 225, 226, 236, 273

Circuito 67, 71, 77, 79, 80

Círculo Mágico 190, 191, 192, 197, 202, 208, 255

Clairs 42, 91, 115, 117, 126

Clariaudiência 42, 91, 105, 106, 107, 108, 109, 110, 205

Clarigustação 91, 110, 111, 204

Clariodor 91, 110, 111, 205
Clariolfativo 42
Claritangência 42, 91, 102, 203
Clarividência 42, 70, 91, 94, 96, 99, 101, 111, 193, 206, 262
Consciência 5, 9, 29, 44, 48, 49, 51, 57, 63, 67, 71, 72, 74, 75, 76, 77, 78, 79, 80, 84, 85, 87, 96, 100, 103, 107, 131, 132, 134, 135, 145, 147, 149, 153, 164, 165, 166, 168, 187, 193, 205, 210, 216, 217, 218, 219, 225, 230, 242, 250, 251
Curando 76, 140, 185

D

Delta 48
Delta 48, 50, 273
Deusa 34, 35, 36, 89, 154, 155, 169, 170, 171, 182, 215, 223, 227, 233, 234, 239, 244, 251, 252, 258
Deusa Estelar 36, 215, 227
Deuses 34, 35, 155, 169, 170, 171, 223, 233, 239, 244, 251, 252, 258
Divindade 37, 80, 102, 131, 136, 145, 165, 169, 172, 180, 181, 183, 187, 188, 208, 238, 239, 251, 252, 259
Divino 153, 155, 169, 176, 177, 179, 182, 227, 236, 237, 245, 248, 249, 250, 251, 252

E

Efeito Borboleta 188
Elementos 34, 37, 39, 70, 105, 124, 131, 154, 159, 166, 199, 200, 201, 202, 208, 210, 211, 224, 239, 257, 272
Energia Celestial 77, 78
Energia Elemental 208, 210, 211, 231, 253, 254
Energia Elemental 211

Energia Planetária 226, 231, 244, 253, 254, 267, 268
Energias Áuricas 99
Energia Terrestre 77, 215
Espírito 34, 35, 44, 94, 100, 105, 110, 117, 119, 120, 121, 135, 139, 152, 157, 169, 170, 171, 195, 211, 219, 258
Espírito da Natureza 219
Espírito do Lugar 219, 220
Etérico 100, 101, 187, 235, 236, 237, 238, 239, 240, 241, 244
Eu Inferior 43, 129, 130, 131, 132, 134, 136, 137, 147, 148, 149, 150, 152, 157, 158, 161, 162, 163, 166, 169, 179, 180, 183, 184, 218, 220, 224, 227, 234, 241, 243, 245, 247, 248, 258, 261, 262, 264, 265, 269, 270
Eu Médio 43, 129, 130, 131, 132, 134, 135, 136, 137, 138, 144, 148, 149, 157, 166, 167, 169, 179, 180, 182, 184, 219, 224, 234, 245, 246, 247, 250, 257, 259, 260, 263, 266, 270
Eu Sombra 149, 150, 151, 152, 157, 158, 159, 160
Eu Superior 43, 80, 101, 109, 129, 130, 131, 132, 134, 135, 136, 137, 148, 149, 152, 165, 166, 167, 168, 169, 172, 174, 175, 176, 177, 179, 180, 183, 184, 185, 224, 226, 229, 234, 247, 248, 250, 251, 252, 264

F

Feiticeiro 28, 37, 73, 170, 172
Foco 38, 51, 54, 58, 61, 62, 65, 82, 100, 136, 153, 182, 194, 210, 234, 237, 242, 248, 261, 269
Fogo da Bruxa 103, 180, 181, 182, 183, 184, 195, 210, 211, 212, 230
Fogo das Bruxas 29

G

Gaia 19, 77, 216, 217, 218, 219, 220, 223, 275
Gama 48
Glamour 157, 161, 162, 227, 228
Glândula Pineal 49, 50, 97, 98, 99, 226, 248, 249

H

Habilidades Psíquicas 3, 4, 6, 29, 32, 35, 36, 43, 57, 62, 78, 86, 91, 92, 110, 119, 144, 227, 257, 271

I

Intenção 31, 38, 52, 61, 67, 73, 96, 105, 117, 118, 121, 126, 154, 166, 174, 191, 194, 238, 248, 252, 254, 259, 265
Intuição 43, 55, 122, 148, 149, 161, 227, 245, 247

L

Laurie Cabot 3, 10, 11, 28, 50, 82, 87, 127, 140, 141, 225, 249, 273
Limpeza 88, 98, 99, 116, 117, 118, 124, 139, 245, 254

M

Mágica 31, 33, 38, 57, 73, 95, 115, 118, 120, 121, 154, 155, 179, 227, 253
Manifestação 8, 35, 227, 237, 238, 240, 241, 244, 246, 248, 249, 250, 251, 252, 261
Mapa da Realidade 237
Maravilha Infantil 51
Meditação 8, 38, 48, 57, 58, 59, 61, 63, 66, 67, 80, 86, 94, 174, 175, 177, 205, 218, 261

Médium 28, 32, 33, 35, 41, 49, 54, 73, 134, 151, 180, 237
Mente Divina 36, 80, 166, 167, 168
Metafísico 8, 42, 240

N

Neuroplasticidade 54, 84, 109
Noir 43, 193

O

Oculto 98, 227
Olho de Bruxa 49, 51, 55, 65, 82, 92, 94, 96, 97, 98, 99, 139, 141, 142, 162, 163, 219, 220, 250, 254, 263, 264, 265, 266, 269
Ondas Cerebrais 48, 49, 50, 51, 52, 57, 71, 82, 83, 84, 85, 86, 95, 96, 107, 217, 218, 249
Orbe de Energia 104, 211, 231, 253, 255

P

Percepção 4, 33, 37, 41, 42, 43, 44, 45, 46, 47, 49, 50, 52, 74, 80, 81, 86, 91, 101, 102, 104, 109, 110, 122, 131, 135, 147, 182, 190, 228, 237, 249, 250, 263
Percepção Extrassensorial 33, 42, 43, 91
Proteção 115, 119, 123, 124, 269
Psicometria 104
Psíquico 3, 5, 9, 27, 28, 29, 30, 31, 32, 33, 35, 36, 37, 41, 42, 43, 51, 53, 63, 66, 71, 74, 84, 85, 87, 89, 91, 110, 119, 126, 127, 132, 139, 142, 148, 172, 235, 238, 247, 248, 249, 250, 253, 257, 267

Q

Quadrantes 211, 212, 213, 254, 255
Quintessência 29, 172, 201

R

Raven Grimassi 9, 25, 147, 153, 216
Realidade Holográfica 189
Registros Akáshicos 134, 166, 168, 217
Reinos Célticos 130
Relaxamento 50, 63, 64, 65, 262
Relaxamento da Estrela 65, 68, 69, 70
Respiração 38, 61, 62, 64, 67, 68, 69, 70, 71, 92, 110, 118, 167, 172, 182, 183, 185, 194, 210, 234, 251
Respiração Lunar 69, 97, 231
Respiração Solar 69, 103, 185
Rosas Negras 93

S

Silver RavenWolf 3, 10, 28
Sincronicidade 29, 151, 168, 173, 174, 175

T

Terceiro Olho 49
Theta 48, 49, 52, 86
Tradição 3, 30, 37, 82, 83, 129, 152, 154, 170, 171, 245, 251
Tradição do Fogo Sagrado da Bruxaria 171
Tradição Feri 129, 154
Transe 9, 50, 97, 151
Três Almas 29, 36, 95, 129, 130, 131, 132, 135, 163, 179, 181, 237, 247
Três Caldeirões 130, 235, 237

U

Universo 36, 44, 80, 81, 100, 101, 121, 144, 154, 155, 159, 165, 173, 177, 178, 188, 189, 196, 199, 200, 215, 240, 244, 252, 253, 255

V

Verdadeira Vontade 29, 109, 165, 167, 168, 169, 170, 172, 174, 175, 176, 181, 182, 251, 252
Vidente 42
Visualização 71, 95, 96, 101, 116, 194, 205, 218, 249, 260, 262

W

Wicca 6, 33, 153, 274

Abrindo seu olho interior para leituras mais intuitivas

A Arte Psíquica do
Tarô

MAT AURYN
Autor de Bruxa Psíquica

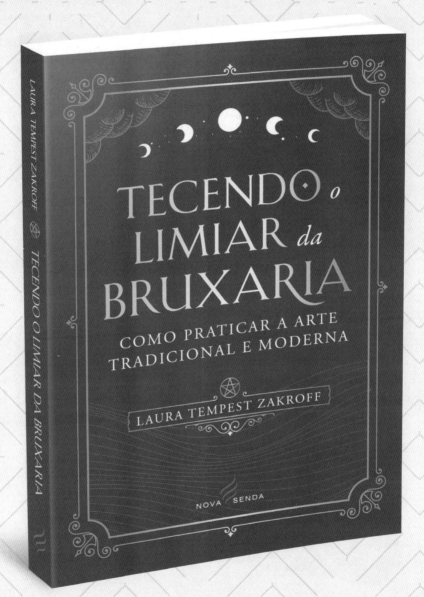

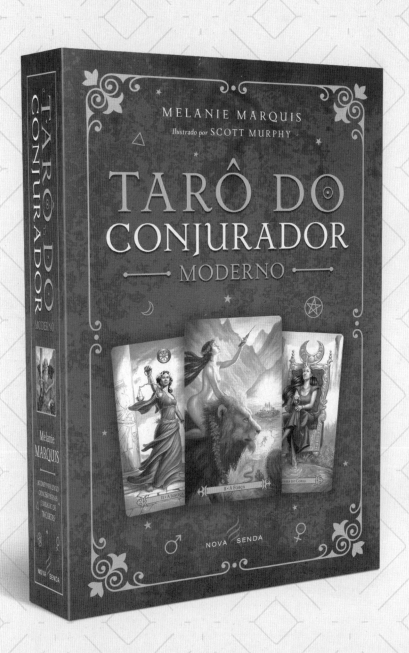